리더를 위한 명리 경영

리더를 위한 명리 경영

기업의 운명을 바꾸는 비밀, 명리

초판 1쇄 펴낸날 2022년 8월 2일

지은이 손철호
펴낸이 조영혜
펴낸곳 동녘라이프

편집 구형민 정경윤 김혜윤 홍주은
마케팅 임세현 박세린
관리 서숙희 이주원

등록 제311-2003-14호 1997년 1월 29일
주소 (10881) 경기도 파주시 회동길 77-26
전화 영업 031-955-3000 편집 031-955-3005 **전송** 031-955-3009
블로그 www.dongnyok.com **전자우편** editor@dongnyok.com
페이스북·인스타그램 @dongnyokpub
인쇄 새한문화사 **라미네이팅** 북웨어 **종이** 한서지업사

©손철호, 2022
ISBN 978-89-90514-84-4 (03320)

리더를 위한
명리 경영

命理經營

기업의 운명을 바꾸는 비밀, 명리

손철호 지음

동녘라이프

이 책의 정체성에 대하여

삶은 참 아이러니하다. 인공지능, 딥 러닝, 자율주행, 4차 산업 혁명 등 정보통신기술과 과학의 발전은 모든 영역에서 객관적인 답을 제시하고 사람이 가진 비과학적인 요소를 완전히 배제할 것처럼 느껴진다. 그런데 보란 듯이 운세 시장(명리, 역술, 무속 신앙, 점술, 풍수, 예언술, 관상 등)은 점점 커지고 있다. 통계청에서 발표한 '점술 및 유사 서비스업'의 2016년 매출은 2043억으로 미미한 것처럼 보이지만 미등록 사업자나 현금 중심 거래 관행을 감안하면 실제 규모는 약 10~20배 더 클 것으로 추정된다. 영화 〈기생충〉을 앞세운 2019년의 한국 영화 산업 규모가 2조 5천억임을 감안하면, 운세 시장의 규모를 실감할 수 있다.

운세 시장은 사람들의 불안감과 불행을 먹고 성장한다. 사람들이 지금 당장 행복하지 않다는 뜻이다. 특히 부동산 폭등, 청년들의 '영끌' 투자, 부의 불균형, 입시 지옥, 취업난, 좋은 일자리 감소 등은 운세 시장에서 젊은 고객층을 폭발적으로 확대시키고 있다. 지난 10년간 이 사회의 방향을 결정하는 정치인과 언론인들이 뒤에서는 자신의 이익을 챙기고 앞으로는 편을 나눠 서로에게 책임을 전가하며 공격만 일삼는 것을 일관되게 목격했다. 더 좋은 대안과 비전을 제시하는 것이 아니라 철저히 상대편의 실책에 따라 정권을 얻고, 똑같은 실책을 반복한다. 그 결과는 오롯이 우리 삶의 팍팍함으로 귀결된다. 앞으로도 그들은 운세 시장 성장의 일등 공신이 될 것이다. 정보통신기술의 발달은 운세 시장의 접근성과 편의성을 강화시켰고, 젊은 고객층에 맞춰 사주카페, 타로, 운세 앱 등 서비스가 다양해지고 있다. 최근에는 개인과 운세업자를 소개하는 중계 플랫폼 스타트업이 50억 투자를 유치하는 등 운세 시장에 대한 관심과 투자 수요 역시 커지고 있다.

이렇게 시장이 확대되고 접근성이 높아졌음에도 불구하고 서비스의 질적 향상은 찾아보기 힘들다. 아니, 오히려 퇴보하고 있다. 사람들은 제대로 된 상담을 통한 마음의 위안과 치유를 원한다. 외로움, 가난, 가족과의 불화, 사람과의 갈등, 미래에 대한 불안을 해소하고, 가진 자와 가지지 못한 자의 차이에 대한 타당한 이유, 실패와 성공의 명확한 이유를 알고 싶은 것이다. 세상이 진화할수록 우리는 공허해지고, 삶을 지배하는 원칙은 너무 비합리적이라 도대체 알 수가 없다. 마음의 위안이라도 얻기를 원하지만 보수적인 사회 분위기로 정신과 상담에 대한 불편함이 존재하고, 위안을 얻을 수 있는 경로는 제한적이다. 운세 시장이 확대될 수밖에 없는 이유다. 반면 필자가 만난 상담가들은 몇 가지 초보적인 원칙을 구구단처럼 외우고, 그것을 엄청난 비기처럼 활용해 사람들을 현혹하고 있다. 산업 규모는 커지고 있으나 그에 걸맞은 규제나 규율도 없고, 불안 심리에 편승한 불법 행위는 늘어나고 있다. 이 시점에서 명리학이 정확히 무엇인지, 우리에게 어떤 효용이 있는지를 이해하는 일은 많은 도움이 될 수 있을 것이다.

필자 역시 사람과 상황을 이해하기 위해 명리학을 공부하게 됐다. 얻은 것은 사람뿐만 아니라, 삶의 많은 것들이 결정되는 원리에 대한 이해였다. 사람마다 존재하는 고유한 목적이 있고, 원하는 것과 얻게 되는 것, 좋은 시기와 힘든 시기가 정해져 있다. 따라서 아무리 좋은 것도 지나가고, 아무리 힘들어도 인내하면 기회가 온다. 일희일비─喜─悲를 버리고 인내하면 꽃을 피울 수 있다. 이 사실을 이해하면 사람과 삶을 바라보는 태도가 달라진다. 이 과정을 통해 얻게 되는 것이 개인의 안심과 행복이다. 가족으로 인한 고통, 사람으로 인한 고통, 깊은 절망으로 인한 고통, 미래에 대한 불안, 외로움 속에 있는 사람이 이 이치를 깨닫게 되면 필자가 얻은 안심과 행복을 가질 수 있게 될 것이다.

더 재미난 사실이 있다. 개인의 삶이 결정되는 과정은 기업의 성공과 실패가 결정되는 과정과 아주 흡사하다. 개인의 부와 귀가 깨지는 과정은 성공한 기업이 망해가는 과정과 놀랍도록 일치한다. 기업 역시 개인과 똑같은 명과 운, 즉 운명이 있는 것이다. 그래서 명리학은 새롭게 성공하는 기업, 최고의 위치에서 바닥까지 추락하는 기업을 이해함에 있어 깊은 통찰력을 제공한다. 이 책을 기획한 동기가 여기에 있다. 명리학이 선사하는 원칙을 경영에 접목하면 환경을 변화시킴으로써 운명을 변화시킬 수 있다는 사실이다. 그것을 모르면 과거의 수많은 사례처럼 초일류기업 역시 의사 결정 실수로 급격하게 추락할 수 있다. 오랫동안 최고의 위치를 유지하고 있다면 그만큼 추락할 가능성이 높다.

이 책은 명리학적 논거에 기반하고 있으나, 명리학만을 설명하는 책은 아니다. 오히려 개인의 행복과 기업의 의사 결정을 돕기 위한 책이다. 일반적인 지식 체계에 더해 명리학의 음양오행 작용 메커니즘을 적용하면 개인의 행복과 기업의 흥망성쇠를 보다 쉽고 명확하게 이해하는 놀라운 경험을 하게 된다. 이해는 당연히 답으로 귀결된다. 이 책은 기본적으로 우리 삶이나 기업에서 발생하는 핵심 이슈를 경영학적으로 증명하되, 추가적으로 명리학의 개념을 이용하여 그 원인과 결과를 설명한다. 그래서 이 책은 기업의 지속적인 경영을 위해 바람직한 의사 결정이 필요한 리더, 조직을 제대로 이끌고 싶은 리더, 새로운 시도로 시장을 지배하고자 하는 스타트업의 리더를 대상으로 쓰였다. 이 지점에서 책의 정체성에 대한 고민이 있었다. 완전히 상반되는 것처럼 보이는 명리학과 경영학이 만났기 때문이다. 독자 여러분은 이 책의 정체성을 제대로 알고 계속 읽던지, 아니면 덮어야 할 것이다.

경영학과 명리학을 접목한 것이나, 경영 이슈를 명리학적 개념을 통해 설명할 수 있는 이유는 바로 '사람'이다. 개인의 행복이나 기업의 성패에 가장 큰 영향을 미치는 것은 공히 '사람'이다. 따라서 사람을 이해하는 주요한 수단으로서 명리학의 역할이 있으며, 사람으로 구성된 조직, 특히 기업의 흥망성쇠와 변화 과정을 설명할 수 있는 명리학의 힘이 있다. 절대 꺼지지 않을 것 같던 국가와 문화, 혁신 기업으로 추앙받던 기업들이 추락하는 것에 대한 역사학자와 경영학자의 이론은 명리학의 작용 매커니즘과 일치할 뿐만 아니라, 그럴 수밖에 없는 보다 근원적인 과정을 잘 설명한다. 이런 이유로 필자가 제시하는 경영 원칙은 명리학적 논거를 추가해, 지속 가능한 경영을 위한 보다 근본적인 해결책의 실마리를 제공할 뿐만 아니라 독자 여러분이 이해하기도 쉬울 것이다.

이 책의 핵심 내용은 개인의 안심과 행복을 얻는 방법과 함께 경영 일선에서 활동하는 분들이 참고해야 할 주요 개념과 아홉 가지 경영 원칙이다. 필자가 제시하는 경영 원칙은 오랫동안 경영 컨설턴트로서 기업 현장을 연구하고 대안을 제시한 경험, 사모펀드에서 매수한 회사의 경영 정상화를 위해 노력한 경험, 방송사의 사외이사 겸 감사위원으로 경영에 참여한 경험, 전문 경영인으로서 회사를 경영한 경험을 토대로 현재 많은 조직에서 운영하고 있는 제도들의 문제점을 지적하고 대안을 제시한 것이다. 여기에 더해 동양 사상의 가장 근간이 되는 음양오행에 바탕을 둔 명리학의 작용 매커니즘을 통해 사람의 중요성과 아홉 가지 경영 원칙을 증명한 것이다.

책의 순서를 살펴보면 1부 '사람에 대한 이해'는 사람의 중요성에 대한 설명으로 시작한다. 사람은 개인의 행복뿐만 아니라 기업의 성패를 결정하는 가장 중요한 요소다. 그럼에도 불구하고 우리는 사람에 대해 제대로 알지 못할 뿐만 아니라 이해하려는 노력 역시 부족하고, 그 방법조차 잘 모르고 있다. 1부 4장에서는 사람과 삶에 대한 이해를 돕는 명리학의 이론들이 소개되어 있다. 이 책이 명리학을 설명하는 책은 아니지만 명리 경영을 이해하기 위해 꼭 필요한 이론이며, 우리가 삶을 이해하는 데 아주 유용한 내용이다. 낯선 내용일 수 있지만 알면 삶의 지혜를 얻을 수 있다. 1부 5장에서는 사람을 정확하게 이해할 수 있는 도구인 '격'이 소개되어 있다. 격국 체계에 기반한 사람의 유형과 특징은 자신을 이해하고 우리의 행복에 큰 영향을 미치는 주변 사람을 이해할 수 있는 아주 유용한 도구이니 꼭 읽어보시길 바란다. 이것을 소화하는 데 한문과 사전 지식은 필요 없으니 두려워할 필요는 없다. 오직 호기심만 있으면 충분히 이해할 수 있는 내용이다. 1부 6장은 명리학의 효용에 관한 내용이다. 즉 명리학은 개인에게 안심과 행복을 선사하며, 명리 경영은 기업의 지속 가능한 경영과 의사 결정 실패를 막을 수 있는 성공의 열쇠다.

2부 '명리 경영 : 기업의 명과 운을 바꿔라'는 필자가 제시하는 아홉 가지 경영 원칙으로 구성돼 있다. 7장에서는 기업 역시 사람과 같이 명과 운이 있으며, 여타 조직들과 달리 기업만이 환경 변화를 통해 운명을 바꿀 수 있는 이유가 설명돼 있다. 8장에서는 최고의 위치에서 급격하게 추락한 기업들의 경영 사례를 바탕으로 성공한 기업이 구축하는 문화나 일하는 방식이 왜 의사 결정 실패를 가져오는지에 대해 설명한다. 9장에서는 이 과정을 명리학의 음양오행 작용 메커니즘을 토대로 설명함으로써, 의사 결정 실패를 막고 지속 가능한 성장을 도모할 수 있는 방법, 즉 건전한 생태계를 조성하는 방법을 소개한다. 10장에서 16장은 기업의 명과 운을 바꾸기 위한 세부적인 경영 원칙이 나열되어 있다. 건전한 생태계의 핵심인 변화와 혁신 인자 확보, 채용의 중요성, 생태계 파괴자 경계, 상향식 조직 문화 구축, 일하는 방식과 리더십의 재정의, 평가제도의 혁신, 혁신 조직의 성공 요건 등이다. 특히 마지막 경영 원칙인 17장 '자신의 격을 알고, 리더십을 보완하라'는 독자의 이해를 돕기 위해 유명한 드라마 속 캐릭터를 활용해 리더십 유형과 장단점을 소개한다. 본인의 격과 비교해서 살펴보면 자신이 가진 리더십의 장단점이 무엇인지 쉽게 확인할 수 있을 것이다.

각 경영 원칙은 경영학적 논거와 명리학적 논거로 이중 증명되어 있다. 그리고 모든 경영 활동이 서로 연계되어 있는 것처럼, 아홉 가지 경영 원칙도 상호 연계돼 있는 동시에 각자의 독립성을 가지고 있다. 따라서 순서에 상관없이 목차를 보고 마음에 드는 원칙을 먼저 읽어도 좋다. 그렇게 하더라도 내용의 이해에 무리가 없도록, 도움이 되는 논거들은 원칙 간에는 일부 중복이 되더라도 자세히 설명했다. 아홉 가지 경영 원칙 중 일부는 선진 기업을 중심으로 변화하고 있으나, 아직 대다수의 기업이 준용하는 제도의 개선을 요구하는 것이다. 어떤 원칙들은 명확한 변화를 촉구하고 있다. 이에 대해 원론적으로는 동의하지만 현실적 한계를 생각할 수 있음을 필자 역시 인정한다. 그러나 필자의 컨설팅 및 경영 경험을 토대로 볼 때 현실적인 한계를 이유로 도입을 주저할 것이 아니라, 지속 가능한 경영을 위해서는 반드시 변화해야 한다. '해봤는데 안 된다'가 아니라 '제대로 해봤는지'가 핵심이다. 세상의 모든 이치는 어떤 기준을 가지고 보는가에 따라 달라지기 때문에 가급적 변화에 긍정적인 마인드를 가진다면 가능성이 보일 거라고 생각한다.

필자가 명리학을 알고 사람과 삶을 이해함으로써 안심과 행복을 얻은 것처럼 독자 여러분도 이 책을 읽고 행복의 열쇠를 얻기를 간절히 바란다. 그리고 그 행복을 기업 경영에 도입해 기업의 성장에 꼭 필요한 인재를 확보하고, 그들이 마음껏 활동할 수 있는 조직 문화와 일하는 방식을 구축해 지속적으로 성장하길 빈다.

마지막으로 이 책이 저자의 첫 책이다 보니 지면을 빌어 감사해야 할 사람들이 많다. 먼저 인생의 전환점에서 필자에게 마음의 위안과 삶의 통찰력을 제공하는 명리학을 계승한 선학들에게 감사의 인사를 드린다. 자신이 가지고 있는 명리학 지식을 후배들이 쉽게 접할 수 있도록 무료로 자세하게 공유하고 있는 분들에게도 감사한 마음이 크다.

살면서 사랑하고 감사한 지인들에 대한 인사는 적지 않는 것이 좋을 듯하다. 일일이 나열해서 마음을 전해야 하나, 혹여 누락으로 인한 실례와 고통이 더 두렵다. 그렇지만 인수가 왕한 필자에게 어머니가 돌아가신 후에도 어머니와 진배없는 역할을 해주고 있는 누나들에게만은 감사한 마음을 전한다. 이 책을 쓰는 동안 음악을 담당해 준 아들에게도 사랑하는 마음을 전한다. 명리학을 통해 아들을 사랑하는 바른 방법을 알게 된 것은 내 삶의 큰 복이다.

자, 그럼 이야기를 시작해보자.

차례

2부
명리 경영 : 기업의 명과 운을 바꿔라

1부

사람에 대한 이해

1장

우리의 행복에
가장 큰 영향을 미치는 것은 자신이다

이 책을 펼쳐 든 당신의 사주팔자에는 아마도 술戌, 해亥와 같이 천문성을 상징하는 글자가 있을 확률이 아주 높다. 사주팔자는 태어난 연월일시에 따라 정해진 네 기둥(기둥 주柱, 하나의 기둥은 위아래 글자로 구성. 위 글자를 하늘에 있다고 천간, 아래 글자는 땅에 있다고 지지라고 함), 여덟 글자를 뜻한다. 격으로 보면 인수와 식상이 강할 가능성이 크고, 지지에는 토의 글자(진辰, 술戌, 축丑, 미未)가 두 개 이상 있을 확률이 아주 높다. 세 가지 조건 중 하나는 부합해야 이 책을 집어 들 것이다. 필자와 어떤 인연도 없이 단순히 호기심으로 선택했다면 말이다. 지금 당장 무료 만세력 앱을 내려받아 확인하시기 바란다. 요즘은 앱을 워낙 잘 만들어서 태어난 연월일시만 입력하면 사주팔자를 쉽게 알 수 있다.

　필자가 확신하는 이유는 이러하다. 이 책은 경영에 관심 있는 독자를 타깃으로 한다. 그런데 이 책이 주장하는 경영 원칙을 증명하는 논거 중 일부는 명리학이 선사하는 가치와 원칙들에 기반을 두므로, 제목에는 '명리'라는 단어가 들어가 있다. 원래 명리와 경영이라는 단어는 화성과 금성만큼 거리가 느껴지는 조합이다. 유사한 책도 존재하지 않는다. 전혀 어울리지 않는 단어가 어우러진 이 책을 당신이 펼쳤다는 것은, 명리와 경영에 모두 관심이 있다는 뜻이다. 위에서 설명한 사주팔자는 그런 특성을 충분히 포함하고 있다.

　이 페이지만 지나면 익숙한 용어들로 구성되어 있으니, 서둘러 책을 덮지 마시길 빈다. 초반에 익숙지 않은 용어가 낯설게 느껴질 수 있으나, 명리를 접하는 데 한문 지식이나 동양 사상이 필요한 건 아니다. 20~30개 한자와 용어에 익숙해지면 그만이다. 이 책을 소화하는 데는 더더욱 그러하다. 책 중간에 있는 명리학적 지식은 동양 사상의 가장 기본이 되는 음양오행에 관한 것으로 편하게 지나치며 읽어도 무방하다.

　그럼 필자는 어떠할까. 당연히 세 가지 모두 해당한다. 나는 해월亥月(양력 11월)에 태어나 사주팔자 중 가장 큰 힘을 가진 월지가 천문성이고, 해월 을목 일간이 천간에 임수가 투출하여 아주 왕한 인수격이다. 일지 상관을 깔고 있어 상관의 힘도 무시 못 한다. 이 책을 쓰는 시점은 운과 결합하여 토의 글자가 세 개 이상이다. 이런 이유로 필자는 20년이 넘는 경영 컨설팅 경력, 사모 펀드 회사 부사장, 스포츠 및 공연 단체 대표, 방송사(SBS) 사외이사 겸 감사 위원 등으로 경영 최일선에 있는데도 명리학을 공부하게 됐고, 이를 통해 새로운 경영 원칙을 세워 이 책을 썼다. 그간 경영에 관한 책을 쓸 기회나 제안도 많았지만, 명리학을 공부한 뒤에야 경영학과 명리학을 접목한, 세상 희한한 책을 쓴 것이다. 즉 필자의 사주 팔자대로 살고 있다.

필자가 명리학을 접한 계기는 뭘까. 나는 무신론자에 가깝고, 학사와 석사 모두 경영학을 전공했기에 형이상학적 이슈에 대한 이해 수준도 높지 않다. 오래전 불교 종단의 신규 사업 컨설팅을 수행할 때 종단 총무원장님에게 후계자 제안을 받은 적은 있지만, 그건 어디까지나 해프닝이었다. 독실한 불교 신자인 어머니가 매년 봐주던 사주로 팔자에 대한 경계심은 없었지만, 사주와 명리학이 같은 것인지도 모르는 수준이었다. 오히려 주위에 명리를 공부하는 사람은 기인으로 느낄 정도로 선입견을 가지고 있었다. 그런데 어떻게 명리학을 공부하고, 그것을 경영에 접목하게 됐을까. '어쩌다가'라는 표현이 더 정확할 것이다. 명리학을 접할 당시 필자는 전혀 행복하지 않았다. 내가 신뢰하던 사람들, 그들을 신뢰한 나로 인한 고통이 불행의 원인이었다. 익숙지 않은 용어를 뚫고 이 단락을 보시는 독자 여러분은 지금 행복한가? 행복하지 않다면 그 원인을 알아야 하지 않을까. 필자가 명리학에 관심을 가지게 된 것은 바로 그 원인과 답을 찾기 위해서였다. 필자가 사람으로 인해 괴로워할 때, 먼저 명리학을 공부하던 변호사 친구의 "사람을 이해하는 데 명리학이 가장 좋다"는 추천이 계기가 됐다.

이렇게 명리학을 공부한 계기도 사람이었고, 명리학을 공부한 뒤 삶에서 가장 중요하다고 생각하는 것도 사람이다. 그런데 명리학을 공부하는 계기가 된 '사람'과 삶에서 가장 중요하다고 생각하는 '사람'은 전혀 다른 개념이다. 명리학을 공부하기 전에는 불행의 근원이 우리를 둘러싼 사람이라고 생각했고, 명리학을 공부한 뒤에는 행복에 가장 중요한 것은 '나'라는 사람이라는 깨우침을 얻었다. 개인뿐만 아니라 사람들이 모여 이룬 가정, 학교, 사회, 국가의 모든 것에 사람이 가장 중요한 영향을 미친다. 기업의 성패 역시 마찬가지다. 예전에는 기업의 성공과 실패에 다양한 요소들이 작용한다고 생각했는데, 명리학을 공부한 이후에는 기업을 구성하는 사람과 문화가 가장 중요한 결정 요소임을 깨닫게 된 것이다. 기업 역시 사람처럼 명과 운이 있다. 이 책은 그 사실을 알리고, 사람을 제대로 이해해야 함을 알리기 위해 썼다.

행복은 사람,
결국 자신으로 결정된다

우리가 느끼는 행복과 불행의 연결 고리를 끊고 더 행복해지기 위해서는 그것이 무엇으로 결정되는지 알 필요가 있다. 필자의 경험과 명리학적 지식에 따르면 우리가 느끼는 행복과 불행은 많은 부분 사람으로 결정된다. 핵심은 그것을 결정하는 '사람'이 어떤 사람이냐는 것이다. 여기서 중요한 사람은 두 '사람'이다. 그중 한 사람은 우리가 좋아하고, 신뢰하고, 사랑하고, 소망하는 사람이다. 그들이 우리에게 행복과 불행을 선사하고, 그 크기는 우리가 그 '사람'에게 준 사랑과 신뢰의 크기에 비례하게 된다. 반대로 우리가 싫어하고, 그 어떤 것도 원하지 않는, 처음부터 경멸해 마지않는 사람은 절대 우리에게 큰 불행을 선사하지 않는다. 경멸하는 상사 때문에 불행한 분이라면 이 명제를 잘 이해해야 한다. 엄밀히 따지면 그것은 뒤에서 이야기할 또 다른 사람에 의해 발생하는 문제다. 따라서 그들이 우리 인생에 주도권을 쥐게 하지 말아야 한다. 오히려 그들은 간혹 우리의 믿음을 저버리고 예상 밖의 행동으로 우리에게 행복을 선사하는 경우도 있다.

평소 잘해주고 긴밀한 관계를 유지하기보다, 건조하고 원칙적인 관계를 유지하다 결정적 한 방을 선사하는 것이 고마움을 얻는 방법이다. 회사에서도 항상 잘해주는 팀장의 한 번 꾸짖음에 섭섭함을 느끼기 쉽고, 한 번 잘해주는 팀장의 따뜻한 말에 눈물을 흘리는 법이다. 중국의 처세법으로 유명한 《채근담菜根譚》에 이런 내용이 많다. 베푼 덕과 은혜로 원한이 생기고 원수가 된다는 사실이다. 은인이 원수가 되고, 원수가 은인이 되는 이치다. 따라서 베풀 때는 깨끗이 잊고, 나를 지키는 선에서 최소한의 선행을 하는 것이야말로 원수가 되지 않고 그 관계를 유지하는 노하우인 것이다.

행복을 결정하는 다른 한 사람은 바로 '자신'이다. 우리가 느끼는 행복과 불행은 결국 '나'라는 사람으로 결정된다. 행복과 불행의 기준도 '나'라는 사람에 의해 결정되고, 나에게 영향을 미치는 사람 역시 '나'라는 사람이 사랑하고, 신뢰하고, 좋아하고, 소망하기 때문에 결국은 '자신'이 모든 것을 결정하는 셈이다. 명리학을 접할 당시 필자 역시 '사람'으로 아주 힘든 시기였다. 오랫동안 기업의 효율성과 효과성 극대화를 위해 일해온 필자가 SBS의 사외이사가 된 배경은 조금 특이하다. SBS는 지상파라는 공공재를 활용한 민간사업이기에 공영성 확보를 위해 직원이 추천하는 사외이사를 두게 돼 있다. 필자는 직원이 추천한 사외이사인데, 그 제안을 수락한 것은 지금 생각해도 순진한 결정이었다. 수락한 이유는 여러 가지가 있으나 지상파 방송사임에도 민간사업자인 SBS의 공영성을 지켜야 한다고 생각했고, 내부에 쌓여 있던 문제점을 모른 체할 수 없었기 때문이다.

대한민국 언론사의 90퍼센트 이상을 건설 자본이 소유하고 있다는 사실을 독자 여러분은 아시는가. SBS를 검색하면 나오는 사주에 대한 수많은 의혹이 필자에게 고통은 준 것은 아니다. 사주의 이익을 대변하는 경영진이나 직원들이 나에게 불행을 주지도 않았다. 그들에 대해서는 기대치가 없기 때문이다. 임기 중 있었던 언론사 최초 경영진 임명 동의제와 불합리한 제도 개선을 감안하면, 오히려 사주와 경영진들이 나로 인한 고통이 있었을 것이다. 그들은 자신의 편에 서지 않는, 경영을 아는 사외이사가 끊임없이 도전하는 점이 여간 불쾌하지 않았을 것이다. 거의 모든 기업에서 활동하는 사외이사의 이사회 안건 찬성률이 100퍼센트에 육박한다는 사실을 감안할 때, 나로 인한 그들의 고통은 만만치 않았을 것이다. 나에게 고통과 불행을 준 사람들은 오히려 믿고 신뢰하면서 같이 성과를 이뤄낸 사람들이다. 더 정확하게는 그들을 신뢰했던 내가 불행의 가장 큰 원인이었다.

만약 나로 인해 성공한 누군가가 자신의 이익을 위해 나를 부정하거나 배신한다면 그의 잘못인가, 나의 잘못인가. 내가 믿은 누군가가 자신의 승진과 이익을 위해 조직을 활용하고, 지나친 욕심으로 경쟁자를 제거한 후 모든 기반을 허문다면 그의 잘못인가, 그를 믿은 나의 잘못인가. 만약 누군가가 모든 성과를 독식하고, 더 큰 야망을 위해 조직을 수렁에 빠뜨린다면 그의 잘못인가, 그에게 활용된 나의 잘못인가. 결단코 나의 잘못이다. 명리학을 공부하기 전에는 그런 상황에 빠진 나에 대한 회의와 절망도 있었지만, 그들에 대한 원망이 더 컸다. 그러나 명리를 공부한 뒤 각자 자신의 역할에 충실했다는 사실을 알게 됐다.

사주팔자는 개인의 삶에서 추구하는 것, 의사 결정 기준, 역량, 나아가 그런 것이 환경과 결합돼 나타날 수 있는 삶의 형태를 보여준다. 공부하는 과정에서 그것을 깨닫게 된 뒤 얻게 되는 놀라움이 있다. 어떤 사람은 재물에 대한 강한 욕망이 있고, 어떤 사람은 남을 위한 활동에 관심이 있으며, 어떤 사람은 명예나 권력에 집착한다. 어떤 사람은 목적을 위해 수단과 방법을 가리지 않고, 어떤 사람은 단지 부끄러움 때문에 생을 포기한다. 모든 이들은 각자에게 주어진 삶의 방향을 따른다. 사람은 자신만의 가치관, 역량, 의사 결정 기준에 따라 살아간다. 그렇기에 한 사람의 잣대로 다른 사람을 평가할 수 없다. 다른 세상에 존재하기 때문이다.

필자의 사주팔자에는 그런 바보스러움이 잘 드러난다. 무엇보다 그런 환경 속에 놓일 수밖에 없는 내 모습도 잘 나타난다. 나를 불행하게 한 가장 큰 원인은 결국 '나'이고, 나에게 불행을 선사한 사람도 내가 신뢰한 사람이다. 그들이 강요한 것이 아니다. 잘못된 판단과 보호할 가치가 없는 것에 대해 인생을 낭비한 책임은 분명히 나에게 있다. 명리학을 접한 지금 돌아보면, 결국 행복과 불행은 모두 자신에게서 비롯된다.

필자의 설명이 부족하다면 보다 객관적인 자료가 있다. 오른쪽 그림은 《행복의 신화》 저자로 유명한 미국의 소냐 류보머스키 Sonja Lyubomirsky 교수가 주장하는 개인의 행복을 결정하는 세 가지 요소다. 류보머스키는 개인의 행복에 가장 큰 영향을 미치는 요소는 50퍼센트의 영향력을 가진 개인의 유전적인 특성이라고 했다.

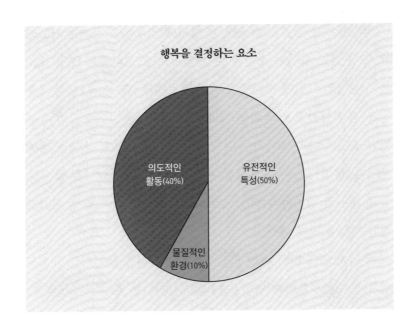

다음은 여가, 스포츠, 다른 사람과의 친밀한 관계 등 의도적인 활동으로 행복에 40퍼센트의 영향을 미친다. 마지막으로 행복에 영향을 미치는 요소는 생활 수준, 경제력, 좋은 집, 좋은 차와 같은 물질적인 환경으로 10퍼센트의 영향을 미친다.

행복의 크기는 갖고자 하는 것과
가진 것의 일치 정도다

종합해보면, 타고난 유전적인 특징이 사람의 행복에 가장 많은 영향을 끼친다. 똑같은 환경과 상황에서 행복을 느끼는 정도는 그 속에 있는 사람의 수만큼 다양한 것이다. 그다음의 영향 요소는 유전적인 요인에 따른 의도적인 활동인데, 필자가 의도적인 활동을 '유전적인 요인에 따른'이라고 설명한 이유는 사람마다 유전적인 요인에 따라 좋아하는 여가 활동이나 스포츠 등이 다르기 때문이다. 당연히 좋아하는 사람도 유전적인 요인에 영향을 받는다. 결국 개인의 행복은 90퍼센트가 타고난 유전적인 특징에 직간접적인 영향을 받게 된다.

우리가 가장 많은 에너지와 시간을 투자하는 물질적인 환경은 행복에 10퍼센트밖에 영향을 미치지 못한다는 사실은 주목할 만하다. 이 사실은 누구나 관념적으로 이해하나, 대다수가 삶에서 실천하지 못한다. 예를 들어 보자. 급여 상승은 곧 익숙해져 그 효과가 쉽게 무너진다. 그토록 원하던 명품 가방 역시 곧 먼지를 쓰게 된다. 서 있으면 앉고 싶고, 앉으면 눕고 싶은 것이 사람의 심리다. 물질적인 풍요는 쉽게 익숙해지고, 그것이 선사하는 행복은 길지 않다. 천문학적인 부를 축적한 재벌이 더 많은 것을 얻고자 불법을 저지르고, 무소불위의 권력을 오직 본인의 영달만을 위해 사용하는 이유가 여기에 있다. 물질적인 행복감은 밑 빠진 항아리처럼 절대 채워질 수 없고, 일시적인 행복감만 선사하기 때문에 끊임없이 추구하게 된다.

오른쪽 그래프는 물질적인 행복의 특성을 잘 설명해준다. 첫 번째 그래프는 우리가 물질을 얻었을 때 예상하는 만족도 수준이

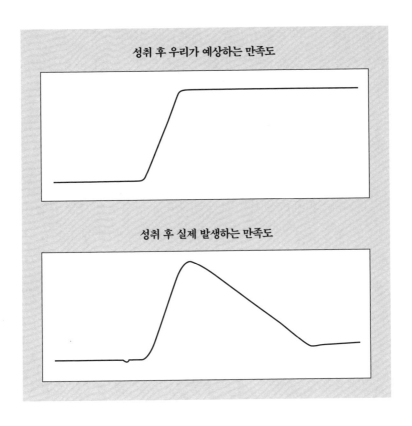

고, 두 번째 그래프는 물질을 얻은 뒤 실제로 느끼는 행복을 나타낸다. 물질 획득에 따른 예상 행복과 실제 행복의 차이는 이처럼 아주 크다. 이것을 '정서 예측의 오류'라고 한다.

　개인의 행복은 물질적 풍요, 가족, 주변 사람 등이 아니라 자신이 어떤 사람인지에 따라 결정된다. 즉 자신이 가진 것이 아니라, 갖고자 하는 것과 가진 것의 일치 정도가 행복의 크기를 결정한다. 재벌가의 자식이라도 스스로 생을 마감할 수 있고, 극단적인 가난 속에서도 행복할 수 있는 이유다. 두 사례는 모두 물질적인 것이 행복의 척도가 아닌 사람들이다. 객관적인 부의 수치로 행복의 크기가 결정되지 않는다. 각 나라의 객관적인 부의 수치와 국민이 느끼는 행복감을 비교해보면, 부자인 국가와 행복한 국가는 전혀 별개임을 우리는 잘 안다.

이제 독자 여러분도 필자가 주장하는 바에 일면 동의할 듯하다. 류보머스키가 주장하는 사람의 행복을 결정하는 가장 중요한 변수인 유전적인 특징은 결국 타고난 사람 자체를 의미한다. 이것은 '개인의 행복과 불행을 결정하는 가장 중요한 요인은 자기 자신이다'라는 필자의 주장과 일맥상통한다. 사람마다 타고난 가치관, 역량, 추구하는 바에 따라 자신의 행복이 결정되는 원리다.

내가 사람에 대한 이해가 절실했던 이유는 이것을 몰랐기 때문이다. 고통스러워해도 '나는 왜 그랬을까', '그들은 왜 그렇게 살까'라는 질문이 해결되지 않는 상황이었다. 답을 나 자신이 아닌 다른 사람에게서 찾은 결과다. 이런 고민에 허덕일 때 나를 이 길로 인도한 친구를 만났다. 나보다 일찍 명리학을 접한 친구는 직업상 많은 사람을 만나고, 사람 때문에 받는 고통이 적지 않아 실패를 줄이기 위해 명리학을 공부한다고 했다. 명리학은 사람에 대한 이해를 제공하는 학문이다. 단순히 사람에 대한 이해뿐만 아니라 그 사람의 길흉화복 역시 알 수 있다. 나는 그 길로 강남 교보문고에 가서 명리학 책을 사게 되었다.

어쩌면 구도자나 종교인의 삶은 인간이 느끼는 희로애락의 원인이 사람과 사람의 관계임을 잘 설명하는 듯하다. 물론 신에 대한 헌신의 이유도 있겠지만, 희로애락의 원천인 사람과 관계를 끊음으로써 감정에 휘둘리지 않고 마음의 안정을 추구하는 것이다. 그러나 필자는 이것이 불가능하다고 생각한다. 모든 인간관계를 끊는다 해도 끝까지 남아 있는 사람이 있기 때문이다. 바로 자신이다. 행복과 불행의 원천은 결국 본인, 자신이다. 인간관계를 통해 희로애락을 느끼는 지점도 결국 본인의 특성에 영향을 받는다. 모든 관계를 포기하고 속세를 떠났으나 번민이 존재하고, 종교인인데도 많은 범죄를 저지르는 상황 역시 본인, 자신에서 기인한다. 본인을 알고, 본인을 다스려야 행복에 근접할 수 있다. 그러나 말처럼 쉽지 않다. 그래서 삶은 행복을 완성하는 것이 아니라 고통을 경험하는 여정인지도 모르겠다.

필자는 명리학을 접하고 정진하는 지금을 한순간도 후회해본 적이 없다. 명리학 공부를 통해 나를 이해하게 된 것이 가장 큰 결실이다. 내가 그때 왜 그런 결정을 했는지 명확히 이해하게 됐다. 이렇게 자신을 이해하면 행복에 보다 가까워질 수 있다. 얻지 못하는 것을 구하지 않고, 힘들어도 다시 좋아지리라는 것을 알기에 안심安心을 얻을 수 있다. 아침이 오는 것을 모르는 원시인이 겪는 밤의 고통이 아니라, 다시 해가 뜰 것을 아는 사람이 가질 수 있는 평안이 있다.

나아가 주위 사람들에 대한 명확한 이해는 사람을 통한 고통을 줄여준다. 필자가 아들을 정확히 이해하게 된 것도 명리학 때문이다. 전에는 아들이 나와 다르다는 것이 이해되지 않고 여러 가지 불만이 있었다면, 이제는 그 본질을 이해하고 무엇을 원하고 무엇을 원하지 말아야 하는지 깨달은 것이다. 아들이 가진 가치관, 역량, 기준을 알고 그가 이룰 성취와 겪을 과정을 알기에 사람으로서 그를 존중할 수 있다. 내가 바라는 것이 아닌 온전히 아들만의 삶을 이해하고 응원할 수 있다. 아들과 내 관계에서 평화를 얻게 된 것은 순전히 명리학의 도움이라고 해도 과언이 아니다.

우리는 누구나 사람으로 인해 많은 고통을 받는다. 비교와 경쟁으로, '갑질'을 당해서, 사랑하는 사람의 배신으로 삶을 포기할 정도로 충격을 받기도 한다. 사람의 명과 운이 정해져 있기에 부귀를 바꾸기는 쉽지 않지만, 마음을 어떻게 먹느냐에 따라 행복은 달라질 수 있다. 가장 중요한 삶의 지혜 중 하나는 직장 상사, 배신자, 원수 등 타인이 내 삶의 행복과 불행을 결정짓도록 놔두지 않는 것이다. 행복은 오직 자신이 결정지어야 한다. 그리고 자신에 의해 결정된다. 배신자, 원수, 상사에 대한 경멸마저 자신에서 비롯된 것을 알면, 그들은 우리를 좀먹지 못한다. 적어도 남이 내 삶을 좌지우지 못 하도록 노력하자.

2장

기업의 성패는
사람으로 결정된다

앞에서 개인의 행복은 보유하고 있는 물질적 풍요, 가족, 주변 사람 등이 아니라 자신이 어떤 사람인지에 따라 결정된다고 설명했다. 즉 자신이 가지고 있는 것이 아니라, 갖고자 하는 것과 가진 것의 일치 정도가 행복의 크기를 결정하는 것이다. 아무리 풍요로운 환경에 살고 있더라도 사랑이나 명예를 추구한다면 불행할 수 있고, 사랑하는 연인과 함께하더라도 물질을 추구한다면 이 역시 불행한 삶이 된다. 모든 것이 그 사람, 자신으로 결정되는 것이다.

그럼 개인의 삶만 그러할까. 아니다. 사람으로 구성된 가족, 조직, 기업, 국가 역시 그것을 구성하는 사람에 따라 그 성패가 결정됨을 알아야 한다. 문명과 역사가 진행돼온 모든 시공간의 흥망성쇠에 있어 사람보다 결정적인 요소로 작용한 것은 없다. 기업의 생산요소, 국가의 구성 요소 등은 끊임없이 변하지만, 사람이 가지는 중요성은 변하지 않는다. 단지 사람에게 요구되는 것이 달라질 뿐이다.

국가의 성패는
사람으로 결정된다

우리나라는 한국전쟁으로 모든 기반 시설이 철저히 파괴된 후, 부족한 자원과 북한과의 첨예한 대립 속에서 전 세계 역사상 가장 빠른 근대화와 민주주의를 성숙시킨 나라다. 그것이 가능했던 가장 결정적인 요소는 다름 아닌 사람이었다. 사람만이 희망이라는 것을 인지하고 끊임없이 투자해 얻은 성과다.

필자는 2010년 기획재정부의 공적개발원조Official Development Assistance, ODA 관련 프로젝트를 수행한 경험이 있다. ODA는 선진국이 개발도상국이나 국제기관에 지원하는 원조를 말한다. 이때 원조하는 국가를 공여국, 원조받는 국가를 수혜국이라고 하는데 공여국과 수혜국의 명단은 잘 변하지 않는다. 보통 수혜국은 교육수준이 낮고, 부정부패가 만연하여 부의 불균형이 아주 심한 경우가 많다. 그런 악순환 고리를 끊을 유일한 방법은 사람을 육성하는 것인데, 부정부패가 만연한 사회에서는 사람에 대한 투자가 쉽게 이뤄지지 않는다. 오히려 국민이 계몽되는 것을 꺼리게 된다. 당연히 정권이 바뀌더라도 부패의 주인공만 바뀌는 경우가 많다. 수혜국의 이런 빈곤의 악순환 고리는 강화되는 경향이 있어 그 굴레를 벗어나기는 국가는 좀처럼 찾기 힘들다. 자세히 들여다보면 부의 총량의 문제라기보다 그것이 극단적으로 편중됨으로써 전체적으로 더 가난해지는 것이다.

반면 한국은 세계 역사상 가장 빠르게 ODA 수혜국에서 공여국으로 전환한 첫 사례다. 전후 재건, 빈약한 자원, 빈곤의 악순환, 북한과의 대치 상황을 고려한다면 무에서 유를 창조한 것이라고 봐야 한다. 그만큼 자부심을 느껴도 좋을 일이다. 이런 이유로 우리나라는 ODA의 전무후무한 성공 사례로 꼽히는 국가이며, 많은 개발도상국이 성공 노하우를 배우기 위해 노력하고 있다. 실제로 우리나라는 다양한 국가에 컨설팅이나 각종 지원 사업을 수행하고 있다.

당시 프로젝트는 이런 성공 노하우를 바탕으로 우리나라만의 체계적이고 합리적인 개발도상국 공여 시스템을 구축하는 것이었다. 우리나라만의 차별화된 공여 시스템의 핵심은 바로 사람이다. 우리가 전 세계에서 유례없는 성장을 이룬 바탕은 풍부한 자원이나 오랜 전통, 기반 시설, 기술 등이 아니다. 오직 사람과 그것을 일깨우는 교육, 문화 운동으로 이룬 결과다. 치열한 교육열, 새

마을운동 등을 통해 '하면 된다'는 의식을 고취하여 사람을 바꾼 것이 핵심 성공 비결이고, 수혜국 역시 그 점을 가장 배우고 싶어 했다.

여담으로 필자가 한동안 민족주의 사관에 빠진 결과이기도 하지만 우리 국민은 참 훌륭하고 대단한 점이 많다. 우리나라는 특히 '유일', '최초' 타이틀을 많이 보유하고 있다. 조선왕조는 동시대에 600여 년을 지속한 유일한 왕조이고, 천주교 역시 유일하게 자력으로 받아들인 국가다. 천주교나 기독교는 일반적으로 선교사들이 전도를 통해 전파하나, 우리나라는 중국에 선진 문물을 배우러 간 사람들이 스스로 접하고, 귀국하여 전파했다. 지정학적 위치나 자원을 고려한다면 우리 민족의 우수성 이외에는 설명할 수 있는 논거가 없다. 이런 사람의 우수성 때문에 필자는 한국의 미래를 믿는다.

오른쪽 그래프는 국가 경쟁력 순위와 인적 자본 순위를 보여준다. 잘 살펴보면 인적 자본이 국가 경쟁력을 결정하는 바로미터라는 것을 알 수 있다. 보유하고 있는 자원이나 국토의 크기, 인구 등이 국가 경쟁력을 형성하는 것이 아니라, 보유한 인적 자본을 얼마나 잘 활용하느냐에 따라 국가 경쟁력이 결정되는 것이다.

우리나라와 반대로 자원 부국이지만 사람으로 인해 성장하지 못하거나, 빈곤의 악순환 고리에 있거나, 끝내 역사 속에서 사라진 국가도 많다. 아프리카나 남아메리카 대륙의 빈곤한 국가는 자원이 부족하거나, 문명이 발달하지 않아서 가난에 허덕이는 게 아

1부 | 사람에 대한 이해

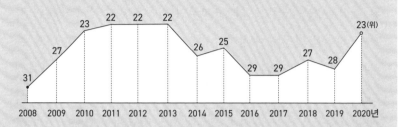

IMD(국제경영개발연구원) 국가 경쟁력 한국 순위 추이

2020년 평가 대상 63개국 기준

나라별 순위

		2020년 순위 변동						
1	-	싱가포르	11	▲5	대만	21	▼1	아이슬란드
2	▲6	덴마크	12	▼5	아일랜드	22	▼1	뉴질랜드
3	▲1	스위스	13	▲2	핀란드	23	▲5	한국
4	▲2	네덜란드	14	▼4	카타르	24	▲2	사우디아라비아
5	▼3	홍콩	15	▼3	룩셈부르크	25	▲2	벨기에
6	▲3	스웨덴	16	▲3	오스트리아	26	▼2	이스라엘
7	▲4	노르웨이	17	-	독일	27	▼5	말레이시아
8	▲4	캐나다	18	-	호주	28	▲7	에스토니아
9	▼4	아랍에미리트	19	▲4	영국	29	▼4	타이
10	▼7	미국	20	▼6	중국	30	▲11	사이프러스

출처 : 기획재정부

니다. 티그리스·유프라테스강, 나일강, 인더스강, 황허 등 고대 문명 발상지가 세계에서 가장 부국인 것도 아니다. 해당 국가 국민의 기질을 탓할 수 있으나, 수혜국이 빈곤의 악순환에 빠지는 가장 큰 원인은 잘못된 위정자들로 인한 전쟁, 기아, 교육의 부재, 부정부패, 부의 불균형 등이다. 특히 교육에 투자하지 않고 사람을 육성하지 않는 국가는 미래 역시 담보할 수 없다. 결국 국가를 이끄는 지도층의 문제, 사람을 키우지 않는 제도의 문제, 즉 '사람'의 문제로 귀결된다.

멀리서 찾을 필요 없이 북한만 봐도 그렇다. 한국전쟁 이후 1960년대까지 북한이 남한보다 훨씬 부국이었다. 1970년대 초만 하더라도 남북한의 경제 규모는 거의 비슷하거나 북한이 우세한 상황이었다. 한반도의 지하자원 역시 북한에 집중돼 있다. 유리한 조건이었음에도 절대 권력을 가진 한 사람의 비전이 극단적인 영향을 미친 북한과, 정반합을 통해 끊임없이 새로운 비전을 모색한 남한은 완전히 다른 길을 걷게 된다. 한쪽은 쇠퇴하고, 한쪽은 세계 역사에서 가장 빠른 속도로 민주화와 근대화를 이룬 것이다. 그것도 남북한 대치 상황 속에서 전후 재건, ODA 수혜국에서 공여국 전환, 높은 국가 경쟁력을 달성한 것이다.

그런데 지난 산업화 과정에서 우리의 성공 방정식이었던 사람에 대한 투자, 평준화된 노동력을 양적으로 공급하던 방식은 이제 도전에 직면한 것이 사실이다. 과거의 성공 방정식은 항상 유효한 것이 아니라 오히려 장애가 되기도 한다. 전 세계 유례없는 입시

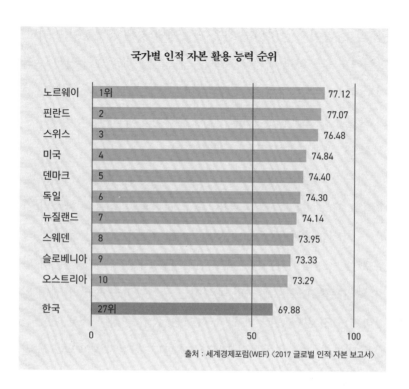

국가별 인적 자본 활용 능력 순위

국가	순위	점수
노르웨이	1위	77.12
핀란드	2	77.07
스위스	3	76.48
미국	4	74.84
덴마크	5	74.40
독일	6	74.30
뉴질랜드	7	74.14
스웨덴	8	73.95
슬로베니아	9	73.33
오스트리아	10	73.29
한국	27위	69.88

출처 : 세계경제포럼(WEF) 〈2017 글로벌 인적 자본 보고서〉

전쟁, 높은 대학 진학률, 선행 학습, 실수하지 않는 인재, 지시와 통제 중심의 교육 시스템은 현재 오히려 심각한 사회문제를 초래하고 있다. 전 세계 자살률 1위, 청소년 자살률 1위, 출산율 꼴찌라는 통계는 우리 사회가 병들었음을 잘 보여준다. 학생뿐만 아니라 학부모, 미래의 부모까지 병들게 하고 있다. 이것은 곧 국가 경쟁력에 영향을 미칠 것이다.

물론 높은 교육열과 의대 중심의 대학 진학으로 우수 인재들이 의료·바이오 산업에 집중되어, 코로나19 팬데믹에서 방역 성공, 의료·바이오 산업의 발전을 만들어낸 것은 긍정적인 면이다. 그럼에도 불구하고 최근 성장하는 산업은 노동 수요가 낮아 부의 배분이나 낙수 효과가 크지 않다. 이것이 초래하는 부의 편중, 사회 안전망 부족에 따른 노동시장의 경직성, 높은 수준의 양육비는 '사람'에 대한 역량 저하를 초래하고 있다.

필자가 대한축구협회KFA의 '한국 축구 산업 발전 프로젝트'를 수행할 때 살펴본 바에 따르면, 축구 선진국인 유럽과 한국의 가장 큰 차이는 선수 육성이 아니라 축구 팬 육성이었다. 고객인 축구 팬을 육성하여 산업 근간을 건강하게 하는 축구 선진국과 달리, 엘리트 체육으로 선수만 육성하는 우리나라는 축구 산업이 발전하기 쉽지 않다. 한국의 교육 시스템, 산업 육성 시스템, 부동산 등은 대부분 엘리트 체육을 떠오르게 한다. 위정자들이 반드시 알아야 할 점이다. 현 수준의 부의 불균형, 부동산 폭등, 출산율 저하가 계속되면 국가 발전이나 존속은 요원하다.

기업 역시 사람으로
성패가 결정된다

이윤 극대화를 주목적으로 하는 기업은 효율성과 효과성에 집중하는 대표적인 조직이다. 이런 기업의 경우에도 사람이 그 성패를 결정할 수 있을까. 가장 효율적인 조직이기 때문에 사람이라는 변수의 영향력이 떨어지지 않을까. 전혀 그렇지 않다. 오히려 가장 성공적인 기업들조차 사람이라는 변수에 의해 한순간에 무너질 수 있다.

기업의 생산요소나 밸류 체인Value Chain을 감안할 때, 경쟁력을 결정하는 요소는 가격, 품질, 서비스, 기술, 특허, 인적자원, 생산, 물류, R&D, 정책 환경, 사회 환경 등 끝도 없이 나열할 수 있다. 그중에서 필자가 기업 경쟁력을 결정하는 가장 중요한 변수라고 생각하는 것은 인적자원인 '사람'이다. 좀 더 정확하게 표현하면 국가의 성패가 인적자원의 개발과 활용에 있다면, 기업은 구성원이 어떤 활동을 하느냐에 따라 그 성패가 결정된다. 변화와 혁신에 도전하는 조직 문화와 혁신 인자가 살아 있는 생태계를 조성하는 것이 성공의 열쇠가 된다. 단순히 우수한 인재를 유치하고, 자원을 집중하는 것만으로 성공을 담보할 수 없다. 최정점에 위치한 기업들조차 관료화와 완벽주의 조직 문화로 변화와 혁신의 인자를 도태시킨다면 사라지는 것이다. 이렇게 되면 기업은 반드시 의사 결정에 실수할 수밖에 없다. 이것은 개인의 명과 운을 결정하는 명리학의 작용 메커니즘과 정확히 일치한다. 기업의 성패역시 명리학의 작동 매커니즘에 있다는 뜻이다.

이 사실을 가장 극명하게 확인하는 방법은 특정 산업에서 가장 공고한 위치를 점하고 있는 1위 기업이 변화와 혁신에 도태돼 사라지고, 이름도 없던 혁신 기업이 게임의 룰을 바꿔 성공하는 사례들을 살펴보는 것이다. 왜냐하면 1위 기업은 다른 경쟁자에 비해 거의 모든 경쟁력 요소에서 절대 우위에 있기 때문이다. 반면 그들을 물리치는 변화와 혁신에 성공하는 기업들은 변화와 혁신의 인자인 '사람'과 그들의 도전을 장려하는 조직 문화 이외에는 어떤 우위도 점하지 못한다. 기업의 성패도 결국 사람으로 결정되는 것이다.

뒤에서 자세히 언급할 코닥, 노키아, 월마트, LG 스마트폰 등과 같은 기업의 실패 사례나 중세 유럽 국가의 흥망성쇠 역사는 이를 확인하는 데 적합한 예시다. 코닥과 노키아는 자신이 속한 필름 산업과 피처폰 시장에서 전 세계의 절대 강자였다. 단순히 점유율뿐만 아니라 높은 기술력으로 경쟁자를 압도하는 상황이었다. 심지어 그들을 쓰러뜨린 변화와 혁신 기업의 제품을 그들은 10년 이상 먼저 개발했다. 그러나 그들은 결정적으로 '사람'이라는 변수로 잘못된 의사 결정을 하고, 해당 산업에서 몰락한다. 자신이 절대 우위를 점한 기존 시장을 더 매력적으로 생각하고, 성장하는 시장을 무시 혹은 외면해 변화를 부정한 것이다. 기술력, 자금, 인적 역량이 떨어져서가 아니라, 변화와 혁신이 부족해서 도태되는 것이다.

반면에 그들을 쓰러뜨린 후지필름이나 애플은 코닥이나 노키아에 비해 모든 경쟁력 요소에서 현저히 떨어지는 상황이었다. 후지필름은 코닥이 만든 디지털카메라를 놀랍게 받아들이고 생산하는 데 10년이나 걸렸고, 애플 역시 노키아가 스마트폰을 출시하고 약 10년이 지나서 스마트폰을 시장에 내놓았다. 그들은 딱

하나의 요소에서 경쟁 우위를 가지고 있었다. 변화와 혁신, 도전하는 사람이 그것이다. 업계 1위 기업이 실패한 원인인 '사람'은 역량이 떨어지는 사람이 아니라 변화와 혁신의 인자가 제거된, 과거의 경험과 성공 신화에 집착하는 사람이다. 단순히 역량이 높고 낮음을 이야기하는 것이 아니다. 변화하고 혁신할 수 있는 사람, 도전이 장려되는 문화가 핵심 원인이다. 명리학의 음양오행 작용 메커니즘은 한때 변화와 혁신에 성공한 사람, 기업, 국가가 어떻게 그것이 제거되는지 그 과정과 원인을 아주 명쾌하게 설명한다. 그 설명이 이 책의 핵심이다.

이 명제를 제대로 증명하기 위해서는 이것이 일반적으로 발생하는 현상이어야 한다. 일부 기업만 의사 결정 실수로 실패했다면 그건 예외적인 현상이기 때문이다. 그런데 이것은 빈번히 발생하는 일반적인 현상이다. 세계 기업 역사에서 30년 이상 업계 최고 위치를 점한 기업을 찾는 것은 결코 쉽지 않다. 기업 역시 유기체의 성장곡선처럼 성장하면 반드시 쇠퇴한다. 계속 좋거나 나쁜 사람의 운명이 없는 것처럼, 기업 역시 명과 운을 가진 것이다. 그것을 설명하는 현상은 혁신이 안정화되면 필연적으로 관료화와 완벽주의가 발생한다는 사실이다. 혁신에서 도태되는 것이다. 코닥과 노키아는 철옹성을 구축한 기업으로 여겨졌고, 대표적인 기술 혁신 기업으로 많은 연구와 벤치마킹의 사례로 꼽혔다. 한동안 경영학에서 그들은 최고로 칭송됐다. 이런 기업조차 룰 브레이커의 변화와 혁신에 무너지는 것이다. 이런 이유로 필자는 한때 선풍적인 인기를 끈 삼성전자 주식에 평생 투자하는 방식을 대단히 우려스럽게 생각했다. 부동산 투자도 마찬가지다. 지금까지 불패였다고 앞으로도 불패는 아니다. 지금까지 불패였다면 오히려 반대가 될 가능성이 높아진다. 확률적으로 말이다. 삼성을 속속들이 알 수는 없지만, 영원히 지속되는 기업은 찾기 힘들기 때문이다.

유명한 미래학자 엘빈 토플러Alvin Toffler는 《부의 미래》에서 인간이 만든 가장 효율적인 조직을 기업으로 정의했다. 여타 조직과 같이 기업 역시 다수의 사람으로 구성되지만, 기업은 성과나 이윤 극대화가 목적인 조직이다. 따라서 효율성, 효과성, 생산성 향상을 위해 체계화되고 구조화된 시스템과 조직을 갖춘다. 토플러가 기업을 가장 효율적인 조직이라고 정의한 이유가 이것이다. 이렇게 체계화된 기업은 가족이나 정부, 법보다 빠른 속도로 변화에 필요한 혁신을 이룰 가능성이 크다.

기업은 존재 이유인 미션과 비전 달성을 위해 조직과 시스템을 구비한다. 이때 비전 달성을 위해 요구되는 기능 수행을 위한 다양한 직무와 과업이 발생하게 되고, 이를 효과적으로 수행하기 위해 조직 체계를 만든다. 수립된 조직의 구성단위로서 직무와 과업을 수행하는 주체가 인력, 즉 사람인 것이다. 따라서 비전이 수립되면 이를 달성하기 위해 조직 하부 개인 단위까지 비전을 공유하는 것이 아주 중요하다. 결국 그것을 수행하는 것은 사람이기 때문이다. 이처럼 기업이 지속적으로 성장하기 위해서는 모든 구성원이 비전을 공유하고, 끊임없이 우수한 인력을 유치하고 유지하는 데 집중해야 한다. 경영자의 주요한 책무는 이렇게 유치·유지한 인력이 역량을 마음껏 발휘하고 도전할 수 있는 문화를 마련하는 것이 핵심이다. 토플러가 지적한 바와 같이 불확실성이 높은 환경에서 필요한 변화와 혁신을 위해 체계화된 조직을 만들고, 그 속에서 인재들이 자유롭게 활동해 비전을 달성하는 것이 기업 본연의 목적이자 경쟁력인 것이다.

결론적으로 기업이 지속 성장하고 비전을 달성하기 위해서는 무엇보다 인력을 어떻게 유치·유지할 것인가가 중요한 이슈다. 46쪽 도표는 글로벌 CEO(최고 경영자)를 대상으로 경영에서 가장 중요한 이슈에 대해 설문 조사한 결과다. 결과를 보면 인적자원과 관련한 이슈는 수년간 가장 중요한 이슈로 자리 잡고 있어, 어떤 요소보다 기업에 중요함을 보여준다.

최고의 경영학자로 통하는 짐 콜린스Jim Collins도 기업에서의 사람의 중요성에 대해 역설한다. 《좋은 기업을 넘어 위대한 기업으로》《위대한 기업을 위한 경영 전략》《경영의 창조자들》《성공하는 기업의 8가지 습관》 등으로 유명한 그가 다양한 책에서 공통적으로 강조하는 것이 있다. 바로 '사람'이다. 그는 끊임없이 "First who, Then what"이라고 주장한다. 콜린스는 기업을 운영하는 것을 버스에 비유하는데, 위대한 기업으로 성장하기 위해서는 끊임없이 좋은 인재들을 버스에 태워야 한다고 했다. 좋은 인재의 정의는 스스로 동기 부여를 할 수 있는 사람인데, 그런 사람을 만나면 어떤 환경에서라도 버스에 태워야 한다는 것이다. 우리 회사

글로벌 CEO가 답한 경영에서 가장 중요한 이슈 순위

N : 응답자 수

이슈	2012년 (N=776)	2013년 (N=729)	2014년 (N=1020)	2015년 (N=943)
인적자원	2	1	1	1
혁신	1	3	3	2
고객 관계	7	4	2	3
운영 능력	-	2	3	4
지속 가능성	8	9	8	5
기업 브랜딩	9	8	5	6
정부 규제	4	6	7	7
국제적 정치·경제적 위험	5	7	6	8
글로벌 확장	5	7	9	9
비즈니스 신뢰	-	10	10	10

출처 : CEO Challenge 2015. The Conference Board.

비전에 부합하는지, 우리 회사 사업 구조에 맞는지, 회사에 사람이 부족한지 등은 고려하지 않는다. 스스로 동기 부여 할 수 있는 인재라면 일단 태우고 보는 것이다. 즉 'what'을 고려하지 말고, 인재가 있으면 채용해서 그 역량을 마음껏 발휘할 장을 마련하는 것이 기업이 성장할 수 있는 동력이다. 그런 인재는 알아서 자기 역할을 수행하고, 회사의 성장을 도모한다.

4차 산업혁명 이후에도
사람이 성패의 열쇠다

기업 활동에서 사람의 중요성은 노동집약산업이나 1~3차 산업혁명에만 국한되지 않는다. 오히려 4차 산업혁명 이후 인재의 중요성이 더욱 부각되고 있다. 4차 산업혁명은 인공지능AI, 사물인터넷IoT, 로봇 기술, 드론, 자율 주행, 가상현실VR 등의 기술이 융합으로 이뤄지는 차세대 산업혁명으로 '초연결', '초지능', '초융합'을 말한다. 일면 정보통신기술Information and Communication Technology, ICT의 융합이라 사람보다 기술, 정보화 수준 등이 중요할 것처럼 보인다. ICT가 끊임없이 인간의 영역을 대체하고 있기 때문이다.

실상은 사람의 중요성이 더 높아지고 있다. 이것은 4차 산업혁명의 준비 수준을 비교하는 5개 요소만 봐도 알 수 있다. 그 요소는 노동시장 유연성, 기술 수준, 교육 시스템, 사회간접자본Social Overhead Capital, SOC 수준, 법적 보호인데, 그중 노동시장 유연성, 교육 시스템 등이 인력과 관련한 지표로 4차 산업혁명에서도 사람의 중요성은 지속적으로 강조된다.

4차 산업혁명에서는 한 사람의 창조적 인재가 창출하는 부가가치가 과거에 비해 현저하게 높아졌다. 물론 우수 인재의 양적 공급도 중요하지만, 차별화된 역량을 보유한 인재의 중요성이 그만큼 높아진 것이다. 이런 이유로 ICT 업계에서는 필요한 인재를 확보하기 위한 노력이 치열하다. 최근 몇 년간 ICT 업계의 인

4차 산업혁명을 준비하기 위한 5대 요소별 국가 순위

순위	국가	노동시장 유연성	기술 수준	교육 시스템	SOC 수준	법적 보호	전체
1	스위스	1	4	1	4.0	6.75	3.4
5	미국	4	6	4	14.0	23.00	10.2
12	일본	21	21	5	12.0	18.00	15.4
13	독일	28	17	6	9.5	18.75	15.9
25	한국	83	23	19	20.0	62.25	41.5
28	중국	37	68	31	56.5	64.25	55.6

자료 : UBS, 'Extreme Automation and Connetivity: The global regional and Investment implications of the Fourth Industrial Revolution', Jan., 2016.

재 전쟁 관련 경영서가 많이 출간됐는데, 우수한 인재를 유치하기 위한 치열한 경쟁이 인재 전쟁으로 비유될 정도다. 과거와 달리 지역, 국가, 문화의 수준을 뛰어넘은 글로벌 경쟁이 치열하게 벌어지고 있다. 애플, 구글, 인텔, 아마존, 바이두 등 전 세계적으로 성공한 기업이 엄청난 자본력을 바탕으로 기술력과 성장 가능성이 있는 기업들을 싹쓸이하는 이유는 분명하다. 기업을 인수함으로써 사람을 확보하는 것이다. 자신들은 혁신에 성공해 모든 면에서 경쟁력을 확보하고 있지만 끊임없는 기업 인수 합병Mergers and Acquisitions, M&A을 통해 인재를 확보하는 이유는 더 많은 사람이 필요한 이유도 있지만, 성공한 자신들에게서 도태되고 있는 변화와 혁신이 살아 있는 인재를 확보하기 위해서다. 그만큼 변화와 혁신이 살아 있는 도전하는 인재, 즉 '사람'은 가장 중요한 경쟁력 요소다.

필자 역시 20년이 넘는 경영 컨설팅 경험을 토대로 기업의 인적자원 수준, 인적자원에 대한 투자 마인드, 오너의 사람에 대한 인식 수준이 경영 성과에 얼마나 많은 영향을 끼치는지 확인했다. 필자의 컨설팅 경험, 누구나 인정할 만한 세계적인 석학, 국가 경쟁력 평가 기준, 글로벌 CEO의 설문 결과, ICT 업계의 인재 전쟁 이야기가 아니라도 사람으로 인해 한 기업의 흥망성쇠가 결정되는 사례는 너무나 많다. 당연히 책임과 권한 수준이 높은 사람의 일탈이나 잘못된 의사 결정은 회사의 존폐까지 영향을 미칠 수 있다. 오너의 갑질, 2~3세 경영자의 일탈, 직원의 횡령 등으로 휘청이는 기업을 수없이 목격했다. 굳이 땅콩, 물잔, 발길질, 야구방망이, 비자금, 분식 회계, 횡령액 같은 키워드를 언급하지 않아도 될 것이다. 역사는 분명하게 증명하고 있다. 사람을 부속으로 생각하고, 인적자원의 유치와 유지에 투자하지 않는 기업은 높은 생산성을 이유로 짧은 기간 성공할지 몰라도, 절대 지속될 수 없다. 마찬가지로 아무리 좋은 인재를 보유하고 있더라도, 그들을 규제하거나 속박한다면 원하는 혁신을 이룰 수 없다.

3장

우리는 자신의 중요성도,
이해하는 방법도 모른다

지금까지 개인의 행복과 불행, 기업의 성패, 나아가 국가 경쟁력마저 사람에 의해 결정된다고 설명했다. 그렇다면 우리는 사람을, 자신을 제대로 이해하고 있을까? 사람을 이해하기 위한 우리의 노력은 충분할까? 기업이나 국가는 차치하고, 개인의 행복과 불행에 가장 큰 영향을 미치는 우리 자신을 이해하기 위한 노력은 충분할까? 스스로를 이해하기 위한 활동은 제대로 하고 있을까? 스스로를 이해한다는 것은 너무 쉽고 당연한 것처럼 느껴지기도, 불가능한 난제처럼 느껴지기도 한다. 우리는 우리 자신이기에 본질에 가장 가까이 있어 당연히 이해하는 것처럼 느낄 수도 있고, 우리는 자신을 완전히 객체화할 수 없기 때문에 불가능한 난제일 수도 있다는 말이다.

필자의 삶을 돌아보면 자신을 이해하기 위한 어떤 구체적인 행위나 과정을 학습한 적도, 제대로 시도한 적도 없었다. 그 결과 앞에서 시인한 바와 같이 자신을 제대로 이해하지도 못하고, 이해하는 방법도 모르고 있었다. 나에게 국한된 현상인지 모르지만, 나와 같은 세대는 대부분 그럴 것이다. 아니다. 현 세대 역시 그렇다고 확신한다. 치열한 교육열, 엄청난 선행 학습, 입시 경쟁을 벌이는 국가에서 살고 있으나, 자신에 대한 이해의 중요성과 방법에 대해 가르치지도 배우지도 않는 것이다. 가장 중요한 것인데도 말이다. 그 결과는 치명적이다. 우리나라는 2021년 7월 말 현재 인구 10만 명당 자살자 28.6명으로 자살률 세계 1위를 기록하고 있다. 2021년 7월까지 코로나19 감염 사망자는 3000명이 되지 않으나, 자살자는 연간 기준으로 1만 4000명에 달한다. 어디 그뿐인가. 세계 청소년 자살률 1위, 청소년 자살 시도율은 2퍼센트에 육박하는 엄청난 수치를 기록하고 있다.

반면 한국교육개발원 교육통계센터에 따르면, 2018년 한국의 대학 진학률은 70.4퍼센트로 경제협력기구Organization for Economic Cooperation and Development, OECD 가입국 평균 44퍼센트보다 아주 높은 1위다. 가장 뼈아픈 수치는 출산율이다. 2021년 우리나라 합계 출산율은 약 0.78명으로 추산되는데, 전 세계 꼴찌를 기록하고 있다. 이런 나라에 살고 있는 젊은 세대는 건강하고 행복할까. 이는 우리가 자신을 전혀 알지 못하고 있음을 증명하는 객관적인 수치다. 행복은 바로 '자신'에서 기인하기 때문이다. 우리는 도대체 무엇을 배우고 있는 것일까. 아이들은 행복하지 않고, 기업들은 학교에서 원하는 인재를 배출하지 못한다고 아우성이다. 난감한 대한민국 교육이다.

수능 시험이 끝나면 어김없이 자살한 수험생 관련 뉴스가 나오고, 부모가 원하는 의대에 입학한 다음 자살로 복수한 학생 이야기도 있다. 자신이 무엇을 원하는지 몰라 평생을 방황하는 우리 모습들. 우리 사회는 단지 좋은 대학에 들어가고, 좋은 회사에 취직해서 결혼하고, 아이를 다시 좋은 대학에 보내기 위해 끊임없이 경쟁하는 쳇바퀴처럼 보인다. 부의 심각한 불균형, 지역 불균형, 부동산 문제, 입시 압박감이 우리 사회를 지배하고 있다. 상담해 보면 많은 부모들이 '왜 공부해야 하는지'에 대한 아이의 질문에 제대로 된 답을 찾지 못하고 있다. 우리 사회는 'why'가 아니라 'must'만 난무한다. 좋은 대학에 가기만 하면 모든 게 해결될 거라고 믿는다.

이런 경쟁을 통과한다고 해도 MZ세대는 이전 세대들이 누린 혜택을 가질 수 없다. 기성세대가 좋은 대학에 들어가서 좋은 직장을 얻는다면 집, 가정, 사회적 안정을 얻을 수 있었지만, 지금은 그렇지 않다. 이런 현실이 출산율 꼴찌로 나타나는 것이다. 이런 상황에서 자식을 가진 부모라면, 자신의 지위와 영향력을 앞세운 부모 찬스에 대한 유혹이 엄청날 것이다. 보수와 진보를 망라하고 그렇지 않은 사람을 찾기 쉽지 않다. 세상을 바꾸는 것보다 자신만 예외가 되는 것이 쉽기 때문이다. 여기 어디에도 우리 자신에 대한 이야기가 없다. 우리 아이에 대한 이야기도 없다. 개인의 특성을 기반으로 한 삶, 그리고 그것을 보장하는 사회와 국가에 대한 스토리가 빠져 있는 것이다.

우리는 스스로를 이해하기 위해
어떤 노력을 할까

만약 우리가 자신에게 조금 더 관심을 가지고 보다 체계화된 방법을 통해 스스로를 바라볼 수 있다면, 국가와 학교로부터 그것의 중요성과 방법을 교육받는다면 이런 현상이 발생할까. 우리가 스스로를 이해하기 위해 노력하지 않고 이해하는 방법을 모른다면, 우리 아이들을 정확히 이해할 수 있을까. 이해가 바탕이 되지 않으면 아무리 좋은 것도 강요가 된다. 자식을 통해 못다 이룬 꿈을 실현하고자 하는 부모, 오직 좋은 성적을 요구하는 부모, 그것이 달성되지 않았을 때 자식을 실패자로 규정하는 부모, 자신에게 중요한 가치를 그대로 요구하는 부모의 모습에는 자식을 이해하기 위한 노력을 찾아볼 수 없다. 어쩌면 당연한 결과일까. 부모도 자신을 이해하는 것의 중요성과 방법을 모르기 때문이다.

필자가 살아온 여정을 간략히 보자. 자신을 이해하기 위한 노력이나 방법 측면에서 아주 부끄러운 성적이지만, 동년배들에게는 너무나 익숙한 삶의 모습일 것이다. 전체가 50가구도 되지 않는 시골 마을(이곳은 아직도 50가구가 넘지 않는다. 오히려 줄어들고 있다)에서 태어나 주변 대도시에 전학 간 다음 적응하기 바빴고, 대학 진학을 위해 공부하고, 대학에 들어간 뒤에는 술과 동아리가 반이었으며, 군 복무를 마치고 어렵게 어학연수를 다녀와서 취직했다. 요즘 중·고등학생이나 청년의 경쟁에 비해 강도는 낮았으나, 동일한 입시 전쟁이었다. 유치원부터 선행 학습에 몰두하는 요즘 아이들에 비하면 턱없는 경쟁 강도이긴 하다. 취직 역시 요즘에 비하면 많이 수월했다. 그러나 그 어떤 시기나 교육에도 자신을 제대로 바라볼 시간은 없었고, 부모나 교육을 통해 그 방법을 배운 적도 없다.

우리는 정말 자신을 이해하는 노력이나 방법에서 원시적이다. 필자가 접했던 자신에 대한 정보는 중·고등학생 때 적성검사가 거의 유일했다. 그마저 문과와 이과를 구분하기 위한 기초 정보였고, 다양한 경험과 진로 정보의 보완재가 아니라 유일한 정보였기에 정확하지 않았다. 현재의 중·고등학생도 별다르지 않다. 사설 기관에서 그런 검사를 제공하는 곳도 있으나, 그 수준은 천차만별이고 비용도 비싸다. 회사에서 실시하는 인·적성 검사는 인재를 선별하기 위한 목적으로 개인에게 결과를 알려주지 않는다는 점을 고려할 때, 여기에서 논할 이야기는 아니다. 최근에는 기업에서 임직원을 대상으로 리더십 유형이나 개인의 성향 및 장단점을 보완하는 진단 및 상담 서비스를 제공하고 있으나, 범용화된 제도는 아니다. 이외에 많은 사람들이 재미로 보거나, 신봉자도 존재하는 혈액형별 성격 유형, 리더십 유형, 마이어스–브릭스 유형 지표Myers-Briggs Type Indicator, MBTI 등이 있다.

혈액형별 성격 유형은 그 유래와 실질적인 가치를 따져보면 전혀 근거가 없을 뿐만 아니라 인종주의에 가까운 학설이다. 위키백과에 소개된 혈액성 성격설의 유래를 잠깐 소개하겠다.

20세기 초 카를 란트슈타이너Karl Landsteiner가 수혈을 목적으로 ABO식 혈액형을 발견했는데, 독일의 내과 의사 에밀 폰 둥게른Emile von Dungern과 폴란드의 생물학자 루드비크 힐슈펠트Ludwick Hirschfeld는 이를 우생학으로 적용해 피의 형질에 따라 인간의 기질이 결정된다(주로 백인이 많은 A형의 우수성과 유색인종이 많은 B형의 열등성)는 연구를 진행했다. 1927년 후루카와 다케지古川竹二가 이 이론을 일본에 전해 관심을 모았고, 그는 다른 연구에서 당시 폭동을 일으킨 타이완 원주민에 O형이 많은 것을 들어 아이누족과 비교하며 인종개량학을 정당화했다. 이후 이런 이야기는 거의 잊혔다가, 1970년대에 방송 프로듀서 노미 마사히코能見正比古가 쓴 책이 인기를 끌며 새로운 혈액형 성격론이 떠올랐다. 이는 여론에 큰 파장을 불러일으켜 인기를 얻는 한편, 수많은 비판을 받기 시작했다.

이처럼 혈액형 성격설은 그 시작 자체가 인종주의와 제국주의 강화를 위해 고안된 학설이다. 그런데 우리나라에서도 인기를 끄는 원인은 아마도 단순함 때문이라고 생각한다. 사람을 4가지 유형으로 분류하면 수용자가 긍정적으로 판단할 경우 어떻게든 부합하기 때문이다. 인류를 단지 4가지 유형으로 분류하면 어떻게든 그 유형의 특징이 나타나지 않겠는가. 단순함과 개인의 특정 경험을 바탕으로 한 확증 편향이 그 이유일 것이다.

반면 MBTI는 우리가 참고할 만한 정보라고 판단된다. MBTI는 이자벨 브릭스 마이어스Isabel Briggs Myers와 캐서린 쿡 브릭스 Katharine Cook Briggs가 정신분석학자인 카를 융Carl Jung의 심리 유형론을 근거로 고안한 자기 보고식 성격유형 검사 도구다. 측정하기 쉽고 간편한 장점 때문에 학교, 직장, 군대 등에서 폭넓게 쓰인다. MBTI는 개인의 태도와 인식, 판단 기능에서 각자 선호하는 방식의 차이를 나타내는 4가지 지표로 구성되어 있다. 정신적 에너지의 방향성을 나타내는 외향-내향 지표, 정보 수집을 포함한 인식의 기능을 나타내는 감각-직관 지표, 수집한 정보를 토대로 합리적으로 판단하고 결정하는 사고-감정 지표, 인식과 판단 기능이 실생활에서 드러난 생활양식을 보여주는 판단-인식 지표가 2개씩 조합되어 총 16가지의 성격 유형을 제시하고, 유형별 성격적 특성과 행동의 관계를 설명한다. MBTI는 지속적으로 개선되고 있다는 점이 중요하다. ICT와 인공지능이 발전함에 따라 표본 수와 데이터의 증가가 딥 러닝과 결합되어 더 정확하고 다양한 정보를 제공한다.

우리가 자신을 이해할 수 있는 제도적 장치나 체계적인 방법론이 미흡한 반면, 스스로를 이해하고자 하는 움직임이 지속적으로 증가하고 있다. 행복을 위해 자신을 아는 것이 중요하다는 깨달음이 확산되고 있는 것이다. 산티아고 순례길Camino de Santiago, 제주 올레길, 템플스테이 등은 급변하는 현실에서 벗어나 자신에 대해 집중하는 시간을 갖는 계기가 된다. 이런 시도가 현저히 증가하는 것은 고무적인 현상이다. 그런데 자신을 이해하는 것의 중요성 증가에 걸맞은 구체적인 접근 방법이나 과정이 개발되지 않는다는 점은 매우 아쉽다.

명상이나 종교적인 활동 역시 마찬가지다. 명확한 지식 체계에 기반하지 않은 마음의 정화나 행복은 순간적인 것이다. 단순히 감정의 정화로 인한 만족감은 지속되지 않는다. 순례길에서 현실로 돌아온 후, 명상이 끝난 후, 종교 시설에 다녀온 후 시간이 지날수록 충만했던 감정은 서서히 사라지게 된다. 필자가 자신을 아는 명확한 방법이나 과정을 강조하는 것은 지식에 기반한 믿음만이 그것을 지속시킬 수 있기 때문이다.

컨설턴트로서 직업병 때문에 여러 논거를 가지고 이야기하지만, 행복의 근원인 자신을 성찰하거나 이해하기 위한 우리의 노력이 부족하다는 사실은 명확하다. 그나마 자신의 중요성을 알고 노력하는 사람조차 구체적인 방법과 과정에 대한 접근성이 떨어지고, 그 결과를 담보할 수 없다는 것을 인정할 것이다. 우리가 자신을 알고자 해도, 그것에 이르는 체계적인 방법은 사실 많지 않다. 아니, 아주 적다. 그럼 명리학은 이 모든 것에 해답이 될 수 있을까? 이 책의 목적은 독자 여러분이 필자처럼 명리학을 체계적으로 공부하기를 권하는 것이 아니다. 오히려 명리학의 음양오행 작용 메커니즘이 주는 깨달음이 개인의 삶과 기업 경영에 던지는 가르침을 정리하고 소개하는 것이 목적이다. 그럼에도 불구하고 명리학이 답이 될 수 있는지 필자의 경험을 간략하게 소개하고자 한다.

명리학을 공부하는 과정은 자신의 삶을 반추하는 것으로 시작된다. 명리학의 학문적 가치는 그 이론이 실제 삶에서 어떻게 발현됐는지 비교하는 과정을 통해 확인이 가능한데, 이를 위해서는 비교 가능한 특정인의 삶이 있어야 한다. 그 과정을 통해서만 명리학의 정교성과 신뢰성을 확인할 수 있기 때문이다. 삶의 속속들이는 본인 말고 알 수 없기 때문에 타인의 삶을 가지고 공부하는 것은 불가능하다. 오직 본인 삶만이 가능하다. 부부라도 어떻게 그 속을 다 알 수 있겠는가. 필자는 이 공부를 위해 초등학교 고학년 이후의 모든 삶을 엑셀에 기입하고, 그것이 명리학의 이론 체계와 부합하는지 확인하는 작업을 거쳤다. 명리학의 학문적 가치는 차치하고 그 과정만으로도 많은 것을 얻을 수 있다. 내 삶의 여정을 객관적으로 서술하는 것은 자신을 살펴보는 데 아주 중요한 과정이다.

자신의 삶을 객관적으로 바라보는 행위는 누구나 살면서 마주하고, 불현듯 겪게 되는 불행하다는 고통에 대해 체계적으로 점검하고 극복할 수 있도록 도와준다. 그 고통은 '그때 그 사람을 만나지 않았다면', '그때 거기에 가지 않았다면', '그때 그 일을 했더라면', '그때 좀 더 잘했다면', '그때 좀 더 즐겁게 지냈다면', '그때 좀 더 포용력이 있었다면', '그때 더 열심히 사랑했다면', '그때 자신을 더 사랑했다면', '그때 남을 신경 쓰지 않았다면', '그때 남에게 아픈 말을 하지 않았다면', '그때 용기를 냈더라면' 같은 생각들이다. 이런 고통은 잠들기 전에, 산책할 때, 혼자일 때, 운전할 때, 불현듯 우리를 급습하고 병들게 한다. 그래서 우리는 혼자이기를 두려워하고, 외로움을 회피하기 위해 많은 희생을 치른다. 명리학을 공부하는 것은 이 고통의 원인을 이해하는 과정이다. 그 고통의 원인은 당연히 자신에게서 비롯됨을 아는 것이다. 여기서 그때라는 시점은 우리 삶의 주요 변곡점이다.

필자도 살면서 이런 고통을 수없이 직면했고, 명리학을 공부하는 과정에서 이 변곡점을 마주하고 원인을 살폈다. 이 과정을 통해 필자의 삶이 현재의 모습으로 구체화되기까지 남들과 다른 편향적인 의사 결정 기준과 지향점이 있었다는 것을 깨달았다. 사실 명리학에서 제공하는 사주팔자의 해석은 특정 사안을 설명하거나 예측하는 것도 있지만, 기본적으로 그 사람의 타고난 의사 결정 기준, 역량, 성향 등이 주어진 환경에 어떻게 상호작용하는지 아는 것이다. 내 사주팔자에 각인되어 있는 의사 결정 기준, 역량, 성향은 삶의 변곡점에서 그런 의사 결정을 내리게 된 이유를 명확하게 설명하고 있었다.

타고난 부모 복이나 재복, 인복, 배우자 복, 자식 복, 관운 등은 둘째치고 내가 그럴 수밖에 없었던 이유를 이해하는 것은 아주 특별한 경험이었다. 이 경험을 통해 때로는 안심하고, 때로는 좌절을 맛본다. 자신의 사주팔자를 공부하는 과정에는 울고 웃는 일이 수없이 반복된다. 우리는 이 과정을 통해 스스로를 이해하기 시작하고, 내 삶의 목적과 방향을 알고 마음의 안정을 찾는다. 당연히 보편적인 좋은 삶이란 존재하지 않는다. 누구나 자신에게 주어진 삶의 키워드대로 살아가는 것이다. 세속적으로 얻는 부와 귀는 차이가 있겠지만, 사람마다 타고난 삶의 지향점이 있다. 누구는 얻는 것이 목적이고, 누구는 잃는 것이 목적인 삶이다. 자신에게 주어진 삶을 치열하게 살아야만 생의 목적을 달성할 수 있다.

필자가 컨설팅하면서 수많은 기업, 정부 관계자, CEO를 만나고 얻은 깨달음 중 하나는 인간은 누구나 합리적이지 않다는 것이다. 지위 고하를 막론하고 가진 재산, 지식, 명예, 권력, 인기가 아무리 많아도, 그 누구도 합리적인 의사 결정을 하지 않는다. 경제학자의 합리성이 침팬지의 순간 선택에도 미치지 못한다는 실험 결과가 있지 않은가. 사람은 시장을 통해 합리적인 의사 결정을 추구한다는 고전경제학파 이론은 더 이상 신봉되지 않고 있다. 제한된 근거를 가지고 차선의 의사 결정을 한다는 경제학자 허버트 사이먼Herbert Alexander Simon의 제한된 합리성Bounded Rationality 이론이 아니더라도 우리가 얼마나 비합리적인지 쉽게 알 수 있다. 기업이 모두가 만류하는 사업에 진출해서 망하거나, 위험한 주식에 투자하거나, 치명적인 매력이 있는 이성에게 끌리거나, 단순히 가격이 싸다는 이유로 동전주를 선호하는 것 등이 비합리적 의사 결정들이다.

만약 사람마다 의사 결정 기준이 다르고, 그것이 타고난 것이라면 어떨까? 합리적이라는 것은 보편타당성을 가져야 하나, 누구나 자신만의 의사 결정 기준이 있다. 그 결과 세상에 다양성이 존재하는 것이다. 성패, 부귀, 명과 운이라는 개념은 의사 결정 기준의 차이에서 잉태된다. 어쩌면 다행일 것이다. 모두 같은 사람을 사랑하고, 같은 제품만 사고, 같은 것만 먹고, 같은 생각만 한다면 이 세상은 치열한 경쟁으로 바로 파멸할 것이다.

필자가 삶의 변곡점마다 내린 의사 결정에는 공통의 기준이 있는데, 그것을 습득한 경로는 알 수 없다. 오히려 살면서 부딪힌 환경을 감안할 때 이해할 수 없는 기준들이다. 타고난 것이다. 같은 부모에서 난 형제도 나와 다른 의사 결정 기준과 역량을 가지고 있다. 같은 부모라도 모두 같은 환경은 아니다. 몇 번째 자식인지, 당시 부모의 상황은 어떤지, 만나는 사람은 누구인지에 따라 환경은 달라진다. 이런 환경에 상호작용하는 가치관이나 의사 결정 기준은 타고나는 것이다. 그것이 동일 사주팔자가 가지는 평균의 삶이다.

이것이 명리학이 우리에게 선사하는 일차적인 선물이다. 명리학은 그 사람이 가지고 있는 의사 결정 기준, 성향, 역량이 어떻게 환경과 상호작용하는지 명확히 보여준다. 삶의 주요 변곡점이 되는 시기에 내린 결정이 지금 자신의 모습을 규정하고, 당시 왜 그런 의사 결정을 내렸는지 명확히 이해할 수 있다. 자신이 왜 이렇게 살고 있는지, 무엇을 얻고자 하는지, 무엇을 지향하는지, 주변 사람과 관계는 어떤 의미가 있는지, 무엇을 얻고 무엇을 잃는지, 어떤 삶을 살아갈지에 대한 이해를 얻게 된다. 과거와 현재의 모습을 이해할 수 있으면 미래 역시 이해할 수 있는 법이다.

행복의 원천인 스스로에 대해 이해가 부족하고, 자신의 의사 결정 기준이나 성향을 정확히 알 수 없다면 불안정한 환경에서 불행에 노출될 가능성이 크다. 자신을 정확히 알아야 같은 현상이 발생하더라도 이해의 폭이나 안심하는 정도가 달라진다. 혹자는 자신을 알기 쉽지 않으니 현재를 충실하게 사는 것이 의미 있다고 주장할 수도 있다. 필자도 이런 삶의 태도에 동의한다. 삶이 목적을 달성하는 게 아니라 여정을 즐기는 것이라는 자세를 갖춘 사람이라면 아무래도 행복에 가까워질 가능성이 크다. 그러나 끝나지 않을 것 같은 터널 속에 있는 이들은 여정을 즐긴다는 말을 받아들일 수 없다. 그래서 자신을 명확하게 이해하는 것이 필요하다. 자신이 어떤 사람인지 알아야 터널 속에서도 삶의 행복을 찾을 수 있기 때문이다.

앞에서 행복은 갖고자 하는 것과 가진 것이 얼마나 일치하느냐에 따라 결정된다고 설명했다. 내가 가진 것의 많고 적음이 행복을 결정하지 않는다. 재벌가의 자식이나 인기 절정의 스타들이 스스로 생을 마감하는 것을 보면 이해할 수 있다. 반대로 가난한 집에서 여러 자식이 가벼운 음식과 낡은 옷으로도 행복할 수 있는 것이다. 간혹 생의 세속적인 성취나 부귀가 적은 사람이 있다. 그렇다고 불행할까. 자신의 삶에 각인된 키워드를 알아야 행복할 수 있다. 내가 무엇을 원하는지 알아야 행복해질 수 있는 것이다. 내가 어떤 사람인지 내 운명이 어떤지를 알면 안심할 수 있다. 굳이 명리학이 아니더라도 우리는 자신을 이해하기 위해 끊임없이 노력해야 한다.

기업은 사람을 이해하기 위해
어떤 노력을 할까

앞서 기업은 미션과 비전 달성에 요구되는 기능과 전략 실행을 위해 사람으로 구성된 가장 효율적인 조직이라고 했다. 그리고 사람이 어떤 경쟁력 요소보다 기업의 성패에 많은 영향을 미친다고 설명했다. 그럼 이 세상에 존재하는 조직 중 가장 효율적이라는 기업은 사람(직원)에 대해 제대로 파악하고 있을까? 파악하기 위해 어떤 노력을 할까? 여기서 제대로 파악해야 할 것은 그 사람의 객관적인 이력 정보가 아니다. 출신 학교, 성적, 전공, 경력, 가족 관계, 네트워크, 자격증과 같은 이력 정보들은 정보 가치가 작다. 기업이 직원에 대해서 꼭 파악해야 할 정보는 스스로 동기 부여가 가능한지, 문제 해결 능력은 어떤지, 다른 사람과 조화될 수 있는지, 어렵고 힘든 상황을 견디는 정도는 어떤지, 조직에 충성심은 있는지, 윤리적인지 등과 같은 정성적인 기준이다. 우리 회사에는 이런 정보가 체계적으로 관리되고 있는가. 직원을 제대로 파악하기 위한 방법론은 축적되어 있는가. 서두의 질문인 제대로 파악하고 있는지, 노력하고 있는지에 대한 답은 여기에 있다. 그 정보가 인사 담당 임원이나 경영자의 머릿속에만 존재한다면 그것 역시 부정적이다.

직원을 제대로 이해하기 위해 꼭 필요한 정보는 공통적인 속성이 있다. 바로 쉽게 변하지 않을 뿐만 아니라 교육을 통해 개선하기도 쉽지 않다는 사실이다. 그래서 적합하지 않은 인재는 채용 과정에서 걸러져야 한다. 그런 이유로 채용 후 교육에 쏟을 재원이 있으면, 채용 성공률을 높이기 위해 투자하는 것이 최선의 방법이다. 채용 성공률을 높이는 과정은 정성적인 요소를 측정하기 위한 채용 방법을 개발하고, 그것을 적용한 다음 실제 채용한 직원의 평가 결과를 끊임없이 추적·보완해야만 가능하다. 그래야만 개선될 수 있다. 그렇다고 측정이 용이한 출신 학교, 성적, 영어 성적, 기존 직장을 기준으로 뽑아서는 절대 개선되지 않는다.

여타 선진국에 비해 노동시장의 유연성이 많이 떨어지는 우리나라의 경우 채용의 성공률을 높이는 것은 아주 중요하다. 앞서 소개한 '4차 산업혁명을 준비하기 위한 5대 요소별 국가 경쟁력'(48쪽) 자료를 보면 우리나라는 전체 25위지만, 노동시장의 유연성 부문은 83위다. 노동시장의 유연성이 낮다는 것은 회사도 직원도 선택을 돌리기 쉽지 않다는 의미다. 서로 아님을 알고도 고용 관계를 유지할 수밖에 없다. 채용 실패는 단순히 한 사람의 역량이 떨어진다는 것만을 의미하는 게 아니다. 그 사람으로 인해 핵심 인재들이 이탈할 수 있기 때문에 아주 중요하다.

기업이 사람을 이해하기 위해 노력하는 최종 목적은 최적의 인재를 유치하고 유지하기 위함이다. 인사의 여러 기능 중 우수 인재 유지 제도도 중요하지만, 가장 중요한 것은 최적의 인재를 선발하는 것이다. 이것은 채용과 채용 후, 기존 직원에 대한 평가 데이터 확보와 분석을 통해 끊임없이 정반합을 거쳐 완성해야 하는 것이다. 어떤 사람을 채용할 것인지, 누가 채용했는지, 어떤 방법으로 선별했는지, 그 결과는 어떤지 계속 보완해야 한다. 우리 기업은 어떨까? 필자의 인사 컨설팅 경험을 통해 살펴보면 노동 시장 유연성에 비해 우리 기업의 노력은 많이 부족한 것이 사실이다. 우리 기업의 사람에 대한 이해 노력이 적다고 평가할 수 있는 가장 큰 이유는 상대평가 개념을 적용하기 때문이다. 국내외 선진 기업을 중심으로 상대평가를 폐지하는 기업들이 지속적으로 증가하고 있지만, 아직까지 많은 기업이 편리성을 이유로 상대평가를 적용하고 있다. 평가 결과는 채용, 보상, 승진, 배치, 퇴직 관리 등 인사 전 영역에서 활용된다. 상대평가가 편리한 이유는 인사 활용 시에 정해진 서열대로 적용하면 그만이기 때문이다. 그리고 우리는 성적순에 아주 익숙하다. 그러나 상대평가에는 치명적인 단점이 있다. 상대 비교는 사람 본질에 대한 평가와 그에 대한 데이터 축적을 방해한다. 사람에 대한 이해, 꼭 필요한 정보를 측정할 수 있는 방법, 인재 선별 능력을 개선할 수 없다.

절대평가는 평가 지표에 대한 대상자의 절대적인 수준을 평가하는 방법이고, 상대평가는 지표에 대한 대상자의 평가 그룹 내 서열을 확인하는 방법이다. 두 방법은 생각보다 많은 차이가 있다. 첫째, 가장 큰 차이는 '평가 기준'이다. 기업에서 실시하는 성과 평가(개인이나 조직이 달성한 성과)를 예로 들면, 절대평가는 피평가자의 '성과 수준'을 기준으로 하게 된다. 이 경우 무엇을, 어떻게, 어떤 수준까지 성취했는지, 그 과정에 발생한 장애는 어떻게 극복했는지에 집중하게 된다. 반면 상대평가는 평가 대상 그룹에서 피평가자가 가지는 상대적인 서열이 기준이다. 성취 자체보다 상대 비교를 통한 우열과 서열에 집중하는 것이다. 물론 평가 근거 자료라는 것을 요구하지만, 그것은 서열을 위한 논거 자료지 성취 자체를 위한 것은 아니다. 성취 자체를 평가하기 위해 노력한 회사와 상대적인 서열만을 평가한 회사의 사람에 대한 이해 수준은 다를 수밖에 없지 않겠는가.

둘째, '목표 수준'이다. 절대평가에서는 피평가자가 목표 달성 수준을 측정하기 때문에 목표와 그 수준이 중요하다. 달성 수준 역시 0점에서 100점까지 세분화되어 관리한다. 반면 상대평가는 목표 수준에 대한 논의가 치열하지 않다. 집단 전체의 목표 달성 수준이 높든 낮든 성취 서열이 중요하기 때문이다. 물론 인센티브 발생과 그 수준을 결정하는 목표 수준은 유의미하나, 승진과 보상, 배치 등 개인 영역에서 인사 활용은 대부분 상대적 서열에 기초한다.

셋째, '평가 목적'이다. 절대평가는 평가 자체가 목적으로 피평가자의 수준, 역량 등에 대한 진단 기능을 포함한다. 반면 상대평가는 피평가자의 상대적 위치를 파악해 인사에 활용하는 것이 주목적이다. 우리나라에서는 1997년 외환 위기 이후 경영 투명성 강화를 위해 성과주의 인사제도 도입이 당연한 것으로 받아들여졌다. 그 과정에서 호봉제가 아니라 성과에 따른 차등 보상 개념이 힘을 받게 됐고, 보상 차등화를 위해서는 상대적 서열이 중요해 상대평가가 도입된 것이다. 평가를 도입한 목적 자체가 인사 활용 때문이었다.

세 가지 차이만 봐도 상대평가를 통한 평가 결과로는 사람을 이해하는 데 부족할 수밖에 없고, 평가가 지속돼도 필요한 데이터가 축적될 수 없음을 알 수 있다. 아울러 상대평가에는 평가자의 오류가 쉽게 개입된다. 서열화된 결과가 어떻게 활용될 것인지 쉽게 알 수 있기 때문에 친분이나 인연, 장기 승진 누락자 등에 대한 왜곡된 평가가 진행된다.

기존 직원들을 대상으로 상대평가를 적용하는 것보다도 채용에서 상대평가를 적용하는 것은 더 치명적이다. 채용을 위한 절대적인 기준선조차 없이 지원자 가운데 몇 명을 뽑을지 사전에 정하고, 상대평가에 기반한 서열대로 목표 수만큼 뽑는 것은 꼭 개선돼야 한다. 과거 기업들이 해마다 치르는 공채가 여기에 속한다. 공무원이나 공공 기관은 채용 목표치를 채워야겠지만, 그 방법에는 지원자 수준에 대한 어떤 고민도 없다. 급속 성장기에 폭발적인 노동 수요가 존재하거나 평준화된 인력 공급이 중요한 기업이 아니라면 인재 선발의 효과성은 떨어질 수 있다.

상대평가를 통한 채용 방식에서는 후보자의 절대적인 수준을 평가할 수 있는 노하우가 확보·축적되지 않는다. 단순히 서열화를 위한 비교 방법이 적용되기 때문이다. 현재 많은 기업이 적용하고 있는 채용 과정은 이렇다. 투명성 제고와 업무 부담을 고려해 채용 대행업체를 통해 서류를 접수하고, 대행업체에서 계량화할 수 있는 몇몇 기준에 따라 서류 전형 통과자를 선정하면, 이들을 대상으로 수차례 면접을 통해 채용을 확정한다. 이때 대부분의 면접관은 상대 비교를 통해 점수를 부여하고, 인사 부서는 각 면접관의 점수를 취합해 서열을 정하고, 서열에 따라 채용한다. 채용 어느 과정에서도 회사가 원하는 명확한 인재상과 지원자의 절대적인 수준을 검증할 프로세스는 보이지 않는다.

기업에서 상대평가를 통한 채용이 유지되는 또 다른 이유는 확보해야 할 명확한 인재상이 정해져 있지 않기 때문이다. 다양한 기업에서 자사의 인재상을 홍보하고, 내부 직무 기술서에 직무별 자격 요건이 명시되어 있지만, 그 내용은 일반적이거나 구체적이지 않은 경우가 대부분이다. 예를 들면 특정 기업이 창의적인 인재를 원한다 해도 인사 부서에서 창의적인 인재에 대한 구체적인 요건이나 이를 확인할 방법을 제시하지 못한다. 오직 면접관의 통찰력에 의지하는 방식이다.

직무 기술서상의 자격 기준도 최소한의 기준으로 허들 형식(허들 형식이란 그 기준선을 넘으면 되는 것으로, 수준은 중요하지 않다)이다. 신입이든 경력직이든 자사에서 요구하는 명확한 인재상을 갖추지 못하기 때문에 다시 상대평가에 의존할 수밖에 없다. 여기에서 빈곤의 악순환이 만들어진다. 사실 명확한 인재상이 마련되지 않는 가장 큰 이유는 상대평가다. 상대평가를 운영하는 한 직원의 절대적인 수준, 회사에서 요구하는 인재의 수준을 측정할 노하우는 축적될 수 없고, 그것 없이는 요구하는 인재상을 명확하게 구현할 수 없다.

마지막으로 우리 회사의 사람에 대한 이해 수준을 쉽게 확인할 수 있는 것이 인사 기록 카드다. 인사 기록 카드는 회사에서 관리하는 직원 개개인에 대한 정보를 담고 있다. 회사가 관리하는 정보 항목을 살펴보면 기업이 인재와 사람에게 보이는 관심, 그들을 이해하기 위한 노력 수준을 알 수 있다. 보통 인사 기록 카드에는 출생연도, 학력, 경력, 가족 관계, 자격증과 같은 기본적인 인적 사항에서부터 입사 연월일, 배치 이력, 승진 이력, 경력 사항, 교육 현황, 평가 점수 등이 있다. 여기에 평가자들의 평가가 첨부되는 것이 일반적이다. 이는 인사관리의 기본 정보지, 기업의 성패에 영향을 미치는 사람에 대해 우리가 알아야 할 중요 정보는 누락된 것을 독자 여러분도 이제 알 것이다.

서두에서 기업에 실제 중요한 정보들은 '스스로 동기 부여가 가능한지, 문제 해결 능력은 있는지, 다른 사람과 조화는 가능한지, 어렵고 힘든 상황을 견딜 수 있는지, 조직에 충성심은 있는지, 윤리적인지 등과 같은 정성적인 기준'이라고 했다. 이것이 우리가 정확히 이해해야 할 정보다. 새로운 기술이나 환경에 적응하기 위해 스스로 목표를 세우고, 그것을 달성하기 위해 노력하고 스스로 동기 부여를 할 수 있는지, 업무 처리 과정에서 발생한 장애 요인들은 무엇이고 이것을 어떻게 해결하는지, 팀 내에서 어떻게 활동하는지, 변화와 혁신을 위해 어떤 노력을 하는지, 힘든 환경에서 정신력은 어떤지, 까다로운 상사에게는 어떻게 행동하는지, 본인이 원치 않는 부서에 배치됐을 때는 어떻게 행동하는지, 보상이 기대에 미치지 못했을 때 어떻게 행동하는지, 비전은 무엇인지, 단점은 무엇인지, 윤리적인 딜레마에서 어떻게 하는지, 까다로운 동료들과는 어떻게 지내는지, 동료들을 떠나게 하는지 등에 대한 세부적인 정보들을 알아야 한다.

이런 정보만이 그것을 토대로 해당 직원의 동기 부여와 육성을 위해 코칭할 수 있게 하고, 정보와 실제 성과의 상관관계를 도출해 채용해야 할 인재의 요건을 명확하게 할 수 있고, 그것을 토대로 기업의 인재상을 수립할 수 있는 것이다. 상사나 리더 평가를 위해서는 직원들을 평가하는 데 오류는 없는지, 리더십 유형은 어떤지, 코칭 능력은 어떤지, 부하 직원의 공을 가로채고 있는지, 직원들을 불편하게 하는 행동 유형은 없는지, 타 팀 리더와 교류 관계는 어떤지, 발전 가능성은 어느 정도인지 등에 대한 구체적인 명확한 자료들이 필요하다. 실제 기업을 보면 이런 정성적인 데이터를 확보하지 못하고, 이런 데이터를 생성할 수 없는 평가자로 구성된 경우가 많다. 이렇게 회사가 직원들에 대해 어떤 항목에 관심이 있고, 해당 내용 수준이 어떤지 살펴보면 인사 기능의 성패 가능성이 쉽게 점쳐지는 것이다.

종합하면, 기업이 사람을 제대로 파악하고 이해하기 위해서는 인사 부서에서 관리해야 할 정보 목록을 제대로 설계·관리하는 것이 시작이다. 해당 항목에 관한 정보를 평가자에게 요구하고, 평가자는 인사 부서에서 요구하는 항목을 중심으로 직원들을 절대평가 해야 한다. 그 과정에서 평가자 역량을 개선할 평가 방법은 인사 부서에서 제공하는 것이다. 이렇게 형성된 평가 결과를 토대로 코칭하고, 그 성과를 평가에 반영하는 선순환이 이뤄지면 직원 육성과 비전 달성에 이를 수 있다. 인사 부서에서는 평가 시 축적된 노하우를 토대로 신규 직원 평가에 적용하고, 평소 평가에 뛰어난 평가자를 면접관으로 위촉하면 그만이다. 평가 결과로 선정된 핵심 인재들의 공통적인 속성이나 자질, 역량, 의사 결정 기준, 특성 등을 구체화해 인재상을 만들고, 채용에도 활용하면 된다.

이런 인사 프로세스에서는 상대평가가 설 자리가 없다. 리더에게 요구하는 역량 혹은 자질도 명확하다. 직무 역량이 부족한 리더도 문제지만 직원 평가가 불가능한 사람, 평가 결과를 토대로 직원 코칭이 불가능한 사람은 리더군에서 배제해야 한다. 무엇보다 평가에 실패하는 리더는 절대 용납될 수 없다. 물론 절대평가를 제대로 하는 것은 그리 쉽지만은 않다. 절대평가는 평가자 역량이 중요하기 때문이다. 평가자 역량 때문에 절대평가 도입을 미룬다면, 그것은 포기하는 것과 같다. 도입해야 개선할 수 있는 것이다. 이렇게 인사 프로세스가 진행되면 평가자 오류 역시 많이 줄일 수 있다. 평가자 오류가 많은 이유는 정확한 지침 없이 상대평가를 요구하기 때문이고, 절대평가를 도입한 기업에서도 평가 항목의 구체성이 없기 때문이다.

좀 별개의 이야기지만, 사주팔자가 주는 정보는 경영에 참고할 만한 좋은 데이터가 많다. 특히 높은 수준의 책임과 권한과 보유하고 있는 임원의 경우는 명리학이 주는 효용이 크다는 것을 수차례 경험했다. 그러나 현실적으로 풀어야 할 숙제가 있다. 무엇보다 직원, 당사자의 동의가 필요하다. 직원의 동의 없이 해당 직원의 사주팔자를 정보화하는 것은 법적인 문제가 있을 수 있다. 명리학에 대한 왜곡된 선입견도 그것을 방해할 것이다. 여기에 더해 정확한 해석이 가능한 명리학자도 있어야 한다. 조건이 다 갖춰진다 해도 채용 과정에서 사주팔자를 적용하라는 것은 더더욱 아니다. 이 경우 사회적으로 문제가 되고, 기업 이미지에 타격을 줄 수 있다. 현실적인 방법도 만만찮다. 명리학의 깊이와 효과를 경험하지 않는 대다수 사람에게는 한낱 미신과도 같기 때문이다.

이 책은 필자가 명리학을 공부하면서 얻은 여러 가르침과 철학이 경영 현장에서 유용할 수 있음을 확신하고 주요 내용을 정리하는 것이지, 경영에 사주팔자를 도입하자는 이야기가 아니다. 오해하지 말자. 물론 도입하면 여러 가지 실용적인 효과가 있을 거라고 확신한다. 예를 들어 조직에서 횡령이나 배임 같은 불법행위를 저지르는 사람은 사주팔자가 탐재괴인貪財壞印으로 구성된 경우가 많다. 뒤에 자세히 설명하겠지만, 재물이나 돈 욕심에 인성을 쉽게 저버리는 사주 유형이다. 횡령이나 금전적인 문제를 일으킨 직원은 해당 유형일 가능성이 크다. 여기서 핵심은 사람이 그만큼 중요하기 때문에 사람을 이해하려는 노력이 필요하다는 것이다. 인사 부서는 무엇보다 사람을 이해하기 위해 제대로 된 평가 방법과 평가 항목을 도입해야 한다.

4장

명리학은 사람과 삶을 이해하는 학문이다

지금까지 한 국가와 문명, 사회, 기업의 흥망성쇠뿐만 아니라 개인의 행복 역시 '사람'으로 결정된다고 설명했다. 그런데도 우리는 행복의 가장 중요한 결정 요소인 자신을 이해하려는 노력이 절대적으로 부족하다. 이뿐만이 아니다. 자녀 역시 제대로 이해하지 못한 상황에서 선행 학습과 치열한 입시 전쟁에 내몰고 있다. 우리는 아이가 어떤 가치관, 성향, 역량을 가졌는지 알지 못한 채 단지 사회가 요구하는 것을 강요한다. 자신을 이해할 줄 모르는데 아이를 이해할 가능성이 있겠는가. 다행히 인수나 재·관이 건전한 학생은 별다른 갈등 없이도 사회에서 요구하는 바와 개인이 잘하는 바가 같아 행복해질 수 있다. 반면에 공부 이외의 역량을 가진 아이는 불행하거나 지독히 힘든 시간을 보내게 된다. 혈기 왕성하고, 가장 통제되지 않는 10대가 12년 이상을 스스로 통제하려고, 방관자처럼 책상에 앉아 시간을 보내는 것을 상상해보라. 다행히 좋은 부모가 일찍 아이들의 특징을 이해하고 다른 길을 걸을 수 있게 도와주면 다행이나, 그렇지 못한 경우는 불행할 수밖에 없다.

이처럼 환경이 불안정하면 극단적인 삶의 형태가 표출된다. 청소년 자살률 1위, 출산율 꼴찌라는 현실이 그것이다. 우리 자신은 차치하고, 아이와 젊은 세대를 이렇게 방치한다면 미래가 있을까. 가장 짧은 시간에 민주화와 근대화를 이룬 우리나라는 가장 빠른 속도로 노후화가 진행되는 나라다. 만약 우리가 스스로 행복하지 않거나, 자녀와 불화하거나, 자녀가 힘들어한다면 지금이라도 우리 자신을, 아이를 제대로 이해하기 위해 노력해야 한다.

개인의 행복을 사람이 결정하는 것처럼 기업의 성패 역시 사람이 결정한다. 스타트업이나 신규 사업이 성공하기 위해서는 게임의 룰을 바꿀 수 있는 혁신의 사람이 필요하고, 성공한 기업 역시 지속적으로 성장하기 위해서는 변화와 혁신의 인자가 살아 있어야 한다. 이런 혁신의 인자를 확보하기 위해서는 결국 평가제도를 통해 그것을 확인하고, 유치할 수 있는 역량이 필요하다. 그런데 기업은 인사 활용의 용이성과 평가자 역량을 이유로 상대평가를 적용하고, 사람의 상대 서열화에 집중하고 있다. 이 방식으로는 최고 정점에 위치한 기업이라도 몰락의 길을 걷게 될 것이다. 지금이라도 지속 경영을 위해 직원을 제대로 이해하고, 혁신 인자가 맘껏 역량을 발휘할 수 있는 생태계를 조성해야 한다.

이런 상황에서 필자가 명리학의 음양오행 작용 메커니즘을 토대로 새로운 경영 원칙을 제시하는 목적은 명리를 경영 활동에 도입하라는 뜻이 아니다. 모든 사람에게 사주팔자를 보라는 의미는 더더욱 아니다. 굳이 명리학이 아니라도 자신과 자녀, 기업의 구성원을 제대로 아는 것의 중요성을 인식하고 그 방안을 강구하자는 뜻이다. 이것은 인사 부서뿐만 아니라 경영자가 경영 활동에서 가장 높은 우선순위를 부여하고 관심을 가져야 하는 영역임을 알아야 한다.

명리학을 개인의 삶에 적용하는 것에는 많은 이점이 있으나, 현실적인 한계가 분명하다. 개인이 명리학을 통해 자신을 고찰하고자 하더라도, 일단 학습할 수 있는 체계나 방법이 마땅찮다. 여러 대학에 강의가 개설되어 있으나, 많은 경우 교양 수준이다. 독학하기에도 체계적인 커리큘럼이나 교재가 있는 것이 아니다. 많은 시행착오와 시간이 필요하다는 말이다. 또한 사주팔자를 제대로 해석하고, 방향을 제시해줄 수 있는 사람을 찾기 어렵다. 오히려 불안 심리를 자극해 부적을 쓰고, 운명을 바꾼다고 엄청난 돈을 요구하고, 터무니없는 행위를 요구하고, 다른 사람과 척을 지게 하는 일이 심심찮게 발생한다. 점술과 결합하고, 부적을 쓰고,

1부 | 사람에 대한 이해

굿을 하고, 운명을 바꾼다는 말은 믿기 힘들다. 가능하다면 자신의 운명부터 바꾸지 않겠나. 단지 불안 심리에 편승한 돈벌이다. 명리학은 개인의 타고난 본성과 가치관, 역량을 말한다. 스스로 이해함으로써 행복을 얻는 것이지 운명을 안다고 쉽게 바꿀 수 있는 것이 아니다.

이 책의 목적이 명리학을 소개하는 것이 아님에도 필자가 짧지 않은 지면을 활용해 독자에게 생소한 명리학의 기초 개념을 설명하는 이유는 이 책을 효과적으로 전달하기 위해 피할 수 없는 선택이다. 지금부터 소개하는 명리학의 기초 개념인 오행의 생극제화, 육신과 십성, 격의 개념, 사주의 균형은 우리 삶과 기업의 조직 문화, 소개할 경영 원칙을 이해하는 데 아주 유용하다. 특히 동양 사상의 가장 기본 개념인 오행의 생극제화는 모든 것이 상호작용을 통해 견제와 균형을 이루는 원리를 설명해, 우리에게 삶을 이해할 수 있는 통찰력을 선사한다. 격국에서 소개하는 사람의 유형, 유형별 특징 역시 자신과 아이, 나에게 영향을 미치는 사람을 이해하는 데 많은 도움이 된다. 음양의 개념은 지면 관계상 여러 설명에 녹아들게 했다. 여기서는 삶과 경영 원칙을 이해하기 위해 필요한 개념들만 소개한다.

일면 생소하고 어렵고 지루한 이론을 소개하는 가장 중요한 이유는 기업이 혁신에 성공하고, 성장하고, 정점을 이룬 다음 관료주의 조직 문화와 완벽주의로 인해 변화와 혁신의 인자가 제거되고 결국 쇠퇴하는 전 과정에 대해 명리학이 날카로운 이해를 선사하기 때문이다. 이것이 이 책의 시작점이다. 이를 이해하면 경영에서 경계할 것이 무엇인지, 무엇을 해야 할지 알 수 있다. 그리고 앞으로 소개할 경영 원칙을 잘 이해할 수 있다. 이 부분이 어렵거나 지루하면 바로 다음 장인 '명리학의 이해'는 건너뛰고 5장부터 정독하는 것도 좋다. 그러나 이 책에서 소개하는 명리 개념은 우리가 알면 아주 유용한 삶의 원리들을 포함하고, 요구되는 기초 지식도 없으니 일독을 권유한다. 필요한 한자 역시 30개 미만이니 걱정마시라.

사주팔자의 정의

명리학은 오른쪽 표와 같이 태어난 연월일시에 배정된 사주팔자四柱八字를 음양오행에 따라 해석함으로써, 그 사람의 본질과 삶의 길흉화복을 해석하는 학문이다. 사주에서 '주'는 기둥으로, 한 기둥은 '천간'과 '지지'로 구성된다. 각 주의 위에 있는 글자를 하늘에 있다고 천간, 밑의 글자를 땅에 있다고 지지라고 한다. 그래서 사주는 여덟 글자(팔자)다. 명리학을 팔자학이라고도 하는 이유다.

연월일시에 배정된 사주팔자를 알 수 있는 달력이 만세력이다. 만세력에는 모든 날 모든 시에 배정된 글자가 있다. 매해, 매월, 매일, 매시가 정해진 것이다. 오른쪽 표는 1981년 신유년, 11월 기해

1부 | 사람에 대한 이해

양력 1981년 11월 22일 오전 11시에 출생한 여성의 사주팔자

시주	일주	월주	연주
己 巳	㉮ 일간 辰	己 亥	辛 酉

대운수							
75	65	55	45	35	25	15	5
丁 未	丙 午	乙 巳	甲 辰	癸 卯	壬 寅	辛 丑	庚 子

월, 22일 갑진일, 오전 11시 기사시에 때어난 사람의 사주팔자다. 사주팔자 밑에 있는 대운수는 사람이 10년 단위로 만나는 큰 운의 흐름을 이야기한다. 보통 대운이라고도 하는데, 좋은 운을 의미하는 것은 아니다. 생년월일에 따라 대운수(대운이 바뀌는 나이 끝자리)가 정해지고, 같은 사주팔자라도 남녀에 따라 대운 방향이 결정된다. 위 사람은 대운수가 5로 만 5세, 15세, 25세 등 끝자리가 5인 해에 10년 대운이 바뀐다. 10년 단위의 대운, 매년을 의미하는 세운 모두 하나의 기둥으로 구성된다.

이렇게 태어나면서 결정된 사주팔자는 그 사람의 명命이고, 대운과 세운은 그 명이 만나는 운運이다. 명이 태어나면서 정해진 것처럼 운마저 정해진다. 각 사주팔자에 따라 대운이 정해져 있고, 한 해를 상징하는 세운 역시 정해져 있기 때문이다. 명리학은 팔자 각 글자가 가진 음양오행을 기반으로 글자 간의 상호작용을 규명해 그 사람의 본질을 해석한다. 이때 각 글자를 해석하는 기준점은 본인을 의미하는 일주의 천간, 일간이다. 나아가 대운과 세운에 따라 길흉화복이 바뀜을 예측한다. 물론 해석 기법이 단 하나만 존재하는 것은 아니다. 명리학의 고전으로 불리는 《자평진전》,《적천수》,《난강망》 등은 고유의 사주팔자를 해석하는 기법을 소개한다. 강호의 고수라고 자처하는 사람들은 저마다 자신이 신봉하거나 개발한 해석 기법을 가지고 있다. 각 기법을 통합해서 적용하는 사람도 있다. 그러나 모든 기법은 음양오행에 뿌리를 두고 있다.

명리학은 통계에 기반한 학문이며, 점술이나 《주역》, 신점 등과 근본적으로 다르다. 사람마다 생을 통해 얻는 부귀가 다름을 알고, 그것을 설명할 있는 다양한 변수를 검토한 결과 태어나면서 정해지는 사주팔자에 그 비밀이 담겨 있다는 것을 안 것이다. 명리학의 기원은 기원전 춘추전국시대로 알려져 있는데, 적어도 3000년 이상 동일 사주팔자가 가지는 삶의 모습을 유형화·통계화해 그 해석 기법을 더욱 정교하게 다듬어온 학문이다. 즉 사주팔자가 같은 사람의 삶을 수천 년 동안 지속 반영해 통계적으로 유의미한 평균적인 삶을 도출하고, 그것을 사주팔자를 통해 확인할 수 있는 해석 기법인 것이다.

과학의 세계에서도 100퍼센트의 정확성은 존재하지 않는다. 하물며 사람의 인생은 보다 복잡다단하다. 그리고 더 복잡해지고 있다. 이 때문에 더 정교하고 정확한 해석을 위해 시대마다 새로운 이론 체계가 생기고 사라지는 과정이 계속됐다. 최근에 사용하는 학문적 기법은 약 1000년 전에 도입된 신법新法 명리학인데, 태어난 날(일주)의 천간인 일간을 중심으로 사주팔자를 해석한다. 고법 명리학에서는 태어난 해(띠)를 기준 삼아 사주팔자를 해석했다.

명리학은 통계이고 발전하는 학문이기 때문에 시대가 변함에 따라 해석 기준 역시 변한다. 예를 들면 상관(일간이 생하는 오행 중 일간과 음양이 다른 오행. 예를 들어 갑목甲木 일주의 경우 양의 목으로, 그것이 생하는 화火 중 음의 화인 정丁화를 상관이라고 함)에 대한 해석 변화다. 과거에는 국가와 사회질서, 규범, 공공 관서, 가부장적인 권위 등을 아주 중요시했다. 이를 관官이라고 불렀고, 이를 극하는 성분을 아주 꺼렸다. 상관傷官은 말 그대로 관을 극한다는 의미다. 그래서 상관이 강한 여자는 남편을 극한다고 해서 꺼렸고, 상관이 강한 사람은 국가나 규범을 극하고 국가의 권위에 도전할 수 있어 좋지 않게 해석했다. 영화 〈관상〉에서 내경(송강호 분)은 왕명을 받아 혁명을 일으킬 가능성이 큰 사람을 찾는데, 명리학에서는 상관이 강한 사주가 여기에 해당한다. 특히 상관 바로 옆에 관이 있으면 극도로 경계했다. 그러나 현대에 상관은 아주 높게 평가된다. 상관이 잘 자리 잡은 사람은 기존 질서를 혁신하고, 창의적인 아이디어와 기술을 개발해 세상을 밝게 하는 역량이 있다. 봉사심도 강하다. 벤처기업으로 성공한 사람 가운데 상관이 발달한 이가 많다.

명리학은 많은 사람이 혼동하는 무당(신점), 점술, 사이비 종교, 토속신앙,《주역》등과 접근 방식부터 다르다. 어느 것이 맞고 틀리다는 주장이 아니라 다른 영역이라는 말이다. 신점은 무당이 모시는 신과 교감을 통해 과거와 미래를 이야기한다. 명리학 역시 예측 기능이 있지만, 동일 사주팔자가 가지는 평균적인 삶과 음양오행의 작용 메커니즘에 기반한 예측이지 귀신과 통하거나 특정 사안을 가지고 점을 치는 것이 아니다. 종교와도 다르다. 명리학에는 신이나 율법이 존재하지 않는다. 각자 주어진 삶을 살아가는 것뿐이다. 물론 음양오행의 다양한 작용과 명운이 결정되는 이치들을 살피니 우리에게 유용한 원칙이나 철학이 존재하지만, 어디까지나 삶을 바라보고 얻은 통계적인 깨우침인 것이다. 점술과도 다르다. 특정 사안을 예측하기 위해 거북 등딱지나 곡식이 흩어진 방향, 뽑은 깃발의 색깔, 뽑은 카드,《주역》의 육효처럼 괘를 뽑아 점을 치는 것이 아니다. 점술은 행위 때마다 다른 결과가 도출되나, 명리학은 해석자의 수준이 같으면 언제나 동일한 결과를 얻는다.

그런데도 많은 사람은 명리학이나 사주팔자라는 용어를 신점이나 점술, 사이비 종교, 토속신앙,《주역》등과 같은 개념으로 이해한다. 명리학을 공부한다고 하면 곧 돗자리를 깔고 점을 본다고 생각한다. 어쩌다 그런 잡스런 것에 빠졌는지, 얼마나 안 풀렸으면 그런 공부를 하는지 측은하게 여기기도 한다. 별스럽게 몸이 아프거나, 흉한 일이 연속으로 일어나 숙명처럼 신내림을 받고 무당이 돼서 귀신을 모시고 사는 것에 익숙하기 때문이다.

명리학에 대한 이런 편견은 사회 전반적인 인식이다. 필자가 명리학을 공부하고, 경영과 교육에 연계할 가치가 차고도 넘쳐 기업 강의를 위해 교육 업체 임원을 만난 적이 있다. 당시 미팅 자체가 쉽지 않았는데, 그 이유는 기업체 임직원을 고객으로 하는 교육 업체에서 종교나 점술과 같은 것을 강의할 수 없다는 인식 때문이었다. 교육 전문가조차 그렇게 인식하고 있는 것이 명리학의 현주소다.

사주팔자의
작용 원리 및 예측 기능

명리학은 사람이 가지고 태어나는 의사 결정 기준, 가치관, 기질, 역량, 성향 등이 만나는 환경과 상호작용을 통해 구체화되는 삶의 형태를 읽는 학문이다. 이것이 타고난 명인데, 우리가 말하는 운조차 태어나면서 결정되기 때문에 삶의 방향마저 정해지고 읽을 수 있는 것이다.

사주팔자를 통해 확인하는 것은 구체화된 특정 삶이 아니라, 그 삶을 끌어오는 선택 기준이다. 특정인과 결혼하거나 특정 대학에 들어간다는 정보가 사주팔자에 담겨 있는 것이 아니라, 특정 역량이나 성향, 가치관 등이 환경과 상호작용해서 해당 삶으로 귀결한다는 의미다. 쉽게 말해 서울대학교에 입학한다는 게 아니라, 배우는 것을 즐기고 학습하는 역량이 뛰어나니 어떤 환경에서든 좋은 대학에 들어갈 확률이 높다는 것이다. 동일한 의사 결정 기준과 역량을 가진 사람이라면 안정된 환경에서는 비슷한 삶으로 귀결되지 않겠는가. 그것이 필자가 말하는 동일 사주의 평균적인 삶이다.

사주팔자 해석의 기준점은 일간(일주의 천간)과 월지(월주의 지지)다. 일주는 사주팔자 당사자의 정체성을 의미하는데, 특히 일간은 당사자다. 일간을 제외한 모든 글자와 대운, 세운의 역할(육신과 십성)은 일간을 기준으로 정해지게 된다. 예를 들면 경庚이라는 글자는 일간이 갑목甲木이면 관의 역할을 하게 되고, 일간이 병화丙火면 재의 역할이다. 또 다른 기준점인 월지는 태어난 월로 사주팔자의 환경이다. 사주의 모든 글자는 자신만의 음양오행이 있기 때문에 태어난 월, 계절에 따라 글자의 힘이 다를 수밖에 없다. 겨울에 태어난 나무와 여름에 태어난 나무는 힘과 쓰임새가 다른 것이다.

이렇게 역할을 부여받고, 환경에 따라 힘의 강약이 정해진 팔자가 각각의 상호작용을 통해 한 사람의 의사 결정 기준, 가치관, 기질, 역량을 결정한다. 특히 힘 있게 천간에 자리 잡은 글자에는 그 사람이 지향하는 바가 담겨 있다. 사주팔자에 담긴 가치관과 역량 등은 태어나 만나는 가족, 친구, 학교, 회사, 지역, 사회라는 물리적인 환경과 상호작용을 통해 구체적인 삶으로 확정되고, 만나게 되는 운과 결합해 삶의 방향이 결정된다. 명리학은 이것을 해석하는 학문이다.

명리학에서 말하는 환경은 두 가지 의미다. 사주팔자의 각 글자에 가장 큰 영향을 미치는 환경으로서 월지가 한 의미고, 사람이 살아가면서 만나는 친구, 부모, 가족, 학교, 사회, 지역, 국가 등과 같은 실제적인 환경이 다른 한 의미다. 두 환경 모두 삶에 지대한 영향을 미치는데, 전자는 태어난 월로 정해지기 때문에 통제할 수 없고 후자는 그나마 통제할 수 있다. 먼저 월지부터 보자. 사주팔자에 다른 모든 글자가 동일해도, 월지가 다르면 완전히 다른 삶을 살게 된다. 그만큼 월지의 역할이나 영향력은 크다. 월지는 사람의 격을 결정한다. 뒤에서 소개할 격은 그 사람만의 강력한 무기라고 생각하면 된다. 다른 글자가 같더라도 자신만의 무기가 달라지면 삶이 다를 수밖에 없다. 반면 같은 사주팔자(쌍둥이)라도 다른 삶을 살아가는 것은 두 번째 환경 때문이다. 사람이 살아가면서 만나는 구체적인 삶의 환경이 동일하다면 같은 사주는 거의 같은 삶을 사는 것이다. 그러나 쌍둥이라도 환경은 동일할수 없다. 쌍둥이라도 엄마가 젖을 먼저 물리는 아이가 있고, 울 때먼저 안아주는 아이가 있고, 만나는 친구나 배우자가 다른 것처럼 실제적인 환경은 절대 같을 수 없다. 그런 이유로 같은 사주라도 구체적인 삶은 다른 것이다.

여기에 아주 중요한 교훈이 있다. 만약 사람이 극단적인 환경에 놓인다면 사주팔자에 담긴 극단적인 현상이 표출되어, 삶조차 극단적일 가능성이 높아진다는 사실이다. 안정된 가정, 지역, 사회, 국가에서 살아가는 사람들은 삶의 편차가 크지 않다. 덴마크처럼 안정된 국가에서는 부의 불균형이 심하지 않다. 반면 불안정한 가정, 지역, 사회, 국가에서 태어난 삶일수록 평균적인 삶에서 벗어나 편차가 아주 큰 삶을 산다. 부의 편중, 높은 자살률, 낮은 출산율, 부의 세습 등은 불안정한 국가에서 나타나는 극단적인 삶을 잘 보여주는 지표다. 우리가 좋은 정치인을 뽑아 안정된 국가, 사회, 지역을 만들어야 하는 이유가 여기에 있다. 앞에서 언급한 지표를 고려한다면 지금 우리나라에서 잘했다고 자평하는 모든 정치인과 정당은 국민이 해고해야 하지 않겠는가.

해석 기준을 알았으니, 해석 방법을 알아보자. 사주팔자에 더해 대운을 포함한 5주 10자(사주를 분석하는 시점에는 항상 대운을 포함해서 생각해야 함)의 상호작용은 어떻게 해석할까. 각 글자 간의 상호작용을 해석하는 기준은 음양오행 이론이다. 음양과 오행은 연결되어 있는 듯하나, 사실 분리된 것이다. 각각 발전한 시기와 근본 철학이 다르다.

그렇지만 팔자를 정확히 해석하기 위해서는 음양과 오행을 결합해야 한다. 각 글자의 생극제화는 오행에 바탕을 둔 것이고, 이때 오행 각 글자의 힘은 음양인 기氣를 통해 해석하는 것이다. 음양은 기의 순환을 의미한다. 특정 기가 생성해서, 자라고, 정점을 찍으면 쇠퇴하는 과정이 음양이다. 따라서 천간의 각 글자는 월지와 바로 밑(직하直下)에 있는 지지의 영향을 받아 기의 수준이 결정된다. 자신을 강하게 해주는 월지와 직하 지지를 가진 천간은 강하고, 반대로 자신을 극하는 월지와 직하 지지를 가진 천간은 약하다.

기의 세기가 확정된 각 천간의 글자는 오행의 생극제화에 따라 상호작용한다. 생극제화는 한 오행이 다른 오행을 생生, 극剋, 제制, 화化 하는 작용을 말한다. 에너지를 불어넣어 생하거나 극하거나 제어하거나 합해서 변화하는 것을 말한다. 마찬가지로 월지의 영향을 받은 각 지지 역시 생극제화 작용을 거친다. 지지의 생극제화를 달리 형, 충, 회, 합이라고 한다. 이렇게 한 사람의 가치관, 역량, 기질뿐만 아니라 명과 운이 결정되는 메커니즘은 음양의 기와 오행의 생극제화를 기반으로 한다(생극제화 작용의 세부적인 이론은 이어지는 '명리학의 이해 1'에서 자세히 보자).

사주를 구성하는 글자는 천간과 지지로 구분되는데, 각 글자고유의 음과 양, 오행 성분이 정해져 있다. 음양은 상대적인 개념이고, 오행은 절대적인 개념이다. 음양은 기준과 상황에 따라 달라진다. 예를 들면 천간과 지지로 구분할 때는 천간은 양, 지지는 음이지만, 천간의 글자들 역시 음양으로 구분되는 식이다. 복잡하지 않으니 조금만 인내하시라. 10개 천간은 갑甲, 을乙, 병丙, 정丁, 무戊, 기己, 경庚, 신辛, 임壬, 계癸로 구성되고 역시 양음으로 구분한다. 양의 천간은 갑, 병, 무, 경, 임이고, 음의 천간은 을, 정, 기, 신, 기다. 우리가 계약서에서 익숙하게 볼 수 있는 갑, 을, 병, 정이 여기서 나온 것이다. 12개 지지는 인寅, 묘卯, 진辰, 사巳, 오午, 미未, 신

申, 유酉, 술戌, 해亥, 자子, 축丑이고, 이것 역시 양과 음으로 구분할 수 있다. 양의 지지는 인, 진, 오, 신, 술, 자고, 음의 지지는 묘, 사, 미, 유, 해, 축이다. 오행을 기준으로 목木은 갑, 을, 인, 묘고, 화火는 병, 정, 사, 오, 토土는 무, 기, 진, 술, 축, 미, 금金은 경, 신, 신, 유, 수水는 임, 계, 해, 자다.

갑자기 한자가 많이 나와 당황하실 수 있는데, 명리학을 공부할 때 이 22자만 잘 기억하면 된다. 한자에 친숙하면 원문도 공부할 수 있지만, 인문 교양 차원의 명리학을 접하는 데는 아무런 지장이 없다. 22자에는 익숙해지는 것이 좋다. 다행히 우리가 많이 접해본 글자들이다.

앞에서 명리학에는 예측 기능이 있다고 말했다. 이 예측 기능은 동일 사주가 가진 평균적인 삶에서 추론한 것을 말하는 게 아니다. 사회과학이 반복되는 경험과 수를 토대로 규칙과 패턴을 학습하고, 이를 바탕으로 현상을 추론해서 미래를 예측하는 학문이라고 할 때 명리학 역시 같은 선상에 위치한다. 주식에서 차트를 보고 매매하는 사람이나 특정 분야의 전문가들이 과거의 반복적인 현상을 토대로 예측하는 것과 같은 영역이다. 즉 반복되는 숫자와 통계를 기반으로 한 과학적인 학문이다.

사주의 각 주는 천간과 지지로 구성된다고 했다. 이때 양의 천간은 양의 지지와, 음의 천간은 음의 지지와 짝을 이룬다. 자, 오는 음이지만 양의 천간과 짝을 이루고, 사, 해는 양이지만 음의 천간과 짝을 맺는다. 이 네 글자는 자신의 본질과 작용할 때 음양이 바

1부 | 사람에 대한 이해

육십갑자(六十甲子)

갑자 甲子	을축 乙丑	병인 丙寅	정묘 丁卯	무진 戊辰	기사 己巳	경오 庚午	신미 辛未	임신 壬申	계유 癸酉
갑술 甲戌	을해 乙亥	병자 丙子	정축 丁丑	무인 戊寅	기묘 己卯	경진 庚辰	신사 辛巳	임오 壬午	계미 癸未
갑신 甲申	을유 乙酉	병술 丙戌	정해 丁亥	무자 戊子	기축 己丑	경인 庚寅	신묘 辛卯	임진 壬辰	계사 癸巳
갑오 甲午	을미 乙未	병신 丙申	정유 丁酉	무술 戊戌	기해 己亥	경자 庚子	신축 辛丑	임인 壬寅	계묘 癸卯
갑진 甲辰	을사 乙巳	병오 丙午	정미 丁未	무신 戊申	기유 己酉	경술 庚戌	신해 辛亥	임자 壬子	계축 癸丑
갑인 甲寅	을묘 乙卯	병진 丙辰	정사 丁巳	무오 戊午	기미 己未	경신 庚申	신유 辛酉	임술 壬戌	계해 癸亥

뀐다. 양의 천간 5자와 양의 지지 6자가 결합해 30가지, 음의 천간 5자, 음의 지지 6자가 만나 30가지 경우의 수가 만들어진다. 이렇게 주(기둥)를 구성하는 경우의 수는 총 60가지다. 육십갑자가 여기서 나왔다. 60가지 사주가 갑자甲子부터 시작하기 때문에 육십갑자라고 부른다.

육십갑자는 육십진법을 기준으로 60년을 주기로 반복된다. 이 반복이 예측 기능을 가능케 한다. 동양에는 역사가 60년 주기로 반복된다는 사상이 존재한다. 실제로 전쟁이나 경제공황 같은 극단적인 사건이 60년 주기로 발생하는 경우가 많다. 예를 들어 미국은 1941년에 진주만공격을 당했다. 이런 60년 주기설에 따라 중국을 중심으로 한 동양권에서 2001년 9·11 테러가 발생하기 전부터 2001년에 미국이 공격받을 수 있다는 예측이 나온 것이다.

천간을 이루는 경우의 수는 10개이기 때문에, 십진법을 기준으로 10년 단위의 예측도 많이 사용된다. 예를 들어 주식시장에는 '끝자리 8년에 사서 3년에 팔라'는 격언이 있다.

그렇다면 사주팔자의 경우의 수는 얼마나 될까. 사주 각 기둥의 경우의 수를 곱하면 된다. 먼저 매년은 육십갑자가 육십진법으로 반복되기 때문에 경우의 수가 60가지다. 월주는 태어난 월로 1년 12개월, 12가지다. 월주 천간은 연주 천간에 따라 정해져 경우의 수에 영향을 미치지 않는다.

월주 조견표

월(月)	1월 (입춘)	2월 (경칩)	3월 (청명)	4월 (입하)	5월 (망종)	6월 (소서)	7월 (입추)	8월 (백로)	9월 (한로)	10월 (입동)	11월 (대설)	12월 (소한)
갑(甲), 기(己)년	丙寅	丁卯	戊辰	己巳	庚午	辛未	壬申	癸酉	甲戌	乙亥	丙子	丁丑
을(乙), 경(庚)년	戊寅	己卯	庚辰	辛巳	壬午	癸未	甲申	乙酉	丙戌	丁亥	戊子	己丑
병(丙), 신(辛)년	庚寅	辛卯	壬辰	癸巳	甲午	乙未	丙申	丁酉	戊戌	己亥	庚子	辛丑
정(丁), 임(壬)년	壬寅	癸卯	甲辰	乙巳	丙午	丁未	戊申	己酉	庚戌	辛亥	壬子	癸丑
무(戊), 계(癸)년	甲寅	乙卯	丙辰	丁巳	戊午	己未	庚申	辛酉	壬戌	癸亥	甲子	乙丑

1부 | 사람에 대한 이해

일주는 명리학의 고유한 달력인 만세력을 통해 확인할 수밖에 없다. 만세력에는 매일에 해당하는 일주가 있다. 일주의 경우의 수는 60가지다. 연주와 마찬가지로 일주 역시 육십갑자를 적용한다. 시주는 하루를 2시간 단위로 쪼개서 활용하기 때문에 12가지다. 시주 천간은 월간과 유사하게 일간에 따라 정해져 경우의 수에는 영향을 미치지 않는다. 하루의 시작은 밤 11시부터 1시 사이, 자시부터 시작이다.

시주 조견표

시(時)	23~01	01~03	03~05	05~07	07~09	09~11	11~13	13~15	15~17	17~19	19~21	21~23
갑(甲), 기(己)일	甲子	乙丑	丙寅	丁卯	戊辰	己巳	庚午	辛未	壬申	癸酉	甲戌	乙亥
을(乙), 경(庚)일	丙子	丁丑	戊寅	己卯	庚辰	辛巳	壬午	癸未	甲申	乙酉	丙戌	丁亥
병(丙), 신(辛)일	戊子	己丑	庚寅	辛卯	壬辰	癸巳	甲午	乙未	丙申	丁酉	戊戌	己亥
정(丁), 임(壬)일	庚子	辛丑	壬寅	癸卯	甲辰	乙巳	丙午	丁未	戊申	己酉	庚戌	辛亥
무(戊), 계(癸)일	壬子	癸丑	甲寅	乙卯	丙辰	丁巳	戊午	己未	庚申	辛酉	壬戌	癸亥

이렇게 해서 연주(60가지)×월주(12가지)×일주(60가지)×시주(12가지)=518,400개의 경우의 수가 나온다. 사주팔자 자체

의 경우의 수는 518,400가지가 된다. 추가로 고려할 경우의 수는 대운이다. 대운 방향은 남녀에 따라 반대가 된다. 같은 사주팔자라도 성별에 따라 다른 삶의 방향이 전개되는 것이다. 따라서 대운을 포함한 5주 10자의 경우의 수는 518,000개×2개(남녀)= 1,036,800가지다.

1. 오행의 생극제화

　　사주팔자가 상호작용하는 원리는 음양오행 이론에 기반한다. 사주팔자의 각 천간은 월지와 바로 밑에 있는 지지의 영향에 따라 기의 세기가 결정되고, 일간을 기준으로 각 글자의 음양오행에 따라 그 역할이 규정된다. 이것이 육신과 십성이다(육신과 십성은 '명리학의 이해 2'에서 다시 살펴보자). 이렇게 기의 세기와 역할이 정해지면 각 글자는 오행의 생극제화에 따라 서로 영향을 미친다. 같은 주의 천간과 지지는 상호작용하지만, 기본적으로 천간은 천간끼리, 지지는 지지끼리 작용한다. 천간은 항상 활발하게 작용하는 동적인 모습이고 지지는 고요하게 자리 잡은 정적인 모습인데, 지지 역시 형·충·회·합으로 요동치면 천간처럼 활발하게 움직인다. 이렇게 힘의 세기와 역할이 규정된 각 글자가 오행의 생극제화 작용을 통해 한 사람의 가치관, 기질, 역량, 성향을 결정하고, 운이 결합돼 삶의 방향을 정한다. 그래서 '오행의 생극제화'는 명리학을 이해하는 데 가장 기초적인 지식이자, 삶에 아주 유용한 지식이다.

생生은 살리고 에너지를 불어넣는 개념이고, 극剋은 통제하고 그 발현을 막는 것을 의미한다. 일반적으로 생극의 작용을 설명할 때 상생, 상극이라고 표현하는데, 이는 서로 돕거나 서로 극한다는 의미가 아니다. 상相은 서로가 아니라 '돕는다'의 의미다. 오행이 일대일로 작용할 때 생과 극은 명확하게 방향성이 있다. 일방적이다. 물론 생을 해주면 다른 방식으로 보답받을 수 있지만, 생하는 만큼 확실한 건 아니다. 제制는 극과 유사하지만 지나친 것을 막아 조절하는 것을 의미해, 극과는 양상이 다르다. 극은 완전한 통제를 의미하고, 제는 지나치거나 부족한 것을 조절해주는 의미로 이해하면 된다. 즉 화火가 너무 많을 때는 불의 기운을 조절할 필요가 있는데, 극해서 불을 끄는 것과는 다른 이치다. 화는 합해서 다른 성분으로 변화한다는 의미다. 천간과 지지 각 글자는 음양에 따라 합하는 고유한 글자가 있다. 해당 글자들이 합하면 서로의 본성을 잃고 다른 성분으로 화하는 것이다.

오행의 생극제화는 그 작용보다 의미하는 바가 크다. 삶의 모든 것에 적용되는 원칙으로 생이라고 무조건 좋고, 극이라고 나쁜 것이 아니다. 특정 오행이 아주 강할 때 극을 통해 제하는 것은 오히려 아주 좋다. 생도 마찬가지다. 내가 강할 때 생을 받으면 독약이 될 수 있다. 생극제화는 항상 오행의 힘을 고려하여 균형을 생각해야 제대로 이해할 수 있다. 세상 만물이 균형을 이루기 위해서는 생과 극이 조화돼야 한다.

사계절 역시 생과 극의 조화를 통해 이뤄진다. 봄을 상징하는 목은 화를 생해서 봄이 여름이 되고, 화는 금을 생해서 여름이 가을이 되고, 금은 수를 생해서 가을이 겨울이 되는데, 이렇게 생만 있다면 어떻게 될까. 한 계절이 끝날 수가 없다. 생의 과정에서 극을 통해 해당 계절을 끝내고 그 기를 수렴해서 다음 계절을 위한 기반을 만드는 것이다. 이런 생극의 조화를 통해 자연의 법칙과 세상의 법칙이 운용되는 것을 알아야 한다. 사람도 마찬가지다. 사랑만 주면 오히려 병들게 하고, 적절한 극이 있어야 균형 있게 자란다. 반대로 엄하게 극하는 것이 능사가 아니다. 사랑이 조화돼야 한다. 이는 '명리학의 이해2'에서 자세히 알아볼 것이다.

상생

상생을 통해 오행은 끊임없이 순환한다. 96쪽 그림처럼 자연을 구성하고 있는 오행, 목→화→토→금→수는 생의 작용으로 끊임없이 순환하는 것이다. 명확한 방향성도 확인된다. 목생화는 나무가 자신을 태워 불을 생하는 것을 뜻한다. 화생토는 불이 타서 재가 되어 흙을 비옥하게 하는 것이다. 화전민이 불을 질러 밭을 일구는 것을 연상하면 좋다. 토생금은 흙이 모여 돌과 보석을 만드는 것을 의미한다. 금속은 높은 열과 압력으로 흙이 뭉쳐서

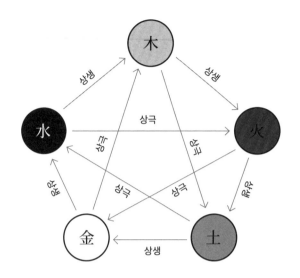

생긴다. 금생수는 흙만 있을 경우 물이 흐를 수 없으나, 바위와 금속이 있어 그 사이로 물이 흐르는 것을 의미한다. 금이 물을 흐르게 하여 생한다는 뜻이다. 수생목은 물이 나무를 자라게 하는 것이다. 상생은 명확한 방향성이 있어 생하는 쪽은 힘의 소모가 발생한다. 반대로 생을 받는 쪽은 힘을 얻게 된다. 이것이 팔자의 균형에 미치는 영향을 잘 살펴야 한다.

상극

오행은 생하는 것도 있지만, 자연의 순환을 위해 극하여 절제하는 작용도 있다. 목극토는 나무가 흙이 움직일 수 없도록 잡고, 자라면서 토의 양분을 다 섭취하여 메마르게 함으로 토를 극한다는 뜻이다. 토극수는 흙이 물을 가두고, 물의 흐름을 막는 것이다. 수극화는 물이 불을 꺼지게 하는 것이다. 화극금은 불이 금을 녹이는 것을 뜻하고, 금극목은 나무를 금속으로 자르는 형상이다. 왼쪽 그림에서 알 수 있듯이 오행의 순환 과정에서 생하는 오행의 다음 오행을 극한다.

오행별로 상생과 상극 작용을 정리하면, 목은 화를 생하고 토를 극하나 수의 생의 받고 금의 극을 받는다. 화는 토를 생하고 금을 극하나 목의 생을 받고 수의 극을 받는다. 토는 금을 생하고 수를 극하나 화의 생을 받고 목의 극을 받는다. 금은 수를 생하고 목을 극하나 토의 생을 받고 화의 극을 받는다. 수는 목을 생하고 화를 극하나 금의 생을 받고 토의 극을 받는다. 모든 오행은 모든 오행에게 영향을 미치게 된다. 팔자의 한 글자도 빠짐없이 서로 영향을 행사하기 때문에 잘 살펴야 한다.

이렇게 오행별 생극을 지루하게 정리한 목적이 있다. 내가 생하는 것이 나를 극하는 것을 극한다는 원칙이다. 목은 화를 생하는데, 이 화는 나를 극하는 금을 녹인다. 화는 토를 생하는데, 이 토는 나를 극하는 수를 극한다. 토는 금을 생하는데, 이 금은 나를 극하는 목을 극한다. 금은 수를 생하는데, 이 수는 나를 극하는 화를 극한다. 수는 목을 생하는데, 이 목은 나를 극하는 토를 극한다. 이렇게 나를 극하는 것이 존재할 경우, 내가 직접 그것에 대항할 순 없다. 내가 생하는 것을 통해 나를 극하는 것을 통제한다. 팔자에 나를 극하는 성분이 많을 때 내가 생하는 오행이 있으면 조화를 이룰 수 있게 된다. 상생을 서로 생한다고 오해하는 이유가 여기에 있다. 내가 생하는 것은 다른 방식으로 나를 돕는 것이다. 그래도 생은 방향성이 있음을 잊지 말자.

명리학을 접할 때 이 원칙은 아주 신선하게 다가왔다. 우리가 살면서 하는 모든 행동이 다 의미를 가질 순 없지만, 우리가 왜 선행하고 베풀어야 하는지를 보여주는 말이다. 내가 생하는 것이 나를 직접 돕는 것이 아니라서 행동의 결과를 바로 확인할 순 없지만, 나를 극하는 것을 극함으로써 나를 도와준다. 결과가 눈에 보이지 않는다고 의미가 없는 게 아니다. '명, 운, 풍수, 적선, 독서'라는 말이 있다. 삶에 영향을 미치는 순서인데, 명과 운은 정해져 있으니 바꿀 수 없다. 적선과 독서가 좀 더 나은 삶으로 이끄는 것이다.

반생

생이 있다면 반생도 있다. 생한다는 것이 오히려 극하는 것을 뜻한다. 이는 극과 다른 의미다. 생이 지나쳐 오히려 독이 되는 것이 반생이다. 그래서 반생은 생하는 사이에 발생한다.

목생화의 반생은 목다화멸이다. 나무는 불을 생하나 나무가 지나치게 많아 공기가 통하지 못하면 오히려 불이 꺼진다. 요즘 캠핑하는 분이 많은데, 불을 피워본 분은 잘 이해할 수 있다. 나무를 많이 넣는다고 불이 붙는 것이 아니라, 나무 사이에 적절한 공간이 있어야 불이 붙는다. 원조가 많다고 좋은 게 아니라 적절한 원조가 그 목적을 이룰 수 있다. 마찬가지다. 사랑만 주는 것은 관계를 깨는 길이다. 화생토의 반생은 화다토조다. 불은 토양을 비옥하게 하나, 불이 지나치면 토가 건조해져 제 기능을 발휘할 수 없다. 태양이 작열하여 수분이 다 마른 사막을 보면 알 수 있다. 이렇게 조토가 된 흙은 금을 생할 수 없다. 알아두면 좋은 비유다. 토생금의 반생은 토다금매다. 토는 보석을 만들기도 하지만, 토가 너무 많으면 보석이 땅에 묻혀 그 빛을 발할 수 없는 법이다. 토가 많으면 금은 빛을 발하지 못하고 우둔해진다. 금생수의 반생은 금다수탁이다. 쇠가 너무 많으면 물이 흐려진다는 뜻이다. 혼탁해진 물은 본래의 기능을 다할 수 없다. 수생목의 반생은 수다목부다. 물이 지나치게 많으면 뿌리가 썩어 나무가 물에 뜬다는 의미다. 홍수나 나면 불어난 물이 나무를 통째로 뽑아 죽인다. 여러 번 언급한 바와 같이 명리학은 균형을 도모하는 것이고, 그 균형을 토대로 상호작용을 해석하는 학문이다. 아무리 좋은 성분이나 관계도 정도를 지나침은 미치지 못함과 같다.

반극

반생이 있다면 반극도 있다. 반극은 극하는 관계에서 발생한다. 본래 극은 명확한 방향이 있는데 극을 받는 쪽이 더 강할 때, 오히려 극하는 쪽이 다치는 것을 반극이라 한다.

목극토의 반극은 토다목절이다. 목이 토를 극하는 법이지만, 토가 힘이 강할 때 오히려 나무를 부러뜨린다. 산사태를 연상하면 이해하기 쉽다. 토가 무리 지어 산사태처럼 작용하면 약한 목 하나는 부러진다. 약하고 강하다는 의미는 같은 오행의 숫자와 지지에서 얻은 기로 결정된다. 뒤에서 자세히 설명할 것이다. 화극금의 반극은 금다화멸이다. 불은 쇠를 녹이지만, 금이 많고 불이 약하면 녹이지 못하고 불이 꺼진다. 토극수의 반극은 수다토류다. 토는 물의 흐름을 막고 저장하지만, 물이 많으면 제방이 붕괴해 흙을 쓸어버린다. 수극화의 반극은 화다수패다. 물은 불을 꺼지게 하지만, 불이 너무 강하고 물이 적으면 다 증발한다. 금극목의 반극은 목다금결이다. 도끼로 나무를 자르지만, 나무가 강하거나 많으면 도끼가 상한다.

생을 하거나 극을 할 때도 힘의 균형을 살펴야 사주를 잘 해석할 수 있다. 무조건 생을 하거나 극을 받는 게 좋고 나쁨이 아니다. 상대가 강한데 약한 것이 극하다가는 약한 것이 뿌리 뽑힌다. 오히려 성질만 건드리게 되는 이치다.

육신

'오행론'에서 보면 한 오행이 특정 오행하고만 상호작용하는 것이 아니라, 모든 오행과 상호작용한다. 대운과 결합하면 10자가 되는데, 상호작용이 복잡하게 연결돼 있어 간단히 살필 수 없다. 다행히도 각 글자의 역할을 정하는 기준이 있어 정교한 해석이 가능하다. 신법 체계에서는 그 기준이 일간이고, 고법 체계에서는 태어난 해의 띠를 기준으로 삼았다.

사주팔자에서 일간은 자신을 의미하고, 각 글자의 오행이 일간과 어떤 생극 작용을 하는지에 따라 그 역할이 규정된다. 일간과 같은 오행은 비比다. 일간이 생하는 오행은 식食, 일간이 극하는 오행은 재財가 된다. 일간을 극하는 오행은 관官, 일간을 생하는 오

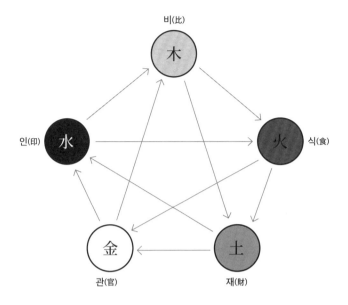

행은 인印이 된다. 사주팔자에서 역할은 나와 함께 비, 식, 재, 관, 인으로 6개인데 이것을 '육신'이라 부른다. 목일간의 육신은 다음과 같다. 화는 식, 토는 재, 금은 관, 수는 인, 동일 오행은 비가 된다. 일간의 오행이 다른 경우에도 해당 오행을 기준으로 동일하게 적용하면 된다.

육신은 뒤에서 소개할 십성과 함께 사주팔자 해석에 중요한 두 가지 역할을 한다. 첫째, 육신은 사람이 살면서 성취하는 세속의 부귀를 의미한다. 오른쪽 표를 보면 비는 세력, 식은 진로, 재는 재물과 건강, 관은 직업이나 권력, 인은 학문과 명예를 의미함을 알 수 있다. 둘째, 육신은 가족 관계를 의미하는 육친과 연결된다. 여자를 기준으로 할 때(육신이 의미하는 육친은 남녀가 다르다) 비

목일간 기준	목 (같은 오행)	화 (생하는 오행)	토 (내가 극하는 오행)	금 (나를 극하는 오행)	수 (나를 생하는 오행)
명칭	비	식	재	관	인
육친	형제자매	할머니 여 : 자식 남 : 장모	아버지 여 : 시어머니 남 : 아내	여 : 남편 남 : 자식	어머니
의미	동료, 경쟁자	재원(재를 만드 는 모든 활동), 이타심	재물, 건강	직장, 직업, 권력	학문, 명예, 문서, 출입증

는 형제, 식은 자식, 재는 아버지 혹은 시모, 관은 남편, 인은 어머니를 의미한다. 이 때문에 사주팔자를 통해 개인이 추구하는 삶의 목표, 얻게 되는 세속적인 성취, 육친의 복을 가늠할 수 있게 된다.

육신이 의미하는 세속적인 성취와 육친의 의미를 좀 더 살펴보자. 그 전에 육신이 의미하는 세속적인 성취는 남녀가 동일하나, 의미하는 육친은 남녀가 다르다. 명리학에서는 남녀의 삶이 다름을 전제하고 있다. 남녀가 같다고 생각하시는 분이 쉽게 이해하려면 사극에 나오는 남녀의 역할을 생각하면 편리하다. 지금의 관점에서 보면 동의할 수 없는 분이 많이 계시겠지만 이렇게 구분한 정교한 이유가 있으니 살펴보자.

일간인 나는 설명이 필요 없다. 사주팔자의 주인으로 다른 글자의 역할을 규정한다. 비는 일간과 같은 오행으로 육친은 형제자매를 뜻한다. 사회적으로 확장하면 일간의 세력, 동료다. 비의 역할은 이중적이다. 일간이 약할 경우(일간이 약하다는 의미는 월지가 우호적이지 않고, 일간을 극하는 세력이 많다는 뜻이다) 일간을 보조하고 힘이 돼주는 동료 역할을 한다. 반대로 일간이 강한 경우 재물을 나눠 가지는 경쟁자가 된다. 사냥을 위해서 힘을 합치지만 사냥이 끝나면 사냥감을 배분해야 하는 이치다. 눈치 빠른 분은 짐작하시겠지만, 동업자 간의 분쟁, 형제간의 유산 분쟁이 다 이 육신 때문이다. 정리하면 비는 형제자매를 뜻하고, 사회적으로는 나의 세력과 동료를 의미한다.

식은 일간이 생하는 오행으로 육친은 여자에게 자식, 남자에게 장모를 뜻한다. 식은 내가 생하는 것이니 여자에게 자식을 의미하는 것은 알기 쉽다. 여자는 아이에게 몸의 영양분에서부터 모든 것을 내어주니 당연한 육친이다. 요즘은 안 그런 사람도 뉴스에 많이 나오지만 말이다. 남자에게 식이 장모인 이유는 부인을 의미하는 재를 생하는 오행이기 때문이다. 남녀 모두 재는 아버지를 의미하기 때문에 식은 할머니도 의미한다. 사회적으로 식은 성실하게 일하는 모습으로 재를 만드는 원천이란 뜻의 재원財源이다. 재를 만들기 위한 활동으로 인식하면 될 듯하다. 식복이나 진로의 의미도 있다. 그래서 식에 문제가 발생하면 하는 일을 그만두거나 앞길이 막히는 현상이 발생한다. 정리하면 식은 할머니, 여자에게 자식, 남자에게 장모를 뜻하고, 사회적으로 재를 생산하기 위한 모든 활동을 의미한다.

재는 일간이 극하는 오행으로 육친은 아버지를 뜻한다. 내가 극하는 대상이 재인데, 그 의미가 아버지라는 점도 의미심장하다. 아버지는 자식이 생기면 부양을 위해 최선을 다해야 하는 존재다. 자식에게 극을 받아 본인이 원하는 것을 하지 못한다. 부모가 존경받아야 하는 이유다. 요즘은 돈이 있어도 양육비를 주지 않는 아버지가 있다. 아버지가 아닌 것이다. 남자에게 재는 여자(아내)를 의미한다. 여자는 남자가 극하는 존재다. 남자로 인해 아기를 가져 몸이 망가지고, 집안일을 하고, 다른 남자도 만나지 못하게 된다. 여자에게 재는 시어머니를 말하기도 한다. 여자에게 남편은 관인데, 이 관을 놓은 것이 재이기 때문이다. 사회적 의미로 재는 많은 사람이 가장 중요하다고 생각하는 재물인데, 그 이상의 의미가 있다. 재는 재물도 뜻하고, 양명지원養命之原이라고 해서 목숨을 지탱하는 근본이기 때문이다. 재가 망가지면 건강은 물론 목숨까지 잃을 수 있다는 점을 명심하자. 그래서 남자가 재에 문제가 생기면 재산을 잃거나, 건강을 잃거나, 아내에게 문제가 생기게 된다. 정리하면 재는 아내, 시어머니, 아버지를 뜻하고, 재물과 건강을 의미한다.

관은 일간을 극하는 오행으로 육친은 여자에게 남편, 남자에게 자식을 뜻한다. 여자에게는 남편이, 남자에게는 자식이 나를 구속하는 존재다. 여자는 같이 사는 남자가 정해지면 다른 남자를 만나기 쉽지 않고, 자식을 얻어 몸을 망치게 되니 남편이 관이다. 남편이 나를 통제하거나 구속할 때, 그게 본성이거니 생각하면 마음이 편하다. 이에 따를지는 본인 사주에 따라 다르다. 남자에게

관은 자식이다. 남자는 자식이 생기면 다른 여자를 만날 수 없고, 자식을 부양하기 위해 꼼짝없이 일해야 한다. 이 점에서 식은 관을 극한다. 그래서 여자는 자식을 얻으면 남편을 완전히 통제할 수 있다. 물론 요즘은 남자든 여자든 전통적인 육친 개념에서 벗어난 사람이 많다. 사회적으로 관은 직업과 직장, 권력, 국가기관, 관공서 등을 뜻한다. 관이 좋으면 직장이나 공직 사회에서 출세하는 경우가 많다. 관에 문제가 발생하면 해당 육친이나 직장에 문제가 발생할 수 있다. 정리하면 관은 남편, 자식, 직업이나 직장을 의미한다.

인은 일간을 생하는 오행으로 육친은 어머니를 뜻한다. 남녀 모두 모든 것을 바쳐서 나를 생하는 어머니를 상징한다. 사주에서 가장 중요한 육신은 인이다. 인이 있으면 어떤 고난이 와도 원조를 받아 역경을 이겨낼 수 있다. 인이 없는 사람은 힘들어도 내가 지탱할 어머니 같은 존재가 없다는 뜻이다. 아무리 힘들어도 어머니를 찾아가면 언제나 따뜻한 밥을 주고, 그 밥을 먹고 다시 일어서는 힘을 얻는 이치다. 사회적으로 인은 학문, 명예, 문서 등을 뜻한다. 예전에 관리가 허리에 차고 다닌 도장이 인이다. 그것은 곧 명예고, 권력이고, 어디든 출입할 수 있는 신분증이다. 인에 문제가 발생하면 명예가 실추되거나, 사회생활에 문제가 발생하거나, 어머니에게 문제가 발생할 수 있다. 정리하면 인은 어머니를 상징하고, 사회적으로 명예, 학문, 문서 등을 의미한다.

지금까지 육신의 육친과 사회적 의미를 살펴봤다. 좀 더 나아가 특정 육신의 힘이 너무 강하거나 약할 때, 어떤 현상이 발생할까? 그것을 유추하려면 앞에서 본 육신 생극 관계도를 기억하고 있어야 한다. 비는 식을 생하고, 식은 재를 생하고, 재는 관을 생하고, 관은 인을 생하고, 인은 나와 비를 생한다. 비는 재를 극하고, 재는 인을 극하고, 인은 식을 극하고, 식은 관을 극하고, 관은 나와 비를 극한다.

단순히 생하거나 극하는 것은 문제가 되지 않는다. 그렇게 해당 육신의 성취를 얻는 것이다. 생극 상호 간에 힘의 균형이 맞으면 성취가 높아진다. 문제는 특정 육신이 너무 강하거나 약해 힘의 균형이 깨질 때 발생한다. 극하는 관계에서 극을 당하는 것이 없으면 오히려 탈이 없다. 극하는 것이 아주 강하고, 극을 받는 것이 약한데 같이 있을 때 문제가 발생하게 된다. 어떤 육신이 강하다는 것은 월령을 얻어 힘이 강하거나, 직하 지지의 힘을 받거나, 같은 오행이 지지에서 합화돼 있거나, 사주팔자 내에 같은 오행이 많은 경우다. 특정 육신이 상대적으로 강할 때 발생하는 문제를 살펴보자.

비는 식을 생하고, 재를 극하고, 관의 극을 받고, 인의 생을 받는다. 비가 강해 힘의 균형이 깨지면 어떻게 될까. 사주에 재가 없으면 문제가 되지 않는데, 약한 재가 있으면 문제가 된다. 사주팔자에 없더라도 대운에서 재를 만나게 되니 일생 중에 이 문제는 생기게 된다. 재는 아내, 아버지, 재물, 건강이라고 이야기했다. 그래서 비가 강한데 재가 약하면 아내, 아버지, 재물, 건강상 여러 문제가 발생할 가능성이 크다. 단순히 재만 문제가 되는 것이 아니다. 비는 인수의 생을 받는데 받는 쪽이 너무 강하면 인수의 힘이 많이 소모된다. 그럴 경우 비는 부모 복이 없거나, 학문적 성취가 어렵게 된다.

비가 강할 때 어떻게 해결해야 할까. 강한 비가 재를 극할 때 식이 있으면 재를 극하지 못한다. 생이 우선이기 때문이다. 비를 극하는 관도 유용하다. 비가 많은 사주에는 운에서 관이 오는 것이 아주 길하다. 해결책은 어디까지나 사주팔자 내에 혹은 운에서 해당 육신이 와야만 한다. 경계해야 할 것은 반가운 관이 오는데 식이 있어서 관을 극하는 경우다.

식은 재를 생하고, 관을 극하고, 인의 극을 받고, 비의 생을 받는다. 식이 강해 힘의 균형이 깨지면 어떻게 될까. 식은 관을 극하기 때문에 식이 강할 때 관도 강하거나 없으면 다행이지만, 약한 관이 있으면 여지없이 관이 깨진다. 관이 없다가 운에서 들어와도 마찬가지다. 식은 활발한 활동, 이타심, 때로는 자기 의견 표출, 혁신 등을 뜻하는데, 관을 깨는 것이 의미심장하다. 자기 의견을 표출하고 혁신적인 사람은 상사에게 직언하거나, 조직의 규칙이나 규율을 불편하게 생각한다. 잘못된 것은 개선하려는 의지가 강하다. 식이 아주 강한 사람은 독립운동, 노동조합 활동에 관심이 많다. 이렇게 식이 강해 관이 깨지면 결국 회사를 그만둘 가능성이 높다. 무능하거나 일을 못해서가 아니라 우수 인재이기 때문에 이탈하는 경우도 많다. CEO는 생각해볼 대목이다. 여자가 식이 강하면 관인 남편을 극해서 남편 복이 없는 경우가 많다. 식은 일간의 생을 받기 때문에 식이 너무 강하면 일간의 힘을 너무 많이 소모해 일간이 약해지는 폐해도 있다.

식이 강할 때 어떻게 해결해야 할까. 강한 식이 관을 극할 때 재가 있으면 관을 극하지 못한다. 식이 재를 가지고 관을 보면, 재를 생해 그 작용력이 약하다. 식이 아주 강하면 인으로 식을 제한다. 인은 학문을 의미하기 때문에 학문을 통한 사고력이 지나친 반골 기질을 제어할 수 있다. 식이 인을 막고 싶으면 재를 활용하면 된다. 재는 인을 극하기 때문에, 식이 중요한 경우 재가 있으면 보호된다.

재는 관을 생하고, 인을 극하고, 비의 극을 받고, 식의 생을 받는다. 재가 힘이 강해 힘의 균형이 깨지면 어떻게 될까. 먼저 재가 강하고 약한 인이 있거나, 운에서 들어오면 인에 문제가 발생하게 된다. 인은 명예, 학문, 윤리 의식 등을 의미하기 때문에, 명예를 잃거나 공부를 등한시하거나 부도덕한 일을 행한다. 재는 여자나 재물이라 돈과 여자를 탐하다 명예를 잃는다는 뜻이다. 혹은 또 다른 현상으로 재는 식의 생을 받기 때문에, 재가 강하면 식 역시 문제가 발생해 새로운 시도나 투자를 꺼린다.

재가 강할 때 어떻게 해결해야 할까. 강한 재가 인을 극할 때 관이 있으면 인을 극하지 못한다. 재는 관을 생하고, 관은 인을 생하는 선순환 구조가 생기기 때문이다. 규칙과 규율이 탈선을 막는 형국이다. 그렇지 않으면 재를 극하는 비가 있으면 된다. 비는 강한 재를 통제·제어할 수 있다. 재가 비의 공격을 방어하기 위해서는 당연히 관이 필요하다. 관을 생함으로써 자신을 공격하는 비를 극한다.

관은 인을 생하고, 비를 극하고, 식의 극을 받고, 재의 생을 받는다. 관이 강해 힘의 균형이 깨지면 어떻게 될까. 관이 강하면 당장 일간이 공격을 받게 된다. 다른 육신과 달리 일간은 항상 존재하기 때문에 관이 혼탁하고 강한 반면, 일간이 약한 경우 일단 몸이 아프다. 자존감이 약해지고, 지나치게 주위를 의식하는 현상도 발생한다. 스트레스를 표출하지 못하고 내부에 쌓아 몸이 아픈 악순환이 생긴다. 강한 관이 약한 재를 가진 경우, 강한 관은 재의 힘을 지나치게 소모해 재에 문제가 발생한다. 돈이나 건강에 문제가 생길 수 있다.

관이 강할 때 어떻게 해결해야 할까. 강한 관이 일간을 공격할 때 인이 있으면 이 역시 선순환 구조다. 인은 관을 순화해 일간을 이롭게 한다. 명예를 소중히 생각하면 권력이 폭력이 되지 않는 법이다. 아니면 관을 극하는 식이 있으면 된다. 관이 식의 공격을 방어하고 싶으면 인을 쓴다. 인은 식을 극하기 때문이다.

인은 나와 비를 생하고, 식을 극하고, 재의 극을 받고, 관의 생을 받는다. 인이 강해 힘의 균형이 깨지면 어떻게 될까. 강한 인이 약한 식을 만나거나, 식이 중요한 글자인데 인이 강하면 여지없이 식에 문제가 발생한다. 식은 새로운 도전과 시도, 변화와 혁신, 재원으로서 물적 성취를 위한 여러 활동을 의미한다. 이런 식에 문제가 생기면 생각이 지나치게 많고, 아무것도 하지 않으려 든다. 시도가 없으니 성취도 없다. 재가 약해서 가난한 것이 아니라 시도가 없으니 가난한 것이다. 자존심, 완벽주의, 명예 때문에 도전하지 않는다. 강한 인은 관에도 문제를 발생시킨다. 명예나 학문이 지나치면 관을 약화시킨다. 여자가 인이 너무 강하면 관인 남편의 힘이 무력하다.

인이 강할 때 어떻게 해결해야 할까. 강한 인이 약한 식을 공격할 때 비가 있으면 아주 좋아진다. 학문도 있고 도전도 있으니 성취가 높아진다. 강한 인을 통제하는 또 다른 방법은 재를 통한 통제다. 인이 너무 많거나 강하면 재를 통해 인을 다듬어서 쓴다. 세속적인 성취욕을 통해 지나친 공명심을 제어하는 것이다. 인이 재의 공격이 두려우면 비를 생하면 된다.

지금까지 설명한 것은 육신 간의 작용을 쉽게 이해하기 위해 특정 육신이 강해 극단적인 현상이 표출된 경우를 살펴본 것이다. 이때도 극을 받는 육신이 같이 강해 힘의 균형이 있거나 아예 없으면 오히려 작용하지 않는다. 이 모든 것은 사주 전체를 살펴야 한다.

십성

육신에서 음양을 고려한 것이 십성이다. 비, 식, 재, 관, 인 육신은 기본적으로 해당 육신의 작용이 있으나, 같은 육신이라도 음양이 다르면 작용도 달라진다. 같은 비라도 형이 있는 것과 누나가

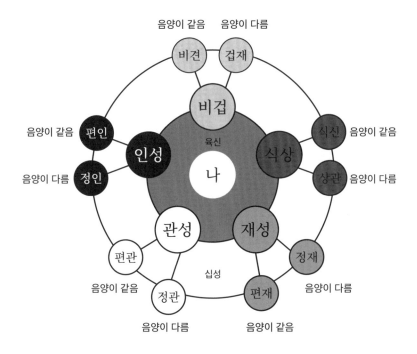

있는 것은 차이가 크다. 보다 정교하고 세부적인 작용을 살필 때
는 음양을 고려해야 한다. 지금부터 음양을 고려한 십성의 의미를
설명하고자 한다.

십성도 육친과 같이 일간을 기준으로 한다. 일간의 오행과 음
양을 기준으로 해당 오행의 음양을 고려한 것이다. 위 그림에서
나오는 편재, 편관, 편인 등에서 쓰이는 편偏은 음양이 치우쳤다는
뜻이다. 일간과 같은 음양일 때는 치우쳐서 편이라 한다. 일반적
으로 같은 음양은 생에서는 힘의 소모나 생하는 정도가 다른 음양
에 비해 약하고, 극에서는 작용력이 강하다.

일간과 같은 오행을 비겁이라 하는데,

비견은 일간과 같은 음양, 겁재는 다른 음양이다.

일간이 생하는 오행을 식상이라 하는데,

식신은 같은 음양, 상관은 다른 음양이다.

일간이 극하는 오행을 재성이라고 하는데,

편재는 같은 음양, 정재는 다른 음양이다.

일간을 극하는 오행을 관성이라고 하는데,

편관은 같은 음양, 정관은 다른 음양이다.

일간을 생하는 오행을 인성이라고 하는데,

편인은 같은 음양, 정인은 다른 음양이다.

이렇게 비견, 겁재, 식신, 상관, 편재, 정재, 편관, 정관, 편인, 정인을 십성이라고 한다. 이름이 다른 것은 그만큼 음양의 같고 다름이 미치는 작용력이 현저하게 차이가 나기 때문이다.

비견比肩은 일간과 음양이 같은 오행으로, '어깨를 나란히 견주다'라는 뜻이다. 비견의 특이점은 일간이 신약하면 나를 도와주는 세력이 되는데, 일간이 강하면 경쟁자가 된다는 것이다. 신약한 사람이 비견을 가진 경우, 사주에 나를 도와주는 세력이 있어 의지가 강하고 스스로 성취하려는 경향을 띤다.

겁재劫財는 일간과 음양이 다른 오행으로, '재물을 겁탈하다'라는 뜻이다. 흉포한 의미 때문에 인刃이라고도 한다. 칼을 들었다는 의미다. 겁재도 비견과 같이 신약하면 일간의 세력이 되나, 경쟁자로 작용하면 비견보다 재물을 겁탈하는 성향이 아주 강하다. 겁재를 쓰면 비견과 달리 자존심과 남을 이기려는 성향이 강하다. 쟁투심이 이 사람의 원동력이 된다.

비견과 겁재가 세력을 이루고 일간이 왕할 경우, 아무래도 재에 타격이 간다. 남자든 여자든 부부 관계가 문제가 될 수 있는데, 남자는 재를 극해서 그렇고, 여자는 관(남편)을 생하는 재가 극을 받아서다. 강한 비겁에 약한 재가 있으면 부모와 인연이 약하고, 많이 외로운 팔자가 된다. 비견과 겁재가 항상 나쁜 건 아니다. 반대로 재나 관이 엄청 강할 경우, 비견과 겁재는 나를 돕는 세력과 보호하는 성분이 된다.

일간이 생하는 오행 가운데 일간과 음양이 같은 오행은 식신食神, 음양이 다른 오행은 상관傷官이다. 식신과 상관은 재물을 부르는 재원 역할을 하고 관을 극하는 성질이 있으나, 그 작용력의 세기가 다르다. 식신과 상관은 같은 식이지만 상관이 식신보다 예리하고, 에지Edge가 있다. 식신은 일간과 음양이 같아 일간의 힘을 조금 가져간다. 상관은 일간과 음양이 달라 일간의 힘을 엄청나게 소모한다. 일간 입장에서 강한 관을 통제할 때는 아무래도 식신이 상관보다 낫다. 힘의 소모가 적기 때문이다.

상관은 '관을 상하게 한다'라는 뜻으로, 일간에서 뽑은 강한 에너지로 식신보다 강하게 관을 극한다. 사주에 있는 모든 오행, 육신은 다 그 작용이 있다. 관은 나를 극하는 것으로 통제가 필요하나, 관을 지나치게 극할 경우 오히려 본인이 난폭하고 무법천지로 날뛰기도 한다. 그럼에도 상관은 빼어난 기다. 총명하고 화려하며, 예술적 감각과 창의적인 아이디어가 번쩍이고, 애타심과 혁신하려는 의지가 강하다. 과거에는 상관이 관을 극하는 성분이라고 남자든 여자든 꺼렸으나, 현대사회에서는 상관을 아주 좋게 여기는 이유다. 벤처기업을 비롯해 독특한 아이디어로 성공하는 사람 중에 상관이 잘 활용된 경우가 많다.

다만 관을 보면 문제가 될 수 있다. 진소암의 《명리약언》에 '상관견관傷官見官 위화백단爲禍百端'이라고 했다. 여기서 관은 정관을 이야기한다. 상관이 약한 관을 극해서 발생하는 피해가 크다는 뜻이다. 남자든 여자든 식상이 강하면 남편 복이나 자식 복이 떨어지는 경우가 많다.

일간이 극하는 오행 가운데 일간과 음양이 같은 오행은 편재偏財, 음양이 다른 오행은 정재正財다. 재성이 좋으면 배우자 복과 재물이 많아 복이 많다. 재는 관을 생하기 때문에 고위 공직자도 많다. 이처럼 재물, 건강, 관운, 배우자 복을 의미하는 재성은 정재든 편재든 좋은 의미로 구분 없이 재라고 칭하나, 그 성향은 다르다. 정재는 월급이나 저축 등 '착실하게 모으는 재산'을 의미하고, 편재는 '일확천금이나 투자, 사업' 등을 뜻한다. 필자가 사주를 분석해보면 편재가 많은 경우 호방하고 돈을 쉽게 생각하며 낭비하는 경향이 있다. 성격이 좋고 인기를 얻기 위해 돈을 활용하는 것이다. 재적 성취가 좋으려면 비겁이 중요하다. 재가 강하면 그것을 쓰는 일간도 강해야 한다. 비겁이 강해 재물을 깨는 것도 나쁘지만, 재물은 많은데 일간이 약한 경우도 문제가 된다. 강한 재를 쓰기 위해서는 일간을 돕는 비겁이 있어야 그 재물을 온전히 취할 수 있다.

일간을 극하는 오행 가운데 일간과 음양이 같은 오행은 편관偏官, 음양이 다른 오행은 정관正官이다. 양은 움직이는 기, 음은 고요한 질과 같다고 한다. 기가 질을 극하지 못하고, 질은 기를 극하기 어렵다. 따라서 음양이 다른 정관은 극하기보다 오히려 다듬어 통제하고, 조절하는 작용력이 강하다. 음양이 같은 편관은 극하는 정도가 강하다. 이런 이유로 편관은 살殺과 같은 작용을 한다고 해서 칠살 혹은 살, 정관은 그냥 관이라고 부른다. 정관은 내 재물을 빼앗는 겁재와 음양이 같아, 겁재에게는 살이라 일간에게 반가운 것이다. 반대로 살은 겁재에게는 정관이다.

정관은 '바르고 정당하고 명예로운 것' 등을 뜻하고, 편관은 '권위, 고집, 혁명' 등을 의미한다. 관은 모범생 같은 이미지, 살은 반항적이나 공부 잘하는 학생 정도로 인식하면 쉽다. 세상을 살아 보면 모범생이 항상 좋거나, 거칠고 반항적인 기질이 항상 나쁘진 않다. 모범생은 융통성이 부족하고 꼰대 성향을 보이는 단점이 있고, 거칠고 반항적인 기질은 잘 통제하면 성장 가능성이 크기 때문이다. 그래서 칠살을 식상으로 제어하는 사주는 아주 좋다. 특히 선출직 공무원은 칠살을 쓴다. 겁재가 왕한 경우 살이 쓰인다. 관이라도 일간을 극하는 성분이므로 천간에 관이 두 개 있거나, 관과 살이 혼잡한 경우 일간에 미치는 영향이 크다.

일간을 생하는 오행 가운데 일간과 음양이 같은 오행은 편인 偏印, 음양이 다른 오행은 정인正印이다. 편인이든 정인이든 일간을 생하는 이로운 성분이기 때문에, 구분하지 않고 인수라 칭하기도 한다. 그래도 나를 생하는 효과는 음양이 다른 인수가 더 크다. 인수는 학문을 의미하는데, 편인은 정인에 비해 전문전인 지식을 뜻한다. 앞에서 인수의 부정적인 면으로 편인도식偏印倒食을 이야기했는데, 편인이 식신을 극하는 것이다. 식신 입장에서는 편인이 칠살이다. 이런 이유로 명리학자에 따라 정인과 편인을 구분하고, 편인을 흉한 십성으로 분류하기도 한다. 무조건 편인과 식신이 있을 때 그런 게 아니라, 식신이 중요한데 편인이 있는 경우다. 편인이 중요한 사주팔자에서는 오히려 식신이 있어도 좋다. 편인이 할 일이 있는 것이다. 세부적인 것은 5장에 나오는 격국에서 살펴보자.

십성을 종합하면 재성과 인수는 일간에 이로운 것으로 굳이 정·편 구분 없이 재성과 인수라 칭하고, 나머지는 정·편을 확실히 구분한다. 즉 비견, 겁재, 식신, 상관, 재성, 정관, 편관, 인수 총 8가지다. 십성에 따라 좋고 나쁜 것이 정해진 듯 보이지만, 모든 십성은 각각 장단점과 쓰임이 있다. 사주팔자, 대운까지 합쳐 5주 10자를 살펴야 그 쓰임을 제대로 분석할 수 있다. 칠살은 일간을 극하는 정도가 심하나, 겁재가 왕한 경우 오히려 칠살이 유용한 것처럼 말이다.

3. 사주팔자의 균형과 실패

좋은 사주팔자는 음양오행의 균형이 잡혀야 한다. 글자 간 균형이 도모되면 삶이 안정적이다. 반면 균형이 깨져 있으면 극단적인 삶의 유형이 표출될 수 있다. 사주의 균형은 일간을 돕는 세력과 나의 사회적 성취, 일간 세력의 삼자 균형을 뜻한다. 이 균형을 '정신기精神氣 삼자'라 부른다. 정은 언제나 나를 도와주고 기댈 수 있는 어머니 같은 존재, 즉 인수다. 신은 세속적인 부귀를 의미하는 식, 재, 관을 상징한다. 기는 형제나 동료 등 나와 같은 세력을 뜻한다. 정신기 삼자가 통근(지지는 저마다 속에 천간 글자를 2~3자 품고 있는데 그것을 '지장간'이라 함. 천간과 같은 오행이 지장간에 있는 것을 '통근'이라 함)하여 세력이 강하고, 그 세력이 균형이 맞을 때 사주가 안정되고 부귀를 누릴 가능성이 크다.

정이 없는 사주는 나를 도와주는 어머니가 없으니 자수성가해야 하고, 실패하면 도와주는 세력이 없어 삶이 그만큼 고달프다. 명리학에서는 그래서 인수를 중히 여긴다. 실패해도 다시 일어서는 힘이다. 신을 상징하는 식, 재, 관이 없으면 어떤 세속적인 성취도 없다. 재물, 직업, 권력, 가족을 얻을 수 없다. 오직 강한 에고만 존재해서 아무것도 이루지 못하는 삶이 된다. 기는 비겁으로, 이것이 없는 사주는 함께할 세력이 없으니 혼자 힘으로 성취해야 한다. 정신기 삼자는 대운까지 고려해 5주 10자를 살피는데, 이것이 완성되는 대운이 발복하는 시기다.

사주의 균형은 여덟 자 전체를 다 같이 살피는 게 아니다. 지지는 기본적으로 천간의 힘을 결정하는 것이라 천간은 천간끼리, 지지는 지지끼리 균형을 살핀다. 지지는 형충회합이 발생하는 경우 전체 균형에 영향을 미친다. 따라서 일간은 기준이 되고, 대운까지 고려해 천간 네 자에서 완벽한 정신기 삼자를 갖추긴 어렵다. 월지를 고려해 다섯 자에서도 쉽지 않다. 균형이 완벽한 사주는 그만큼 많지 않다. 내 사주에 정신기 삼자의 균형이 없어도 실망할 필요는 없다. 대운과 세운에서 삼자가 완성되는 해가 있기 마련이다. 좋은 명이라 완벽하게 정신기 삼자의 균형을 이뤘어도 대운과 세운에서 균형이 깨지는 시기는 반드시 온다.

명리학에서는 아무리 고통스러워도 인내하면 반드시 좋은 시절이 온다는 믿음이 있다. 나에게 필요한 글자를 만날 수 있기 때문이다. 반대로 부귀를 손에 넣었다고 자만할 이유가 없다. 살아가면서 대운에서 특정 오행이 강해지거나 약해져 균형이 깨지는 시점이 분명히 존재한다. 모든 사람이 공평하게 여덟 글자를 가지는 것이지 재벌이라고 더 많은 글자를 가질 수 없다. 한쪽이 넘치면 부족한 쪽이 분명 있다. 그래서 평생 좋은 사주나 나쁜 사주는 없다.

그럼 사주팔자의 균형이 깨졌다는 건 무슨 의미일까. 정신기 삼자의 힘의 균형이 맞지 않거나, 특정 오행이 강하면서 그것이 극하는 오행이 약하게 존재할 때 문제가 발생할 수 있다. 특정 오행이 강한 것은 다음과 같은 경우다. 첫째, 통근한 특정 십성이 두 자 이상일 때, 이 글자는 강하다. 지지 역시 마찬가지다. 같은 십성이 두 자 이상 있으면 강하다. 둘째, 특정 육신이 두 자 이상인데, 서로 다른 음양이 다 같이 있을 때는 흉포한 정도가 훨씬 강하다. 이 경우는 혼잡이라고도 한다. 정관 두 자보다 관과 살이 같이 있는 경우다. 음양이 같이 있을 경우, 단순히 강해서 나쁜 것이 아니라 나쁜 것으로 그 힘이 수렴되기 때문이다. 셋째, 지지가 모여 합을 이루고 무리 지을 때다. 이 경우 균형이 깨져 아주 조심해야 하는 상황이 발생할 수 있다.

특정 육신이 강할 때는 그것이 극하거나 그것을 극하는 육신이 있을 경우, 그 힘이 약할수록 심각한 문제가 발생할 수 있다. 반면 극을 당하는 오행이 없을 경우, 오히려 큰 문제가 발생하지 않는다. 강한 육신과 대치하는 약한 육신이 공존할 경우, 사주의 균형이 깨져 극단적인 삶의 형태가 나타나기 쉽다. 해당 글자가 바로 옆에 있는 경우 더 심하게 작용한다. 극단적인 삶의 형태는 어떤 육신이나 십성이 균형을 깼는지에 따라 이름이나 작용하는 의미가 다르다. 다음은 균형이 깨진 대표적인 사례들이다.

군겁쟁재

비견과 겁재(비겁)가 두 개 이상으로 아주 강하고, 재가 약한 경우. 이를 군비쟁재群比爭財(비견만 있을 때), 군겁쟁재群劫爭財(비견과 겁재가 같이 있을 때)라고 한다. 군비쟁재보다 군겁쟁재의 작용이 크다. 비견과 겁재는 일간이 약할 경우 나의 세력이 되나, 일간이 강할 경우 재를 겁탈하는 경쟁자가 된다고 했다. 따라서 군겁쟁재가 되면 재와 관련한 복이 낮을 수 있다. 좋은 부모를 만나 재력이 있어도 제대로 누리지 못하는 스크루지 영감 같은 성향을 띤다. 돈이 있어도 가난하고, 마음은 늘 외롭다. 비겁은 인수의 힘을 소모하기 때문에 인수 역시 문제가 발생한다.

재는 아버지, 아내, 시어머니, 건강, 재물을 뜻한다. 부모를 일찍 여의거나, 배우자 복이 없거나, 신체가 허약하거나, 재복이 없는 등 재와 관련한 극단적인 부작용이 나타날 수 있다. 재는 양명지원으로 목숨과도 같다. 재가 크게 손상될 경우 건강을 조심해야 한다. 여기에 인마저 강하면 강한 비겁을 생하는 인수가 있는 경우, 식재관은 극히 나약하기 쉽다. 사회적 성취를 나타내는 식재관이 무력해질 수밖에 없다.

상관견관

강한 식신과 상관이 같이 있거나, 식신이나 상관이 두 개 이상인데 약한 관이 있는 경우. 예부터 상관견관 위화백단이라고 해서 극히 꺼렸다. 상관이 관을 보면 나쁜 것이 100가지도 넘는다는 뜻이다. 과거에는 여자가 상관견관하면 남편을 망친다고 여겨서 좋지 않게 생각했다.

그런데 상관과 관의 힘의 균형이 있으면 그 작용이 덜하다. 식상이 두 개 이상인데 약한 관이 있는 경우가 제대로 된 상관견관이다. 이렇게 되면 관과 관련한 극단적인 문제가 나타날 수 있다. 상관견관이 심하면 여자의 남편과 남자의 자식이 무력해진다. 관은 직업이나 직장의 의미가 있어, 이 경우 한 직장에 만족할 수 없다. 윗사람이나 회사의 규율과 충돌하기 때문이다. 약한 살을 식상으로 지나치게 제압하게 되면 오히려 사람이 난폭해지고 안하무인이 되는 경우도 있다. 식상은 일간의 힘을 소모하기 때문에 약한 일간이 식상을 모두 만났을 때도 당연히 극단적인 현상이 발현될 수 있다. 일단 성취할 힘이 없고, 건강 역시 조심해야 한다.

탐재괴인

재가 두 개 이상이거나 음양이 다른 재가 두 개 이상인데, 약한 인수가 있는 경우. 탐재괴인은 재를 지나치게 탐해서 인수가 파괴되는 것을 말한다. 재물이나 여자에 집착해서 윤리와 인성을 상실한 경우다. 이런 경우 윤리 의식이 희박하고, 법과 규칙을 무시한다. 자신의 욕구에 아주 충실하다. 부당한 행위로 부를 축적하는 사람이 이에 속한다.

탐재괴인이 되면 명예와 인성만 잃는 게 아니라 그것으로 심판받을 수 있다. 고위 공직자가 여자 문제로 낙마하거나, 언론에 나오는 재벌이 비윤리적인 행동을 해서 단번에 모든 명예를 잃는 경우가 탐재괴인의 작용이다. 사주팔자에 재가 중복되고 인수가 없다가 운에서 약한 인수를 만날 때 발생하는 현상이다. 강한 인수를 재로 통제하는 것은 이에 속하지 않는다. 단순히 혼잡한 재와 약한 인수가 있을 때보다 그것이 나란히 붙어 있을 때 극단적으로 작용한다.

관살혼잡

관과 살이 혼잡해 두 개 이상인 경우. 관과 살은 모두 일간인 나를 극하는 성분이라, 많으면 좋지 않다. 정관은 일간과 우호적인 관계인데도 두 개 이상이면 중관이라 해서 꺼리고, 관살혼잡이 되면 몹시 꺼린다. 중살도 마찬가지다. 예전에는 관살혼잡이 적국의 왕을 따른다고 해서 나쁜 것으로 생각했고, 남자든 여자든 품행이 방정하지 못하다고 여겼다. 남자는 관살혼잡이 혼외 자식을 암시하고, 여자는 두 배우자를 섬긴다는 의미라고 생각하기 때문이다.

일간을 극하는 관과 살이 혼잡해 아주 강할 경우, 신약한 일간이 견디기 힘들다. 당장 몸이 건강하지 않다. 일간이 오히려 강할 때는 균형을 이뤄 좋다. 관살혼잡이 나쁘기만 한 것은 아니다. 유금월에 태어난 경금 일주의 경우, 관과 살이 사주에 있어도 오히려 귀격이라고 했다. 가을에 태어난 경금은 속성이 아주 차가워, 관살(화의 세력)이 혼잡해도 좋은 것으로 봤기 때문이다. 내 사주에 관살혼잡이 있다고 너무 실망할 필요는 없다. 관살혼잡 사주팔자를 가진 사람은 힘든 시기를 보내게 되나, 운에서 관이나 살이 합이 될 때 빛을 보게 된다. 고진감래苦盡甘來다.

인수태과

음양이 다른 인수가 두 개 이상인데, 약한 식이 있는 경우. 인수는 일간을 생해서 좋은 것으로 여기지만, 인수가 너무 강할 경우 역효과가 난다. 인수는 식상을 극한다. 인수가 혼잡하여 강하고 식이 약하면 이기심이 많고 행동하지 않아 무위도식無爲徒食할 수 있다. 노숙자 사주 중에 이 경우가 많은데, 단순히 재가 없는 것이 아니라 인수가 태과하여 식을 지나치게 극해서 무위도식하려는 성향을 띤다. 인수가 혼잡하고 강한 여자는 자식 복이 떨어질 수 있다. 관의 힘을 너무 소모해서 관 역시 미약해진다. 이런 사주인 여자는 남편 복이, 남자는 자식 복이 떨어질 수 있다. 직장과 관련한 복도 적을 수 있다. 일간이 약한데 인수가 지나치게 강하면 오히려 일간을 상하게 한다.

5장

격을 알면 사람이 보인다

우리가 행복을 누리기 위해 명확히 이해해야 할 사람은 바로 자신이다. 자신의 가치관과 역량, 성격, 부귀를 알아야 마음의 평안과 행복을 추구할 수 있다. 세속적인 부귀를 누린다고 행복한 것이 아니라, 자신의 삶에 각인된 지향점을 알아야 마음의 평화와 행복을 느낄 수 있다. 모든 삶의 목표가 부귀를 얻는 데 있는 것이 아니라, 자신만의 삶의 지향점이 있다. 누군가는 성취가, 누군가는 상실이 목적이다. 그래서 자신을 알아야만 행복을 얻는다.

기업 역시 마찬가지다. 기업의 성패는 보유한 인적자원과 그들이 일하는 문화에 따라 결정된다. 성공한 기업이라도 인간의 삶처럼 성장과 쇠퇴가 있다. 즉 운명이 있어, 영원히 현 위치를 유지할 수 있는 게 아니다. 성공해서 업계 1위를 차지하고 있는 기업조차 지속적 성장을 위해서는 변화와 혁신의 인자를 확보·유지할 수 있어야만 한다. 나아가 역량을 제대로 평가할 수 있어야만 좋은 인재를 확보할 수 있다. 특히 중간 관리자 이상의 리더는 조직과 성과에 미치는 영향이 크기 때문에 제대로 파악해야 한다.

명리학의 여러 해석 기법 중 사람의 사회적인 역할과 성향, 성취 등에 대해 가장 명확하게 설명하는 것이 《자평진전》의 격국이다. 격은 사주팔자 주인이 지향하는 바이며, 사용하는 무기다. 어떤 지향점과 무기를 가지고 있는지 알면 사람을 이해하는 데 큰 도움이 된다. 특히 기업에서 중간 관리자 이상은 격국을 통해 리더십을 살펴볼 수 있다. 보완점도 쉽게 도출된다. 실제로 필자는 기업 주요 임원의 격을 통해 리더십의 장단점을 도출하고 보완점을 제시해 효과를 본 적이 많다. 그만큼 명리학의 격국은 한 사람의 사회적인 성향과 성취, 역량 등을 잘 설명한다.

명리학이 주는 선물을 바탕으로 기업 경영에 유용한 경영 원칙을 세워 설명하는 것이 이 책의 목적이다. 경영 원칙이 아니더라도 사람의 격을 학습하는 것은 본인과 기업에 이로움이 많아 이 책의 목적에 부합한다. 그래서 다른 것은 몰라도 격에 대해서는 알고 넘어가자. 외우기보다 편하게 읽어보기를 권하고, 어려우면 6장 '명리학은 안심과 행복, 기업 성공의 열쇠다'로 넘어가도 무방하다. 하지만 생각보다 재미있고, 주변 사람을 이해하는 데 큰 도움이 된다고 확신한다.

격국의 정의

격국格局은 격과 국을 의미한다. 격국용신이라고도 하는데, 격이 곧 용신이기 때문에 보통 줄여서 격국(격)이라고 한다. 격국용신이라는 용어를 쓰는 이유는 명리학을 해석하는 방법에 따라 용신을 정하는 방법이 다르기 때문이다. 용신은 사주팔자에서 중요한 역할을 담당하는 글자이자 유효 성분을 일컫는 말이다. 따라서 용신은 해석 기법에 따라 달라진다. 다른 용신 체계에는 부억용신扶抑用神과 조후용신調候用神 등이 있다. 부억용신은 사주에 강한 것은 억제하고 약한 것은 돕는 글자다. 조후용신은 사주의 기후 요소인 한난조습寒暖燥濕을 따져서 치우친 것을 바로잡아 온화하게 만드는 글자다. 그런데 격국용신, 부억용신, 조후용신은 떨어져 있지 않다. 연결되어 있고 보완된다. 격국용신이 뛰어나더라도 조후가 맞지 않으면 그 격이 높지 않게 되는 이유가 여기에 있다.

격국 중 격은 말 그대로 그 사람의 격이다. 격은 타고난 가치관과 기질, 성향, 삶의 기준, 원칙 등을 뜻하고, 10년마다 변하는 대운을 통해 그 사람이 후천적으로 살아가는 환경이나 방향 등을 보여준다. 국은 판국判局이나 국면局面으로, 사주의 판세 혹은 국면을 의미한다. 국을 함께 보는 이유는 격이 월지를 기본으로 천간의 격을 살피는 것인 반면, 지지가 삼합이나 방합으로 회를 지어 국을 만드는 것이 격에 영향을 미치기 때문이다. 지지가 국을 이루면 격이 되거나, 주어진 격과 겸격으로 지위를 가지고 사주에 영향을 미치게 된다. 그래서 격과 국을 함께 살펴야 하는 것이다.

격은 타고난 것과 후천적으로 살아가는 방향이나 환경을 포함한다고 했다. 타고난 것을 명, 후천적으로 살아가는 환경을 운이라 하는데, 명과 운은 태어나면서 정해진다. 명리학자는 보통 명을 자동차, 운을 도로에 비유한다. 좋은 자동차를 타고 좋은 도로를 달리면 목적지에 편안하게 도달할 수 있다. 도로는 좋은데 자동차가 부실하거나, 자동차는 좋은데 도로가 엉망이라면 어떨까. 목적지에 도달하더라도 고난의 여정일 것이다.

격국은 그 사람이 타고난 자동차가 어떤 자동차인지, 만나는 도로는 어떤지 해석하는 것이다. 자동차에 따라 적합한 도로가 다르다. 슈퍼카는 달리는 성능이 뛰어나지만, 무결점 도로에서만 달릴 수 있다. 도로에 굴곡이 많거나 조금이라도 파이거나 하면 힘들어진다. 트럭은 빠르지 않으나, 도로에 크게 영향을 받지 않는다. 그 사람의 격에 맞는 도로가 따로 있다.

자동차에 세단, SUV, 트럭, 오토바이, 스포츠카 등 다양한 종류가 있는 것처럼 격에도 식신격, 상관격, 재격, 정관격, 칠살격, 인수격, 녹겁격, 양인격 등 8개(팔정격)가 있다. 외격도 있으나 대부분 팔정격으로 분석할 수 있으니, 여기서는 내격만 살펴보도록

하자. 앞서 자동차에 따라 필요한 도로가 다르다고 한 것처럼, 자기 격이 정해지면 그 격에 부합하는 환경이나 운이 다르다. 똑같은 경금이라는 글자가 있어도 사람의 격에 따라 경금이 좋은 작용을 하는지, 좋지 않은 작용을 하는지 달라진다. 격과 운을 보면 그 사람이 부귀를 얻기 쉬운지, 어떤 장애와 굴곡이 있는지 알 수 있다.

격은 그 사람의 성향과 기질, 가치관일 뿐만 아니라 삶의 지향점이자 살아가는 도구다. 똑같은 환경에서 유사한 DNA가 있더라도 좋아하는 자동차가 다른 것처럼 살아가는 방식이 다르다. 형제가 가난한 환경에서 자라도 한 사람은 공부해서 재물을 모으고, 한 사람은 사업해서 재물을 모을 수 있다. 이렇게 격은 성향뿐만 아니라 삶을 영위하는 도구까지 설명한다.

격국에 대해 본격적으로 공부하기 전에 앞으로 만날 용어부터 살펴보자. 용어를 정확하게 인지하는 게 모든 공부의 시작이다.

격(용신)

사주에서 정해지는 그 사람의 가치관, 기질, 성향, 무기 등을 뜻한다. 용신은 그 사람이 긴요하게 사용하는 글자 혹은 십성을 의미하며, 사주는 해석하는 방법에 따라 격국용신, 부억용신, 조후용신 등이 있다. 격국에서는 용신이 곧 격이다. 일간을 중심으로 성향이나 기질을 나타내는 격이 곧 그 사람이 긴요하게 사용하는 십성이기 때문이다.

사길신

팔정격 가운데 재격, 정관격(관격), 인수격, 식신격은 일간에 우호적이고, 유용한 십성의 길신으로 분류한다. 사길신은 무조건 좋다는 게 아니라 우호적인 십성의 격으로 활용하는 방법이 다르다는 뜻이다. 사길신은 순용해 사용해야 하는 격이다.

사흉신

상관격, 칠살격, 양인격, 녹겁격은 일간의 힘을 너무 빼거나, 상하게 하거나, 일간의 것을 뺏는 흉신으로 분류한다. 사흉신 역시 무조건 나쁘다는 게 아니라, 일간에 우호적이지 않은 십성의 격으로 활용하는 방법이 다르다는 의미다. 사흉신은 역용하는 격으로, 일간이 지나치게 강한 경우 사흉신이 오히려 길신의 작용을 한다.

순용

순용은 해당 용신을 돕거나, 생하거나, 보호해서 더 좋게 하는 것을 의미한다. 사길신을 활용하는 방법이다.

역용

역용은 합해서 제거하거나, 극을 통해 제어해서 사용하는 게 원칙이다. 사흉신을 제대로 사용하는 방법이다. 사길신이나 사흉신 자체가 중요한 게 아니라 활용하는 방법에 따라 좋고 나쁨이 달라진다. 그것이 맞는 경우 좋은 도로가 된다. 반대로 사길신을 역용하거나 사흉신을 순용하면 좋지 않다. 십성의 생극제화 작용을 기본으로 이해하면 순용과 역용의 이치를 알 수 있다. 유일한 예외는 일간이 너무 강한 경우 사흉신조차 순용해서 사용한다는 것이다.

상신

상신은 일간을 위해 용신을 적절히 조절하는 역할을 담당하는 십성을 뜻한다. 즉 상신은 사길신, 사흉신 등 용신의 종류에 따라 순용이나 역용을 통해 용신을 더 우호적이고 바람직하게 만드는 십성 혹은 글자를 의미한다. 용신은 사람의 격을 의미하지만, 그의 운명을 결정하는 것은 결국 상신이다. 즉 사길신은 생하고, 사흉신을 극해서 일간이 용신을 쓰기 좋게 만드는 게 상신이다.

사주와 운의 길흉화복을 나타내는 핵심은 상신이 건전하고 역할을 제대로 하는지에 달렸다. 운에서 오는 천간과 지지 역시 용신을 직접 대입해서 보는 게 아니라, 상신을 돕는 운인지 극하는 운이지에 따라 결정된다. 앞서 격을 통해 사람의 성향과 가치관, 삶의 원칙은 물론 삶을 영위하는 주요 도구를 알 수 있다고 말했다. 도구의 성패는 격이 어떤 상신과 조합하느냐가 핵심이다.

기신

상신과 반대 개념으로 상신을 파괴하거나, 상신에게 이롭지 못한 역할을 하는 글자 혹은 십성을 뜻한다. 인생에서 장애로 작용하는 십성이라 기신이 제거되는 운이 가장 길한 운이다.

성격

사길신과 사흉신의 용신을 다듬는 상신이 튼튼하게 기능을 해야 좋은 사주가 된다. 이런 조건에 부합하는 사주를 성격이라 한다. 즉 사주를 성격시키는 것은 용신이 아니라 상신이다. 모든 격은 그 격이 생하는 십성이 사주를 성격시키는 상신이 된다. 예를 들어 격이 상관격이면 상관이 생하는 십성인 재성이 상신이 되는 것이다. 왜냐하면 용신이 생하는 것은 용신을 극하는 것을 막기 때문이다. 흉포함이 강한 칠살격이나 양인격에도 해당 격이 생하는 십성은 사주를 성격시키는 상신의 역할이 있다. 자신을 희생하고 생함으로써 구생된다.

파격

사주에 상신이 없거나, 있어도 기신 때문에 상신이 무력화된 경우, 용신이나 상신이 합이 돼서 그 기능을 상실한 경우 등으로 용신이 일간에 해로운 사주를 파격이라 한다.

지장간

십이지지는 그 속에 천간의 글자를 2~3개 포함하고 있다. 이것을 지장간이라고 한다. 만세력 앱에 잘 표시돼 있으니 참고하면 된다.

《자평진전》에서 격국 이론을 배우는 일은 이렇게 용신을 정하고 상신을 찾는 것으로 시작해, 사주가 성격인지 파격인지 가려내는 과정이다. 운에서 용신과 상신이 변함에 따라 성격과 파격이 어떻게 변하는지 알아가는 과정이기도 하다. 성격과 파격은 운에서 얼마든지 다시 파격과 성격으로 바뀔 수 있다. 아무리 좋은 명이라도 힘든 시기는 오고, 아무리 나쁜 명이라도 반드시 기회가 오는 법이다. 운이 좋다고 자만할 필요도, 불운하다고 절망할 필요도 없다. 이 또한 지나가리니 일희일비할 이유가 없다. 완전한 사주팔자는 존재하기 어렵다. 많은 인생이 삶에 장애가 있고, 이를 극복하며 살아간다.

격을 정하는
방법

《자평진전》논용신論用神편을 보면 '팔자용신八字用神 전구월령專求月令'이라고 나온다. 사주팔자의 용신은 오로지 월령(월지)에서 구한다는 의미다. 용신은 사주팔자에서 가장 힘 있는 천간이다. 그래야 내 운명을 이끌 수 있다. 천간이 힘이 있기 위해서는 월지에 뿌리를 둬야 한다. 그래서 용신은 월지에서 구하는 것이다. 팔자의 용신을 월지에서 구할 때는 다음과 같은 원칙이 적용된다. 필자가 다양한 격국 이론을 공부하고 정리한 것이다.

원칙 1

월지 지장간 글자 중 천간에 투출한 글자의 십성을 격으로 잡는다. 지지의 지장간이 천간에 모습을 드러낸 것을 투출 혹은 투간이라고 한다. 기본 원칙은 월지 지장간 글자 중에 천간에 모습을 드러낸 글자가 무엇인지 찾아서 격으로 잡는다. 예를 들면 월지가 인목일 경우 지장간은 戊丙甲인데, 그중에 투출한 글자가 격이 된다.

○○戊○　　○○丙○　　○○甲○

○○寅○　　○○寅○　　○○寅○

원칙 2

여러 개가 투간한 경우 격의 우선순위는 본기, 중기, 여기다. 만약 여러 개가 투출했다면 기본적으로 가장 강한 힘을 가진 투출한 십성이 기본 격이 되고, 다른 것은 격을 겸한다. 본기는 해당 지지와 같은 오행의 지장간이다. 위의 예시에서는 월지 인목과 같은 오행인 갑목이 본기다. 보통 지장간의 왼쪽부터 여기, 중기, 본기가 된다.

원칙 3

기본적으로 일간과 같은 오행은 격이 될 수 없다. 지장간에서 투간한 글자가 여러 가지인데, 비겁이 투간한 경우 비겁은 무조건 제외한다. 이 경우 본기라도 제외한다. 어떤 지장간도 투간한 것이 없을 때 양인격이나 녹겁격이 만들어지는 것이다.

원칙 4

대운의 천간이 기존 격보다 힘의 우선순위가 높으면 그것이 격이 된다. 대운 천간이 월지의 본기 혹은 대운 천간이 사주팔자 격보다 힘의 우선순위가 높은 경우 그것을 격으로 잡아서 해당 대운 기간에 활용한다.

원칙 5

지장간과 투출한 천간의 음양이 다르더라도 격으로 인정한다. 지장간은 갑목인데 투출한 천간은 을목이거나, 지장간은 을목인데 투출한 천간은 갑목인 경우다. 사실 이것은 간단한 원칙이 아니다. 《자평진전》에도 명확하게 나와 있지 않다. 인, 신, 사, 해 월지는 음양이 다르면 인정하지 않는 학자도 많다. 그러나 공통적으로 진, 술, 축, 미는 투출한 천간의 오행이 다르더라도 인정한다. 왜냐하면 진, 술, 축, 미는 다른 오행의 기를 매개하는 잡기라 음양보다 오행에 영향을 받기 때문이다.

원칙 6

투출한 글자가 없는 경우 월지 본기를 격으로 한다. 지장간에서 투간한 글자가 없는 경우 월지 본기를 격으로 한다. 대신 투출한 용신에 비해 용신의 힘이 좀 더 약하다고 봐야 한다. 원칙 3과 연결된 원칙이다.

원칙 7

월지 본기가 비견, 겁재일 경우는 녹겁격과 양인격으로 잡고, 용신은 따로 구한다. 지장간에서 투간한 글자가 없고 월지 본기가 비견, 겁재일 경우, 삼합이나 방합으로 비견국을 맞이한 경우는 격과 용신이 달라지는 것이다. 월지 본기가 양일간의 겁재일 경우 칠살까지 순용해서 유용하게 쓰기 때문에 양인격이라 하고, 용신은 관과 살마저 순용으로 쓴다. 음일간 겁재나 월지 본기가 비견일 경우 녹겁격이라 하고, 용신은 관이나 재를 쓴다. 해당 격을 활용하는 것과 같다.

원칙 8

투출한 천간이 있더라도 월지 본기를 격으로 사용하는 경우가 있다. 중기나 여기를 천간에 투출했으나, 칠살 작용을 하는 십성이 바로 옆에 있다면 투출한 천간이 활발하게 작용하기 쉽지 않다. 멀리 떨어진 경우는 아무래도 극하는 정도가 약해 고려하지 않아도 된다.

원칙 9

월지가 타 지지와 삼합이나 방국을 이루면 그것을 격에 반영한다. 지지가 삼합이나 방국을 이루면 천간처럼 활발하게 작용하는 기가 되고, 그 힘이 아주 강하게 된다. 따라서 월령이 삼합이나 방국을 이룰 경우 그것이 격에 반영이 된다. 이때 방국은 방국을 이루는 모든 글자가 모여야 힘을 발휘하고, 삼합의 경우 반합도 그 역할을 한다.

격의 종류와
의미

격의 종류는 사람의 지향점과 무기의 종류라고 설명한 것처럼, 격을 알면 사람을 이해할 수 있는 폭이 상당히 넓어진다. 격별 성격과 파격이 된 경우를 설명하는 명리학 책은 많지만, 격의 특징을 체계적으로 설명한 자료는 많지 않다. 컨설턴트로서 경험을 살려 정리한 것을 공유하니 참고하시기 바란다.

식신격

식신격은 의식주를 주관하는 식신을 주요 도구로 쓰는 것을 의미한다. 격은 기본적으로 가장 힘이 있는 월지에 바탕을 두기에, 해당 십성이 강하게 발현하는 특성이 있다. 식신격은 사업에 실패해도 좌절하지 않고, 의식주를 해결하기 위해 부지런하게 뭔가를 하는 사람이다. 그래서 다른 격에 비해 의식주가 풍족할 가능성이 크다. 의식주에 탁월한 만큼 미식가도 많다고 전해진다.

식신격의 기본 성향은 부지런하고 이타적이며, 자기를 표현하는 의사 전달 능력이 뛰어나다. 봉사 활동이나 육영사업 등에도 관심이 많아, 교회나 여러 단체에서 적극적으로 활동하는 사람 중에 식신격이 많다. 특이한 것은 봉사심이 많아도 가족이나 가까운 사람에게 인색한 면이 있다. 주위 사람의 호감을 얻는 경우가 많지만, 반대로 주변에 피해를 주는 경우가 있다. 식신격을 가진 사람은 일머리가 좋고 눈치가 빨라 문제의 원인을 쉽게 알아내고, 네트워크도 넓어 해결 방법도 잘 찾는다. 그런 만큼 자기 생각에 대한 확신이 있고, 남에게 그것을 강요한다. 만약 상대방이 따르지 않고 부정적으로 행동하면 자기 의견을 관철하기 위해 노력한다. 상대방 입장에서는 지나친 간섭과 도를 넘은 충고라고 생각해서 갈등이 발생한다. 그래서 잘하고 욕먹는 사람이 주로 식신격이다.

식신격을 사길신으로 분류하는 이유는 재원으로서 물적 성취를 불러오는 힘은 강하나, 일간과 같은 오행으로 상관에 비해 일간의 힘을 적게 소모하는 장점이 있기 때문이다. 식신은 일간을 극하는 정관과 정관의 관계, 일간을 극하는 칠살과 칠살의 관계다. 즉 일간에 유효한 정관은 조절·제어하고, 칠살은 제대로 극해서 일간에 유용하도록 하는 것이다. 명리학은 모든 것이 상대적인 개념이기에 일간이 강하면 식신보다 상관이 유효할 것이다. 지금은 일반적인 원칙을 이야기하는 것이다.

식신격은 사길신으로 순용하는 상신이 필요하다. 식신격의 상신은 재성과 칠살이 가장 대표적이다. 식신격이 재성을 만난 경우 식신생재격이라 한다. 식신이 재성을 생하는 격국이라는 뜻이다. 재원으로서 식신이 재성까지 만나 생하니 재물을 모으는 힘이 뛰어나다. 꼭 재물만 의미하진 않는다. 월등한 역량을 바탕으로 부지런하게 활동하니 육영사업이나 언론, 제조업 등에서 탁월한 기량을 발휘하는 경우가 많다. 식신격이 상신 칠살을 만나 흉포한 칠살을 제어해 쓰는 것을 식신제살격이라 한다. 살은 강한 권력이나 살생을 의미하기에 이를 제살하면 의협심이나 불의에 항거하는 기질이 강하고, 의료인이나 무관, 법조인, 정치인 등으로 성공하는 경우가 많다.

식신격은 일간의 힘을 빼는 정도가 약하고, 상관격은 일간의 힘을 빼는 정도가 강하다고 이야기했다. 일간의 힘의 소모가 큰 상관격은 보다 열정적이고 혁신적인 성향이 강하다.

상관격

상관격은 일간의 힘을 너무 빼서 사흉신으로 분류하지만, 본질은 아주 빼어나 예부터 문인과 학사가 많은 격이다. 상관은 정관을 극하는 것 외에 다양한 역량이 있는 격이며, 예술에도 뛰어난 자질을 발휘하는 경우가 많다. 고전에서 상관이 다른 격에 비해 우수한 기라고 표현한 것도 이 때문이다. 상관격도 식신격과 같이 재원의 역할을 담당하나, 식신격과 차별되는 열정, 혁신, 진보 성향이 있다. 상관격에는 전문적이고 예리한 날카로움이 있다. 기획력이 뛰어나고 창의적인 아이디어가 있으며, 언어 능력을 갖췄다. 총명하고 적극적이고 열성적이며, 관습이나 악습을 철폐하고 혁신하려는 의지도 강하다. 이런 이유로 일간의 힘을 크게 소모하는 것이다.

상관의 상신은 재성, 인성, 칠살 등이 있다. 상관 역시 재원이기 때문에 상신 재성을 만나 생하는 상관생재격은 세속적인 성취가 아주 좋다. 식신이 재성과 같이 있으면 비견과 겁재가 재성을 탐하는 걸 막을 수 있으니, 재가 흩어지는 것도 자연히 막는다. 식신이 재성이 있으면 정관을 극할 수도 없이 재성을 생하는 데만 몰두하니 당연히 재물이 늘어난다. 그런데 상관이 재성을 만나지 못하면 결실이 부족할 수 있다. 유별나고 뛰어난 인재가 조직에 적응하지 못하는 상황이 보통 이런 경우다.

상관격이 상신 인성을 만나는 것을 상관패인이라고 한다. 상관격 입장에서 인수는 칠살이다. 인수로 통제된 상관은 나쁜 점이 사라지고, 좋은 점만 부각해서 아주 길하다. 상관격은 역용해서 쓰는 법이다. 학문과 지식을 겸비한 상관격은 다방면에서 재능을 발휘한다. 사주가 상관견관이라도 이렇게 인수가 있으면 상관의 작용력이 그만큼 낮아진다.

또 다른 상신은 칠살이다. 칠살 입장에서 상관은 칠살이다. 상관과 칠살이라는 두 흉신이 만나 상관은 힘을 빼고 칠살은 제어되어 훌륭한 격국이 된다. 강한 권력욕이나 살의殺意가 상관에 의해 제어되는 양상은 불의와 악습을 물리치고 기존 질서를 혁신하는 모습으로 나타난다. 성공하는 비평가, 정치인, 사상가, 언론인, 시민 단체, 노동운동가, 독립운동가 등에게서 많이 나타나는 격이다.

재격

재는 일간이 살아가면서 성취하는 모든 소유물이다. 재격은 재물을 취하는 힘이 아주 강하다. 성취의 결과물뿐만 아니라 성취하는 재능과 역량도 포함한다. 성취하는 역량은 쉽게 말해 조직과 인력을 관리하고, 전략을 실행하는 힘이다. 그래서 기업이나 정부 등 큰 조직에서 역량을 발휘하기 쉽다. 재격의 객관적인 판단력, 꾸준한 실천력, 현실적인 감각, 친화력 등이 이것을 가능하게 한다.

재격이 좋은 상신을 만나 성격된 사주는 재계나 공무원, 정치인으로 성공하는 사례가 많다. 단순한 재물 이상의 성취가 있는데, 재가 관을 생하는 기능이 있기 때문이다. 재격은 식신이나 상관의 활동을 재성으로 이끌기 때문에 식상이 관을 상할 수도 없다. 그래서 재격은 현대사회 누구나 바라는 격이다.

재격은 일간의 성취물로서 정·편을 가리지 않고 길신으로 인정한다. 길신 재격이 성격되기 위해서는 상신도 중요하지만 일간이 강해야 한다. 일간이 소유물을 온전히 취하기 위해서는 그 힘이 약해선 안 되기 때문이다. 재는 많은데 일간이 약한 것을 재다신약이라고 한다. 이는 부옥빈인, '좋은 집에 사는 가난한 사람'을 뜻한다. 따라서 일간이 약할 경우, 비견과 인성의 생을 요구한다.

재격을 성격시키는 상신으로 정관, 식신, 인수가 있다. 재생관격은 월지에 힘을 받은 왕성한 재가 관을 생하는 것을 뜻한다. 부를 축적한 후 권력을 구하는 것으로 해석하면 될 듯하다. 이렇게 재와 관이 왕하면 일간이 신약할 가능성이 크다. 일간이 약해서는 강한 재와 관을 제대로 활용할 수 없기 때문이다. 돈과 권력이 있으나 몸이 허약한 것과 같다.

재격이 상신으로 식신을 만나는 것을 재용식생격이라 한다.

재격이 식신의 생을 활용한다는 의미다. 식신의 왕성한 활동으로 성취하고자 하니 일간이 약해질 수 있다. 그래서 이 역시 일간이 강한 것을 요구한다. 일간이 약하면 엄청 노력해서 성취하나, 내가 소유할 힘이 부족해 뺏기는 것과 같다. 재격이 인수를 상신으로 만나는 것을 재격패인이라 한다. 조직을 관리·운영하는 재격의 역량과 학문, 교육, 연구 등 인수의 역량이 결합해 벤처기업, 발명가, 사업가, 교육자 등으로 성공할 가능성이 크다. 이 경우 재는 인을 극하니 바로 옆에 위치해선 안 된다.

정관격

정관은 규범, 가치, 윤리, 국가, 임금, 가장 등을 뜻한다. 정관격은 이상향을 동경하고 정의로우며, 명예를 소중히 생각하고 규칙과 규범을 잘 지킨다. 친해지기 쉽지 않으나 한번 친해지면 의리파가 되는 성향이 있고, 인간적인 면이 강하며, 가치 있는 일에 목숨을 거는 성향도 있다. 그만큼 보수적인 성향도 있고, 융통성이 부족한 면도 있다.

정관이 인간으로서 지켜야 할 가치나 도리를 상징하기 때문에, 다른 것들보다 그것을 온전히 유지하고 생하는 게 중요하다. 다른 격국에서도 천간에 정관이 있으면 그것을 지키거나 생하는 것을 상신으로 생각할 정도니, 정관격은 더 그렇다. 그만큼 어느 격보다 예민하고, 깨지기 쉬운 격국이기도 하다.

정관격은 성격되기 위한 조건이 다른 격에 비해 까다롭다. 상신은 재성과 인수로, 재성을 가장 중요한 상신으로 여긴다. 인수는 중요한 관의 힘을 빼기 때문에 식신이나 상관이 있어 인수가 관을 보호할 때 의미가 있는 상신이다. 상관이 있는 상황에서 인수가 상신으로 역할을 하는 정관패인正官牌印격은 정관의 관운과 함께 인성이 상관을 제압함으로써 취하는 이득으로 학자, 교육가, 전문직, 연구직 등에서 대성할 가능성이 크다. 상관을 조절해 쓰는 경우, 정관만 있는 것보다 훨씬 큰 효과가 있다.

반면 정관이 재성을 상신으로 쓰는 경우, 재성이 정관을 생하는 정관용재正官用財격으로 재운과 관운이 결합하니 성격된 격국으로 가치가 아주 높다. 정관이 재성의 생이나 인수의 보호를 받지 못할 경우, 고관무보孤官無輔라고 해서 도와주는 사람이 없어 외로운 정관이 되어 파격이 된다. 임금이 홀로 성덕이 될 수 없는 원리이며, 이 경우 하위 직급에 머무르는 경우가 많다. 이외 정관격은 월지의 형충파해刑沖破害가 없어야 한다. 정관은 손상되면 안 되기 때문이다.

칠살격

칠살은 일간을 극하는 흉포하고 거친 성정이 있다. 칠살격은 칠살을 용신으로 쓰는 격국이기에, 흉포하고 거친 성정을 어떻게 다스리느냐가 관건이다. 정관격이 모범생 같은 용신이라면, 칠살격은 역량이 뛰어나나 성정이 거친 야생마 같은 용신이다. 본래 야생마를 잘 조련하면 명마가 되는 것처럼, 칠살격이 잘 제어되면 정관격보다 큰 성취를 볼 수 있다. 국회의원과 같은 선출직 공무원에 칠살이 성격된 사주가 많다. 장애가 없어서 잘된 사주보다 장애가 있으나 극복한 사주의 성취가 훨씬 크다. 칠살격이 잘 제어되면 난세의 영웅 같은 성취가 있다. 반면에 칠살격에 재가 와서 생하면 완전히 파격이다. 재격 역시 칠살을 만나서 파격이 된다. 흉포한 성정에 돈도 많다고 생각해보라.

칠살격이 성격되는 상신은 식신과 상관, 인수가 대표적이다. 식신과 상관은 칠살을 제어해서 조련하는 상신이다. 이런 살용식제격으로 성격된 경우, 약자에게 약하고 강자에게 강한 속성이 있으며, 의사나 군인, 검경 등 생살권을 쥔 권력자가 되는 경우가 많다. 인수를 상신으로 쓰는 경우 살용인수격으로, 거친 영웅호걸이 학문을 겸비한 것으로 인화된다고 표현한다. 이렇게 인화되면 오히려 더 합리적으로 변해서 교육자나 학자로 성공하는 경우가 많다.

칠살격은 재미난 것이 있다. 칠살이 일간을 극하는 것이 있어 꼭 제어해서 사용해야 하지만, 이런 칠살이라도 너무 강하게 극을 받으면 오히려 그 사람은 흉포해지거나 독불장군 같은 면을 드러내기도 한다. 이를 제살태과라 한다. 모든 십성은 고유한 역할이 있기에 지나친 생이나 극, 지나치게 힘을 빼는 것은 다 문제를 일으킨다. 균형이 중요하다.

인수격

인수는 어머니의 자애, 인성, 지식, 사고력, 명예, 학문 등을 뜻한다. 인수격은 학문에 조예가 깊고 사고력이 월등한 것을 의미하여, 철학이나 사상, 교육, 연구 분야에서 성공하는 사람이 많다. 인수격이 강하다고 모두 학문적 성취를 하는 건 아니고, 인수격이 조화로워야 한다. 인수격은 일간을 생하고, 일간을 공격하는 칠살을 순화하며, 일간의 힘을 지나치게 소모하는 상관을 극하기에 일간을 지키는 역할을 한다. 그래서 인수격은 정·편을 고려하지 않고 사길신으로 분류한다.

편인을 효라고 해서 사흉신으로 분류하기도 한다. 이는 식신과 관계 때문이다. 인수격에서 식신이 있는 경우 식신은 지켜야 할 대상도 아니고, 일간이 강한 경우 식신으로 일간을 조절해 성격이 된다. 반면 식신격은 식신이 용신이기에 꼭 지켜야 한다. 식신격에 편인이 있을 경우 편인도식이라고, 배움이 도리어 화가 돼서 밥그릇을 엎어버리는 형국으로 파격이 된다. 정인의 경우 식신의 정관이기에 불길함이 크지 않지만, 식신에게 편인은 칠살이라 그 작용이 크다.

한 사람의 격을 분석할 때는 항상 격을 중심으로 사고해야 한다. 인수와 정관이 있으면 어느 것이 격이냐에 따라 상신이 달라지고, 현실에서 표출되는 양상도 다르다. 인수격에 정관이 있는 것은 삶을 주도하는 세력이 인수인데 관록이 있는 것이고, 정관격에 인수가 있는 것은 삶을 주도하는 세력이 기본적으로 정관인데 지식과 사고력을 의미하는 인수를 상신으로 쓰는 것이다.

인수격이 성격되는 상신은 정관, 비겁, 식상이 대표적이다. 정관을 상신으로 쓰는 것을 인수용관이라 하는데, 이때 인수나 일간이 강하든 약하든 정관은 인수격을 성격시킨다. 정관은 인수가 약할 경우 인수를 생하고, 인수와 일간이 강할 경우 일간을 조절하여 성격시키는 것이다. 일간을 위해 용신을 조절하는 것이 상신의 핵심 작용이다.

반면 칠살도 정관과 같이 일간을 생하나, 인수격이나 비겁이 강할 때 칠살은 기신이 된다. 칠살은 일간을 조절하는 능력이 없어, 강한 인수격을 생해 비겁이 더 강해지기 때문이다. 인수격이 비겁을 상신으로 쓸 경우는 재성이 있을 때다. 재성이 있는 경우 비겁을 통해 재성을 극하여 성격시킨다. 이때도 재성이 인수격 바로 옆에 위치하는 것은 좋지 않다. 식상을 상신으로 쓰는 경우는 인수격과 일간이 모두 강할 때, 식상을 통해 강한 일간이 할 일을 찾아주는 것이다. 인수격과 일간이 강한데 식상이 없으면 게으르고 생각이 많아 아무것도 하지 않기 때문이다.

양인격

양인격은 월지에서 용신을 구하지 않는 특별한 격국이다. 양인격은 양의 일간의 월지가 겁재라 아무 것도 투출할 수 없는 경우로, 월지가 자, 오, 묘, 유로 지장간에 같은 오행의 음·양이 다 들어 있어 힘이 강하다. 겁재격이라 하지 않고 양인격이라 하는 이유는 겁재보다 일간의 재성을 겁탈하는 정도가 강해 칼 인끄을 쓰기 때문이다. 양인이 지나치게 강한 경우, 자존심이 강하고 지기 싫어하며 과도한 의욕으로 분쟁이 발생할 가능성이 크고, 재를 의미하는 재물이나 여자 등을 잃기 쉽다. 양인격은 자존심과 지나친 경쟁의식을 어떻게 조절하는지가 관건이다.

원래 격이 용신이지만, 양인격은 격국과 용신이 다르다. 양인격의 용신은 비겁을 극하는 정관과 칠살인데, 상신은 일반적인 정관격이나 칠살격과 다르다. 양인이 워낙 강하기 때문에 칠살격조차 순용하는 상신을 쓰는 것이 큰 특징이다. 녹겁격과 구분되는 측면도 여기에 있다. 녹겁격은 양인격과 달리 칠살은 역용한다.

양인격을 성격시키는 상신은 용신인 정관이든 칠살이든 그것을 생하는 재성이나, 정관이나 칠살을 보호하는 인성이 된다. 정관과 칠살이 없는 경우 식상이 있어서 강한 일간과 비겁의 힘을 빼고, 재성을 생할 때 성격이 된다. 이때 식신과 상관의 상신으로서 효과는 제한적이다. 식상이 극하는 정관을 만나면 용신이 깨지기 때문이다.

녹겁격

녹겁격은 월지가 일간의 비견인 경우와 음간의 겁재인 경우를 합쳐서 부르는 말이다. 원래 비견과 겁재는 격으로 사용하지 않지만, 월지 지장간에서 투출한 천간이 없고 월지 본기가 비견과 겁재일 때만 격으로 활용한다. 비견과 겁재는 일간이 강한 경우 재를 쟁탈하는 성향이 있다고 했는데, 지지 중 가장 강한 월지에 뿌리를 두니 당연히 그 성향이 강해진다. 즉 형제나 동료와의 재산 분쟁, 동업 파괴, 손재 등을 의미한다. 반대로 일간이 강해 어떤 환경에서도 삶을 쟁취하는 강한 힘을 가진 것이 장점이다.

녹겁격은 양인격처럼 격국과 용신이 다르다. 녹겁격과 양인격은 칠살의 상신 차이가 있다. 양인격은 칠살조차 순용하는 상신을 쓰고, 녹겁격은 칠살을 역용하는 상신을 쓰는 것이다. 양간의 겁재는 워낙 강해 칠살을 견딜 수 있지만, 음간의 겁재나 비겁은 칠살을 견딜 수 없기 때문이다.

녹겁격의 용신은 정관과 재성이다. 정관을 용신으로 쓰는 경우 상신은 일반 정관격을 그대로 차용한다. 당연히 정관도 튼튼해야 가능하다. 정관격과 마찬가지로 재성이나 인성이 없는 경우 고관무보로 파격이 됨은 물론이다. 재성을 용신으로 쓸 경우, 상신으로 식상이 있어야 한다. 식상은 재성을 생하기 때문에 상신인 이유도 있지만, 비겁이 재성을 겁하는 것을 막고, 식상이 비겁의 힘을 빼기 때문이다.

여기 소개한 내용을 기본으로, 사주와 대운에서 배합되는 5주 10자에서는 훨씬 복잡한 양상을 띤다. 복잡한 양상이라도 해석하는 기준은 용신이 아니라 상신임을 잊지 말아야 한다. 용신이라는 자동차를 상신이라는 운전자가 몰고 있다고 생각하면 쉬울 것이다. 자동차보다 운전자에게 도움이 되어야 한다.

격의 고저

어떤 사주가 좋고 어떤 사주가 나쁜가.《자평진전》에서는 사주가 좋고 나쁨을 '격국용신의 고저'라고 표현하며, 이는 유정과 무정, 유력과 무력에 따라 결정된다고 설명한다. 여기서 다시 한번 강조하고 싶은 것은 내 용신이 사길신인지, 사흉신인지에 따라 격의 고저가 정해지는 것이 아니라는 점이다. 용신 자체의 길흉이 아니라 용신의 유정과 무정, 유력과 무력에 따라 결정된다. 유정과 무정, 유력과 무력은 지금까지 필자가 설명한 글에 녹아 있어 중복되는 느낌이 있지만, 그 핵심 내용을 종합적으로 정리한다.

유정 vs. 무정

사주가 좋고 나쁨을 결정하는 첫째 기준은 내 격국용신이 유정한가. 유정과 무정은 앞서 격국 용어 정리에서 설명한 성격과 파격의 다른 말이다. 유정하다는 말은 용신과 상신의 상호작용이 일간에 유리하게 된 것이다.

용신이 사길신(식, 재, 관, 인)이면 일간에 우호적인 용신이라 상신이 용신을 생하거나, 용신과 일간이 강할 때는 일간의 힘을 빼거나, 용신을 극하는 기신이 있을 경우 그 사이에서 선순환을 만들거나, 기신을 제거하거나 합해서 용신을 보호하는 경우는 성격이 되어 유정한 것이다.

용신이 사흉신(칠살, 상관, 겁재, 양인)이면 일간을 위협하는 용신이라 상신이 용신을 극하거나, 용신을 극하는 것을 돕거나, 용신의 힘을 빼게 해서 일간에 도움을 주는 상황 역시 성격이다.

무정하다는 말은 용신과 상신의 상호작용이 일간에 해롭게 된 것이다. 용신이 사길신인데도 용신을 극하거나, 용신의 힘을 빼거나, 용신을 합하는 기신의 작용이 강한데도 기신을 제어할 상신이 없는 경우는 파격이 되어 무정한 것이다. 용신이 사흉신인데 용신을 생하거나, 용신을 극하는 희신을 다시 극하거나, 용신을 생하는 것을 다시 생하는 경우는 무정하다.

그렇다면 유정하면 다 좋은 것인가. 아니다. 유정하더라도 격의 높고 낮음이 있다. 십성은 고유한 역할과 작용이 있을 때 내가 그 십성을 온전히 취할 수 있다. 예를 들어 사길신의 정관격이 자신을 생하는 재성을 상신으로 쓰는 경우와 자신이 생하는 인수를 상신으로 쓰는 경우를 살펴보자. 전자인 정관용재격은 상신인 재성이 그 역할을 다해 관을 생하니 유정한 정도가 크다. 반면 정관패인격은 인수가 할 역할이 있어야 격이 높아진다. 인수가 할 일은 당연히 정관을 극하는 식신과 상관을 견제하는 것이다. 그것이 없으면 할 일 없이 정관의 힘만 빼서 유정하더라도 격이 낮다. 정관패인격은 인수의 역할이 생기는 식상 대운이 좋다.

또 다른 차이는 기신 천간을 극하느냐, 합거(합해서 작용을 멈추게 하는 것)하느냐에 따라 발생한다. 단순히 극하면 운에서 극하는 천간을 다시 극하는 경우 문제가 발생할 수 있기에, 합거해서 완전히 무력화하는 게 오히려 안전하다.

이렇듯 사주의 유정과 무정은 용신 자체에 있는 게 아니라 용신을 조절하는 상신에 따라 결정된다. 사주를 분석할 때 용신뿐만 아니라 상신이 건전한지, 운에서 상신이 어떻게 되는지 살피는 게 중요하다. 이때 대운 천간과 지지를 합쳐 5주 10자를 두고 살펴야 한다. 대운 천간에 따라 격이 바뀌고, 지지 합국도 격에 영향을 미치기 때문이다. 《자평진전》도 대운에 따라 격, 상신, 기신, 성격, 파격, 좋고 나쁨이 바뀐다는 설명에 많은 부분을 할애했다. 항상 대운을 고려해 사주를 분석하는 습관을 들이는 게 좋다.

유력 vs. 무력

사주가 좋고 나쁨을 결정하는 둘째 기준은 유력과 무력 여부다. 유력과 무력은 삼자 균형을 의미한다. 이 삼자는 사주의 균형을 말하는 정신기 삼자가 아니다. 격국용신의 유력과 무력의 삼자는 일간, 용신, 상신을 뜻한다.

일간, 용신, 상신이 통근하여 그 힘이 강하고, 각 글자 간의 균형이 맞을 때 사주가 안정되고 부귀를 누릴 가능성이 크다. 일간, 용신, 상신 중 어느 하나의 힘이 약해지면 균형이 무너지니 성격이라도 파격이 되는 경우가 있다. 예를 들어 칠살격의 상신이 상관이면 사흉신인 칠살을 상관으로 제어하기 때문에 유정하다. 이때 상관과 칠살이 아주 강한데 일간이 너무 약하면, 강한 상관과 칠살의 작용을 견딜 수 없어 파격이 된다. 일간과 상관이 강한데 칠살이 약해도 칠살을 지나치게 제어해서 오히려 안하무인이고,

성정이 난폭한 경우가 많다. 이렇게 격국용신이 유정하더라도 일간, 용신, 상신의 힘의 균형이 무너지면 일간이 문제가 생기고 격이 낮아진다.

격의 고저를 결정하는 유정과 무정, 유력과 무력이 조합할 때 어느 것이 더 좋을까. 당연히 유정한데 유력한 것이 가장 높은 격이고, 무정한데 무력한 것은 가장 낮은 격이다. 운에 따라 격의 고저가 변하는 것은 당연한 사실이다. 위에서 예를 든 일간과 상관이 강한데 칠살이 약한 경우, 운에서 칠살의 뿌리를 만나면 칠살이 강해져서 삼자 균형을 맞춘다. 이런 시기에 운이 좋아지고 복이 생긴다. 반면에 삼자 균형이 맞았는데 상신의 뿌리를 운에서 충하는 경우, 균형이 무너져 불운이 찾아온다. 격의 고저는 정해진 게 아니라 운에 따라 계속 변하는 것을 명심해야 한다.

6장

명리학은 안심과 행복,
기업 성공의 열쇠다

지금까지 개인의 행복과 불행에 가장 큰 영향을 미치는 요소는 결국 자신이라는 명제에 대해 여러 논거를 가지고 설명했다. 자신이 어떤 사람인지, 어떤 삶을 타고났는지, 삶의 방향이 어디로 향하는지 모른다면 망망대해에 표류하는 배와 같을 것이다. 세속적인 부귀가 아니라 행복해지기 위해서 우리는 자신을 정확하게 이해해야 한다. 꼭 명리학이 아니더라도 스스로를 알기 위해 끊임없이 노력해야 하는 이유다. 그런 노력의 결실로 타인이 우리 행복에 미치는 영향도 최소화할 수 있다. 그것이 행복해지는 첫걸음이다.

명리학은 자신에 대한 이해를 통해
행복의 원천인 안심을 선사한다

혹자는 결과보다 순간순간 과정을 통해 행복을 느끼는 것이 중요하다고 말한다. 간절히 원하면 이룰 수 있다고 말하는 사람도 있고, 행복은 마음에 달렸다고 주장하는 사람도 있다. 그런 주장에 대해 필자 역시 동의할 수 있다. 그런데 그 마음도 정해져 있다면 어떨까. 앞서 5장에서 사람마다 정해진 격이 있다고 말한 것처럼, 사람의 마음 역시 정해져 있다. 공부하고자 하는 마음, 돈에 집착하는 마음, 명예를 소중히 여기는 마음, 욕구를 위해 윤리의 선을 넘는 마음 모두 정해져 있다. 가르치거나 노력한다고 마음이 움직이지 않는다. 명리학을 공부하다 보면 유독 종교에 관심이 많은 사람도 있고, 형이상학적인 것에는 이끌리지 않는 사람도 있다. 그런 특성 역시 사주팔자에 정해져 있다. 매사에 낙천적이고, 결과보다 과정에 충실한 성향도 타고난다. 명리학을 믿어라 마라 제안하는 것조차 의미가 없다. 믿지 말래도 믿는 사람이 있고, 돈을 줘도 안 믿는 사람이 있는 것이다.

그래도 명리학은 많은 사람에게 유용할 수 있다. 끝나지 않을 것 같은 터널에 갇혔다고 느끼는 사람, 가족이나 주변 사람과 불화를 겪고 있는 사람, 모든 원인이 자신이라고 자책하는 사람, 누군가를 원망하는 마음으로 자신을 병들게 하는 사람, 불안한 미래 때문에 고통스러워하는 사람, 누군가를 잃고 가슴 아파하는 사람은 본인의 명과 운을 앎으로써 그 고통에서 벗어날 수 있다. 잠자기 전에 불현듯 인생의 특정 시점이나 사람, 사건을 후회하면서 그 원인을 수없이 곱씹고, '만약'이라는 단어에 사로잡혀 당시 상황을 수백 번 고쳐 쓰느라 밤잠을 설치는 사람은 꼭 스스로에 대해 알아야 한다. 그 사람과 헤어지지 않았다면, 부모님을 그렇게 보내지 않았다면, 다른 집에서 태어났다면, 그때 공부를 더 했다면, 다른 사람을 사랑했다면, 그때 싸우지 않았다면, 그때 다른 길을 선택했다면, 그때 조금만 더 잘했다면……. 명리학은 과거에 매여 고통스러워하는 사람, 바뀌지 않는 사실을 부정하는 사람의 고통을 덜어줄 수 있다. 그것이 스스로를 제대로 이해함으로써 얻는 안심이다.

여기서 '스스로'는 자신이 추구하는 가치와 삶의 방향을 대상으로 한다. '제대로'는 모든 사람이 다름을 인정하는 것이다. 사람은 누구나 합리적이지 않다. 특정 학문에 전문가인 교수, 항상 남을 비판하는 비평가, 대통령, 정치인, 언론인, 성공한 CEO라도 합리적인 의사 결정을 하지 않는다. 돈이 중요한 사람, 명예가 중요한 사람, 인성이 중요한 사람, 권력이 중요한 사람, 자신이 중요한 사람이 다 정해져 있다. 합리적인 의사 결정이라기보다는 자기 성향과 가치관에 따라 부지불식간에 결정을 내린다. 재물을 탐해서 세상의 윤리를 어기는 사람, 권력을 가지기 위해 남을 짓밟는 사람, 명예 때문에 목숨을 버리는 사람 모두 합리적인 의사 결정의 결과가 아니라 그렇게 타고난 것이다. 보편적인 기준이란 없다.

자신만의 기준에서는 합리적인 것이다. 건강하지 않고, 부모 복이 없고, 배우자 복이 없고, 자식 복 없고, 가난한 것 역시 각자 삶의 방향이 있다.

이때 우리가 명심해야 하는 사실은 행복이 그 사람이 가진 것에서 비롯되는 게 아니라는 사실이다. 행복은 갖고자 하는 것과 가진 것의 일치 정도다. 아무리 세속적인 부귀영화를 누려도 정작 본인이 원하는 한 가지가 결여된 삶은 불행하다. 보잘것없는 부귀를 얻어도 본인이 원하는 한 가지가 충만한 삶은 행복하다. 가난한 집에서 웃음꽃이 피고, 풍요로운 가정에 그늘이 존재하는 이유가 이것이다. 이처럼 행복이나 성공은 자신의 정체성과 본질에 기인한다. 예를 들어 명예가 소중한 사람이 명예를 더럽히고 돈을 얻었다면 행복할까? 반대로 재물을 소중히 여기는 사람이 돈을 잃고 명예를 얻었다면 행복할까? 외로움에 떨고 있는데 돈과 명예를 얻는다고 행복할까? 모든 사람이 부러워하는 의과대학에 진학했다고 다 행복할까? 자신의 처지를 비관하는 20대 초반의 청년을 상담한 적이 있다. 필자가 나이 든 재벌 총수는 당신이 삶을 바꾸자고 하면 바로 바꿀 것이라고 했다. 그는 믿지 않았지만 각자 원하는 것이 다른 것이다. 자신을 정확하게 이해하는 것이 중요한 까닭은 자신의 본질과 격을 알아야 그 속에서 삶의 기준과 행복을 찾을 수 있기 때문이다.

이렇게 스스로를 제대로 이해하게 되면 갈등을 줄이고 안심을 얻을 수 있다. 본질과 방향을 알면 안심할 수 있고, 안심은 곧 행복을 가져오는 시발점이다. 안심은 불안과 불만에서 벗어나 상황을 긍정적으로 바라보게 하고 이해를 선사한다. 이것이 명리학의 가장 큰 효용이다. 자신에게 주어진 삶의 본질을 알게 되면 원하는 것이 이뤄지지 않더라도 그 원인을 이해하게 됨으로써 안심을 얻는다. 예를 들면 부모를 일찍 여의고 실직하고 배신당하고 다른 사람과 갈등해도 그 원인을 이해하면 감정이 깊이를 조절할 수 있다. 좋은 운과 나쁜 운 모두 지나가고, 목적하는 바를 알기에 일희일비하지 않을 수 있다. 새옹지마의 깨달음을 얻는다.

나아가 삶의 방향을 알게 된 후 앞으로 발생 가능한 일에 마음의 준비를 하고 그것을 받아들일 준비를 한다면, 편안한 마음을 얻을 수 있다. 대처하는 것이 아니라 받아들일 준비라고 표현한 이유는 바꾸는 게 쉽지 않기 때문이다. 물론 나쁜 일이 발생하지 않는 게 최선이나, 발생하더라도 어떻게 받아들이고 내재화하느냐가 행복을 결정한다. 필자가 명리학에 관해 물어보는 사람에게 가장 많이 한 말이 있다. 명리의 효용은 태양이 다시 떠오를 것을 아는 사람과 그 사실을 몰라 밤새 불안에 떠는 동굴 속 원시인의 차이일 수 있다. 힘든 일이 있어도 지나갈 것임을 아는 사람과 영속할 거라고 불안해하는 사람이 가지는 삶의 태도와 행복은 아주 다르다.

이렇게 한 사람의 삶의 본질이나 방향이 정해져 있다는 것은 받아들이기 쉽지 않은 측면이 있다. 필자 역시 명리학의 이론 체계보다 명과 운이 정해져 있음을 어떻게 받아들일지 고민하는 데 더 많은 시간을 보냈다. 명과 운을 받아들이는 태도에 따라 불행조차 받아들이는 마음이 달라질 수 있다. 이와 관련해 명리학을 접한 초기에 우연히 알게 된 책을 소개하고 싶다. 로버트 슈워츠 Robert Schwartz가 쓴《웰컴 투 지구별》이라는 책이다.

이 책에서 주장하는 바는 모든 사람은 태어나기 전부터 이번 생에 얻고자 하는 목적을 정하고, 그것을 달성하기 위해 삶의 형태를 선택한다는 것이다. 즉 모든 영혼이 이번 생의 명확한 목적을 가지고, 그것을 얻기에 가장 적합한 삶을 고른다고 한다. 가장 절실하게 얻거나 느끼기 위해서는 그것이 충만하거나, 결핍된 삶이 가장 적절할 것이다. 예를 들어 명예의 중요성을 절실하게 느끼는 방법은 명예의 실추를 경험하는 것이다. 돈의 중요성을 느끼는 방법은 돈의 결핍을 경험하는 것이다. 사랑도 마찬가지다. 반대로 그것이 충만한 삶도 비슷한 효과가 예측된다. 각 생은 얻고자 하는 고유한 목적을 달성해가는 과정이다. 특정 요소가 풍족한 삶이든, 결핍된 삶이든 그것을 느끼고 그 과정을 통해 목적을 달성하는 것이다.

필자 역시 이게 맞는지 틀렸는지 알 수 없다. 그래도 이 책을 소개하는 이유는 세속적인 부와 귀를 가진 사람과 갖지 못한 사람 모두가 행복해질 수 있는 해답이 여기에 들어 있기 때문이다. 필자가 이해하는 바는 이렇다. 어떤 영혼이 특정 목적을 정했다고 가정해보자. 만일 그 목적을 달성할 수 있는 삶이 무엇인지 모른다면, 이 책의 가정은 성립하지 않는다. 복잡하게 얽힌 인간관계에서 목적하는 삶을 완벽하게 설계하는 것도 쉽지 않을 것이다. 그런데 특정 연월일시 삶에 목적하는 코드들이 들어 있다는 것을 알면 그것을 선택하면 그만이다. 마치 바코드를 읽으면 제품 정보를 알 수 있는 것처럼 말이다. 재물이 결핍된 삶, 사랑하는 사람에게 배신당하는 삶, 사랑에 진심인 삶, 배신하는 삶, 사랑이 결핍된 삶, 신체의 자유가 결핍된 삶, 높은 곳에서 추락하는 삶, 가장 낮은 곳에서 가장 높이 올라가는 삶, 군중 속에서 외로운 삶, 고통과 좌절을 이기는 삶, 부자인 삶, 명예를 얻는 삶, 권력을 누리는 삶 가운데서 선택하는 것이다. 좀 더 정확한 삶을 고르기 위해서는 환경까지 고려해야 한다. 분쟁 지역이나 극도로 불안정한 사회처럼 극단적인 환경도 옵션이다. 이는 태어난 생년월일시에 따라 삶의 많은 것이 정해진다는 명리학적인 설명과 완전히 부합한다. 누구나 목적한 바대로 살고 있으니 얼마나 다행인가. 행복하지 않을 수 없다. 물론 그 마음도 옵션이다.

명리학을 배우던 초기에 얻은 문구가 있다. 애지욕기생愛之欲其生. 사랑은 그 생의 목적이나 고유한 삶을 다 살기를 원한다는 의미로 이해하고 있다. 이때 그 생에 대한 좋고 나쁨이 존재하지 않는다. 세속적인 성공이나 부귀를 이야기하는 것이 아니다. 그것이 충만한 삶이든, 결핍된 삶이든 애초에 원하던 목적을 달성할 수 있는 삶 자체에 의미가 있다. 참된 사랑은 그 사람이 무조건 부자가 되거나, 명예를 얻거나, 사랑을 얻는 것을 기원하는 것이 아니다. 목적한 대로 결핍이면 결핍을, 성공이면 성공을 치열하게 경험하기

원한다는 것이다. 그것이 욕기생이다. 그 생이 원하는 목적을 다하기를 바란다는 의미다.《웰컴 투 지구별》과 애지욕기생이라는 문구가 필자의 가치관을 바꿨다. 성공하는 사람과 실패하는 사람, 부자와 빈자, 사랑이 충만한 사람과 애정 결핍인 사람, 부끄러움을 아는 사람과 모르는 사람, 남을 짓밟는 사람과 사랑하는 사람, 몸이 불편한 사람과 두려움을 모르는 사람이 모두 각자가 원하는 목적을 달성하는 과정에 있다는 믿음을 얻었다. 주어진 삶의 무게로 신음하는 모든 사람도 현재의 고통이나 그 과정의 행복을 제대로 느끼는 것이 이 생의 목적이다. 우리, 더 치열하게 살아야 하지 않을까.

명리학은 조직과 사람을 경영하는 데 새로운 패러다임을 제공한다

이 책의 목적은 '명리 경영'이라는 용어로 명리학의 해석 메커니즘과 그것이 제공하는 사람에 대한 다양한 정보를 바탕으로 조직과 사람을 경영함에 있어 새로운 경영 원칙과 패러다임을 제공하는 것이다. 어떤 원칙은 기존의 것을 강조하고, 어떤 원칙은 새로운 변화를 요구한다. 오랫동안 현장에서 경영을 컨설팅하고, 인수한 회사의 경영 정상화와 전문 경영인으로서 역할을 한 경험을 돌이켜 보면 명리 경영을 통해 제공하는 이 원칙은 지난날에 대한 필자의 처절한 반성이자, 새로운 희망이다.

먼저 경영 컨설팅 회사에서 제공하는 다양한 솔루션과 서비스는 상당히 기능적이고 지엽적이었다는 반성을 하지 않을 수 없다. 필자는 오랫동안 전략 컨설팅 회사의 경영진과 전문 경영인으로 활동했고, 국내 최대 조직·인사 전문 컨설팅 회사에서도 주요 경영진으로 활동했다. 이 책이 제시하는 경영 원칙을 고려하면 조직·인사 컨설팅 업체에서 제공하는 솔루션은 그때나 지금이나 고객에게 근본적인 해답을 제공하지 못하고 있다. 여기에는 컨설팅 회사의 잘못도, 고객사의 잘못도 있다. 컨설팅 결과물은 고객에 의해 결정되기 때문이다.

컨설팅과 같이 특정 기능이나 제품을 제공하는 산업에서는 시대의 요구나 고객의 니즈 변화에 따라 새로운 제품과 서비스를 제공해야 한다. 지속적인 수익 창출을 위해서라도 제품과 서비스는 계속 변해야 한다. 한동안 BSCBalanced Score Card가 기업을 휩쓸고, 식스 시그마와 변화 관리, 성과 평가, 역량 평가, 보상 차별화, 스톡옵션과 성과 보상 제도, 조직 문화, 갈등 관리, 임원 평가 및 보상 제도, 교육 프로그램, CDPCareer Development Program 등이 유행처럼 도입되고 사라져간 이유다. 이런 제도를 도입한다고 기업 경쟁력이나 직원 만족도가 높아지지 않은 이유는 기업의 성패를 결정하는 사람과 문화에 대한 제대로 된 이해가 없었기 때문이다. 오히려 특정 기능을 강화하고, 인사 운영의 편리성을 도모하는 솔루션이 기업의 장기적인 성장을 가로막는 장애물이 될 때가 많다.

명리학의 효용이 바로 여기에 있다. 명리학을 기업 경영에 접목해 새로운 경영 원칙과 경영 패러다임을 이끌어낼 수 있는 이유는 '사람'과 '문화'에 대한 명확한 이해를 제공하기 때문이다. 사람에 대한 정확한 이해의 중요성은 기업이 도입해야 하는 새로운 경영 원칙을 제공한다. 아울러 사람의 명과 운을 결정하는 음양오행 작용 메커니즘을 알면 기업 역시 사람과 같이 명과 운이 있음을 깨닫게 된다. 이뿐만 아니다. 최고 정점에 있는 국가, 문화, 기업이 경쟁자에 비해 월등한 자원을 가지고도 왜 망해서 사라지는지 이유를 알게 된다. 이유를 알면 지속 가능한 생존을 위해 무엇을 해야 되는지도 알 수 있다. 이 책은 기업의 장기적인 생존을 위해 필요한 새로운 경영 원칙과 패러다임을 제공한다.

기업의 지속 가능한 경영을 담보하는 첫 번째 열쇠를 살펴보자. 기업은 왜 평가제도에 많은 자원을 투입하고도 사람을 제대로 이해하는 데 실패할까? 기업 현장에서 아직도 빈번히 벌어지는 사례를 보자. 평가 결과에 따른 보상 차별화는 많은 기업에서 실제 도입하거나 보완을 통해 매년 강화하는 제도다. 인사제도의 바이블로 여기는 회사도 많다. 그런데 대다수 기업에서 평가에 따른 보상 차별화 제도를 운영하더라도 핵심 인재는 이탈하고, 기업 경쟁력은 정체 혹은 저하되는 경우가 많다. 오히려 효과보다 갈등만 양산할 뿐이다.

경영자의 입장에서는 열심히 일하는 사람과 노는 사람이 명확히 구분되기 때문에 성과에 따라 보상을 차별화하는 것은 너무 당연한 것으로 여겨진다. 잘하는 사람 더 주고, 못하는 사람 덜 주는 것은 제한된 보상 재원에서 가장 합리적으로 보인다. 돈이 더 필요한 것이 아니다. 동일한 재원으로 더 주고 덜 주는 것이라 회사 입장에서는 나쁠 게 없다. 오히려 동기 부여와 경고 효과가 있기 때문에 상당히 효과적인 제도로 보인다. 이를 인사 부서에 지시하게 되면, 인사 부서의 핵심 이슈는 '누구'를 대상으로 '얼마나' 더 주거나 덜 주는 것이 된다. 평가에 따른 직원 서열화와 보상 차등 폭의 수준을 결정하는 것이다.

그렇다면 누가 봐도 합리적으로 보이는 성과에 따른 보상 차별화 제도를 운영해도 핵심 인재가 이탈하고, 기업 경쟁력은 정체 혹은 저하되는 원인이 뭘까? 잘하는 사람을 동기 부여 하고, 못하는 사람에게 경고한 것이 효과가 있었다면 당연히 기업 경쟁력이 강화되고, 핵심 인재는 만족할 텐데 말이다.

답은 상대평가에 있다. 상대 비교를 통한 서열화에 기반한 보상 차등은 인사 부서의 편의성을 위한 제도지, 기업의 경쟁력이나 직원 만족도와는 무관하다는 데 있다. 서열화는 활용의 편의성을 도모하는 것이라 절대적인 수준이 중요치 않다. 제도의 목적이 기업 경쟁력 강화라면 어떤 사람이 필요한지, 누가 거기에 부합하는 사람인지가 중요하다. 동기 부여가 목적이라면 누구를, 어떻게 할 것인지가 중요하다. 이 경우 회사의 요구 수준 대비 직원의 절대적인 수준이 평가돼야 한다. 그래야만 코칭을 통해 제대로 육성할 수 있다. 더 큰 문제는 사람의 절대적인 수준을 파악하는 노하우가 없으니 새로운 사람마저 상대 비교를 통한 서열로 뽑는 것이다.

여기서 악순환 고리가 형성된다. 절대적인 수준을 평가할 노하우가 없으니 최적의 직원이 아니라 지원자 중 나은 사람을 뽑고, 절대적인 수준과 지향점을 모르니 코칭할 수 없고, 사람을 이해하는 노하우가 없으니 개선되지 않는다. 평가자 역시 결과 활용에 집중하다 보니 오류가 발생한다. 대상자의 절대적인 수준을 파악하는 게 아니라 평가 결과가 어떻게 쓰일지 고민하면 왜곡될 수밖에 없다. 조직을 운영하는 평가자는 승진 대상자, 승진 누락자들에게도 기회를 줘야 한다. 챙겨주지 않는 리더에게 충성하는 직원은 없다. 평가제도의 신뢰성이 떨어지는 회사는 그런 경향이 강하다. 이런 제도로는 인사 운영은 편리할 수 있지만, 사람에 대한 어떤 정보도 축적되지 않고 기업 경쟁력 역시 강화될 수 없다.

그럼 필자가 이야기하는 명리 경영에서 제시하는 평가는 어떻게 다를까? 어떻게 해야 직원을 제대로 이해하고 기업 경쟁력이 강화될까? 답은 간단하다. 명리 경영은 사람에 집중하고 제대로 이해하려는 노력에서 출발한다. 회사가 원하는 사람을 정확히 규정하고 여기에 얼마나 부합하는지 정확히 파악하는 것이다. 이 과정의 핵심 이슈는 '스스로 동기 부여가 가능한지, 문제 해결 능력은 어떤지, 팀워크는 어떤지, 어렵고 힘든 상황을 견디는 정도는 어떤지, 조직에 충성심은 있는지, 윤리적인지' 등과 같은 정성적인 기준을 구체화하고 측정하는 역량을 키우는 것이다.

그다음은 인재 혹은 성과에 대한 절대적이고 구체적인 목표치를 세운다. 그 절대적인 기준에 부합하는지 평가해야 한다. 일반적으로 기업은 평가자의 역량과 오류를 이유로 절대평가를 꺼리는데, 사실 성립되지 않는 이유다. 오류는 인재에 대한 구체적인 목표치가 없기 때문에 발생한다. 절대적인 기준을 가지고 끊임없는 시행착오를 통해 개선해나간다면 명확하게 그 역량을 확보할 수 있다.

사람을 평가하는 방법과 평가 정보가 축적되면 인사 활동의 정합성을 얻을 수 있다. 먼저 채용 과정의 인재 판별력이 정확해진다. 코칭을 통해 육성 효과가 높아진다. 조직 문화를 저해하고 핵심 인재를 떠나게 하는 사람을 쉽게 가릴 수 있다. 조직에 해가 되는 사람을 가려내는 것은 좋은 인재를 확보하는 것만큼 중요하다. 이런 활동이 앞으로 소개할 명리 경영의 전부는 아니지만, 사람에 대한 정확한 평가는 지속 가능한 경영을 담보하는 변화와 혁신의 인자를 확보하고, 상향식 조직 문화를 구축하는 시작점이다.

다음으로 명리학이 제공하는 기업의 명과 운을 결정하는 음양오행 작용 메커니즘을 간략히 살펴보자. 여기에 기업의 지속 가능한 경영을 담보하는 두 번째 열쇠가 있다. 사람의 명과 운을 결정하는 음양오행의 메커니즘은 간단히 말해 비, 식, 재, 관, 인의 상호작용을 통해 결정되는 길흉화복을 말한다. 기업의 명과 운을 생성시키는 이치 역시 마찬가지다. 기업이 기존 제품이나 서비스를 대체하는 새로운 게임의 룰을 만들어 세상에 나오는 것이 식의 작용이다. 그것이 성공하면 시스템화를 통해 재가 형성되고, 재는 필연적으로 스스로를 보호하기 위해 관을 강화한다. 조직 내부로는 규칙과 규율이나 지시와 통제의 조직 문화가 그것이고, 외부로는 정부, 관공서, 언론, 정당 등과의 대관 업무가 그것이다. 관이 강화되면 인을 불러온다. 완벽한 기획, 문서 중심의 소통, 과거의 성공 경험에 집중하는 것이다. 이것이 스타트업에서 출발해 성공한 기업이 조직 문화를 구축하는 과정이다.

기업이 한 산업에서 1위의 위치에 있다는 것은 모든 경쟁 요소에서 우위를 점하고 있다는 뜻이다. 자본 규모나 우수 인력, 기술, 시스템 모든 면에서 경쟁자를 압도한다. 그럼 그런 기업은 지속적으로 성장하거나, 그 지위를 유지할 수 있을까? 2부에서 소개할 코닥, 노키아, 월마트의 경영 사례를 보면 그렇지 않다. 국가나 문화 역시 마찬가지다. 필자가 주목하는 지점이 여기다. 길흉화복을 결정하는 음양오행 작용 메커니즘을 알면 그 이유를 쉽게 이해할 수 있다. 기업이 시스템화에 성공해 재가 강화되면 오히려 새로운 시도를 상징하는 식을 극하게 된다. 시스템화나 정형화는 새로운 시도들을 다 삼켜버린다. 예산이나 비용 관점에서 새로운 시도는 쉽게 묵살된다. 관이 강화되면 역시 식을 극한다. 원래 식이 관을 극하지만 지시와 통제 중심의 강력한 관료주의는 인을 통해 식을 완전히 제압한다. 새로운 시도들은 관료주의 조직 문화와 완벽주의, 과거의 성공 경험이 불러오는 선입견 앞에서 쉽게 사장된다.

기업이 지속적으로 성장하기 위해서는 환경 변화에 대응하는 변화와 혁신의 인자가 필요하다. 고객과 경쟁자, 새로운 기술, 새로운 시장은 항상 새로운 게임의 룰을 원한다. 한번 구축된 게임의 룰은 변화할 수밖에 없다. 살아남기 위해서는 먼저 새로운 게임의 룰을 만들거나, 적응해야 한다. 그 핵심은 식의 작용에 있다. 그렇지 못한 기업은 1위 기업이라도 살아남기 힘들다. 룰 자체가 바뀌기 때문에 변해야만 살아남는다.

기업이 지속적으로 성장하기 위해서는 변화와 혁신의 인자인 식의 활동이 보장되는 조직 문화 구축이 필요하다. 사람을 제대로 이해하기 위한 경영 활동은 조직 문화와 연결된다. 제대로 된 인재를 유치·유지하게 되면, 지시와 통제 중심의 조직 문화를 변화와 혁신의 문화로 바꿀 수 있다. 조직 문화는 단순히 호칭을 개선한다거나, 경영진이 변화와 혁신의 문화를 천명한다고 얻을 수 없다. 스스로 동기 부여가 가능하며 변화를 선도하는 사람들로 조직을 구성하고, 경영진과 리더는 그들을 지원하고, 동기를 부여함으로써 얻을 수 있다.

변화·혁신·도전하는 조직 문화가 형성되면 환경이 변하더라도 지속적으로 성장할 수 있는 동력이 확보된다. 이 모든 과정은 사람에 관심을 가지고 집중함으로써 얻을 수 있다. 이것이 명리 경영의 전부는 아니지만, 지속 가능한 경영을 위해 변화와 혁신의 조직 문화를 구축해가는 명리 경영의 시작점이다.

지금부터 필자가 본격적으로 설명하는 '명리 경영'의 조직 운영 원칙이나 인사 원칙들은 명리학의 음양오행 작용 메커니즘과 필자의 경영학적 지식과 경험에 기반하고 있다. 사주팔자 각 글자가 가지는 음양오행 특성이 환경과의 상호작용, 글자 간 상호작용을 통해 번성 혹은 쇠퇴하는 이치를 기업의 명과 운에 적용한 것이다. 여기에 더해 필자의 경영학적 지식이나 컨설팅 경험, 경영 경험을 통해 확인한 사실을 바탕으로 새로운 경영 원칙을 수립했다.

불확실한 환경에서 지속적으로 성장할 수 있는 생태계를 조성하는 원칙, 인재를 유치·유지하는 원칙, 변화와 혁신의 인자를 강화하는 원칙 등을 설명할 것이다. 그 원칙 중 일부는 기업에서 시도하는 것들도 있고, 완전히 새로운 것도 있다. 그것이 익숙한 개념인지, 새로운 개념인지는 중요치 않다. 제대로 이해하고, 도입하고, 적용하는 것이 더 중요하다. 절대평가를 도입해봤는데 현실에 맞지 않는다고 단정하는 사람도 있을 것이다. 채용은 복불복이라는 말을 서슴없이 하는 실무자도 있다. MZ 세대는 조직을 모르고 너무 이기적이라는 말도 듣는다. 컨설팅 현장에서 많이 만나는 고객의 유형이다. '해봤는데 효과가 없었다'는 개인적인 경험에 바탕을 둔 맹목적인 믿음은 항상 위험하다.

필자는 단언할 수 있다. 아직 우리는 제대로 된 절대평가, 사람에 대한 이해, 변화와 혁신을 위한 조직 문화를 도입하거나 운영하지 못했다. 기업의 사활이 걸려 있는 신규 제품 개발, 기술 도입, 신규 시장 개척, R&D 등에 비해 사람을 이해하고, 확보하고, 활동을 조장하는 데 충분한 시간과 자원을 할애하지 않는다. 최고경영자의 관심과 시간이 어디에 있는지 확인하면 쉽게 알 수 있다. 이런 상황에서 제대로 된 절대평가나 조직 문화 구축은 구호에 불과한 것이다. 그런데 기업의 흥망성쇠는 제품, 기술, 특허, 자금으로 결정되는 것이 아니다. 변화와 혁신의 인자가 마음껏 활동할 수 있는 조직 문화를 구축해야만 성공할 수 있다.

2부

명리 경영

기업의 명과 운을 바꿔라

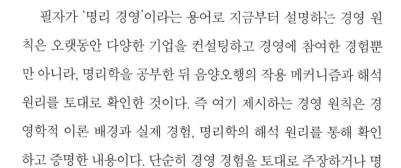

7장

기업의 운명은 바꿀 수 있다

필자가 '명리 경영'이라는 용어로 지금부터 설명하는 경영 원칙은 오랫동안 다양한 기업을 컨설팅하고 경영에 참여한 경험뿐만 아니라, 명리학을 공부한 뒤 음양오행의 작용 메커니즘과 해석 원리를 토대로 확인한 것이다. 즉 여기 제시하는 경영 원칙은 경영학적 이론 배경과 실제 경험, 명리학의 해석 원리를 통해 확인하고 증명한 내용이다. 단순히 경영 경험을 토대로 주장하거나 명리학의 이론 체계에 따라 설명하는 것이 아니라 양쪽 모두의 확신이 결합된 원칙만 제시한다.

물론 컨설팅과 경영 경험을 통해 기업에 적용했지만 시행착오를 거쳐 수정을 제시하는 경영 원칙도 있다. 특정 산업과 기업의 특수성을 감안해 확신이 부족했지만, 명리학의 작용 메커니즘을 통해 확신을 가지고 새롭게 제시하는 경영 원칙도 있다. 명리학의 사람과 삶에 대한 통찰력이 경영과 만나 이뤄진 경영 원칙도 있다. 이 가운데 몇 가지는 선진 기업에서 도입하기 시작한 원칙도 있고, 기업의 지속 가능한 경영을 위해 도입이 시급한 것도 있다. 대다수 기업은 필자가 새롭게 제시하는 경영 원칙을 토대로 내부의 제도를 살펴봐야 할 것이다.

명리 경영이 필요한 이유

본격적으로 경영 원칙을 설명하기에 앞서 필자가 왜 명리학을 경영에 접목했는지 이유를 설명할 필요가 있다. 왜 명리학을 개인의 삶, 가족 구성원의 삶, 교육을 통한 변화, 사회 변혁과 같은 영역이 아니라 기업 경영에 접목해 경영 원칙을 제시하는 방법을 선택했을까. 그 이유에는 명과 운이 가지는 힘과 바뀔 가능성, 기업이라는 조직의 특수성, 국가나 사회의 변화를 가로막는 정치인과 언론인에 대한 불신과 회의가 있다.

우리나라에서 명리학이 가장 번성했던 조선 시대에는 명리학을 크게 세 가지 영역에서 활용했다. 첫째, 선비들이 명리학을 토대로 자신의 그릇과 운명을 알고 마음의 평화를 얻었다. 조선 시대의 삶은 지금보다 단순했을 것이다. 사농공상 중 글을 읽는 선비가 가질 수 있는 비전은 임금에게 간택돼서 벼슬을 얻는 것이다. 명리학은 간택된 선비나 재야에서 때를 기다리는 모든 선비들에게 유용한 학문이었다. 지금 잘나가도 자만하지 않고, 간택되지 못해도 때를 기다린다. 그것도 아니면 스스로의 그릇을 알고 안분지족하는 것이다. 둘째, 국정에 활발하게 활용했다. 과거를 거쳐 등용돼 명리학을 전문적으로 활용하는 국가 보직이 있었다. 특히 세종대왕은 한글 창제에 음양오행을 활용했고, 길흉화복을 점쳐 국가 행사 기획 등에도 널리 활용했다. 셋째, 조금 왜곡된 형태지만 개인의 길흉화복을 점쳤다. 전쟁이나 질병 등 불안정한 사회에서 용기와 위안, 때로는 안심을 위해 자신의 운명을 알고자 했다.

명리학의 이런 활용성과 우리나라의 시대적 상황을 고려할 때, 기업 경영에 접목한 필자의 시도가 조금 별스럽기는 하다. 코로나19 시대, 저성장에 인플레이션이 심각한 시기, 연일 치솟는 집값, 전 세계 자살률 1위와 출산율 꼴찌라는 현실을 감안하면 개인의 안심을 위한 책이 필요하고, 전 세계 청소년 자살률 1위와 치열한 입시 경쟁을 감안할 때 교육을 위한 책이 훨씬 유의미할 것이기 때문이다.

필자가 이렇게 기업을 택해 명리 경영을 이야기하는 데는 명확한 이유가 있다. 필자의 사회 경험 탓도 있지만 개인이나 학교, 사회, 국가와 같은 조직은 변화 가능성이 아주 작기 때문이다. 유일하게 기업만이 명과 운을 바꿀 가능성이 크다. 다양한 원칙이나 개선 방향을 이야기해도 실현 가능성이 떨어지면 의미를 찾기 어렵다. 먼저 개인은 명리학의 메커니즘을 알아도 마음의 안심을 얻을 수 있는 것이지, 운명을 드라마틱하게 바꾸는 건 쉽지 않다. 명과 운은 환경의 영향을 받는데 가족이나 친목 단체, 학교, 회사, 지역사회, 국가 등 환경에 대한 통제 권한이 낮은 개인이 이것을 바꿀 수 있겠는가. 현실적으로는 자신의 마음조차 바꾸는 것이 쉽지 않다. 좀 더 자세히 살펴보자.

명리학을 통해 삶을 이해하는 데 그치지 않고, 삶을 결정하는 메커니즘을 통해 명과 운을 개선하자고 주장할 수 있는 근거는 환경 때문이다. 여러 번 설명한 바와 같이 명리학에서 말하는 명은 개인이 타고난 의사 결정 기준, 기질, 성향, 역량을 의미하고, 운은 살면서 만나는 대운과 세운으로 삶의 방향을 의미한다. 구체적인 삶은 개인의 명과 운이 실제적인 환경과 상호작용을 통해 확정된다. 특정 가치관, 성향, 역량이 특정 환경을 만나 반복적으로 의사 결정을 하면 어떤 경향과 현상이 누적돼 당사자의 구체적인 삶이 형성되는 것이다.

이처럼 환경과의 상호작용으로 구체적인 삶이 확정된다면 유일한 변수인 환경을 통제하여 삶을 바꿀 수 있다는 가정이 성립한다. 필자가 집요하게 파고든 게 이 지점이다. 우리는 이제 명리학의 음양오행 작용 메커니즘을 이해하고 있다. 만약 환경을 바꿀 수만 있다면 보다 나은 삶이 가능하지 않겠는가. 물론 환경이라는 변수는 복잡다단해서 바꾸기 쉽지 않다. 그럼에도 불구하고 필자가 희망을 안고 명리 경영을 쓴 이유가 여기에 있다.

필자가 지금까지 다양한 사람의 삶을 분석하고 상담한 결과, 대다수는 명과 운이 설명하는 평균적인 삶에서 벗어나지 않았다. 개인의 구체적인 삶이 평균적인 사주에서 벗어나려면 그만큼 특수한 환경이 마련돼야 한다. 경험을 통해 보면 아웃라이어는 남들이 접하지 못하는 희소한 환경에 살고 있고, 그 비율은 채 5퍼센트가 되지 않는다. 이는 평균적인 삶을 웃도는 사람과 밑도는 사람을 포함한 개념이다. 같은 사주팔자를 가졌어도 가족이나 친구, 학교, 지역, 국가 같은 환경이 다르면 구체화된 삶은 당연히 차이가 난다. 명리학을 부정하는 사람이 주로 사용하는 논거가 사주가 같은데 누구는 대통령이 되고, 누구는 평범한 사람이 되느냐는 것이다. 명리학을 잘못 이해하고 있기 때문이다. 환경이 다르면 당연히 삶이 달라진다.

2014년 한 방송국에서 쌍둥이 사례로 명리학의 모순을 방송한 적이 있다. 일란성 쌍둥이로 태어난 자매 중 언니는 태어나자마자 미국에 입양됐고, 동생은 부모 밑에서 자랐다. 미국에 간 언니는 심리학 교수가 되고, 동생은 한국에서 무당이 된 사례다. 일반 독자가 방송을 보면 당연히 명리학에 대해 부정적으로 생각할 수밖에 없다. 같은 날 태어났음에도 무당과 심리학 교수로 극단의 삶을 살고 있기 때문이다. 명리학을 부정할 수 있는 아주 자극적이고 명쾌한 사례다. 그러나 명리학적으로 충분히 설명이 가능하다. 환경의 차이다. 쌍둥이가 태어난 1970년대 초는 시대적으로 불안정한 환경이었고, 부모의 재산이나 어머니의 건강이 쌍둥이를 키울 상황이 아니었다. 쌍둥이 모두를 살리기 위해 한 아이를 입양 보낸 것이다. 어머니의 불안정으로 두 아이를 다 품을 수 없는 환경이 조성된 것이다. 이 경우 오히려 어머니의 사주가 더 중요해진다. 한 아이를 가슴에 묻는 것이다. 입양 간 아이는 대대로 의학계에 종사하는 안정된 백인 가정을 만나 심리학 교수가 됐다. 한국에 남은 아이는 불안정한 삶의 연속이었고 결국 무당이 된 것이다. 그렇다면 아이들의 공통된 기질이나 역량, 가치관은 무엇일까. 프로그램 중간에 성인이 된 두 사람에 대한 분석이 나온다. 자란 환경의 차이에도 불구하고 형이상학적인 것에 대한 관심, 유사한 인지 능력 등 공통점이 소개된다. 공통적으로 형이상학적인 것에 대한 관심과 역량이 아주 높았다. 쌍둥이가 가지는 공통된 속성이 환경의 차이로 인해 심리학 교수와 무당의 길을 가게 한 것이다. 환경 차이 외에도 쌍둥이는 성별, 일란성, 이란성에 따라 분석 기법이 다르다.

명리학에서 개인의 기질이나 가치관, 성향, 역량, 재운, 관운, 가족 운 등은 정확성이 높지만, 구체적인 사실이나 사건은 환경을 감안해야 하는 영역이다. 대상자의 환경을 알면 구체적인 해석이 가능하고, 명리학을 제대로 활용하는 방법은 얼마나 맞히는지 보자는 태도가 아니라 자신의 명과 운을 이해함으로써 위안을 얻는 일이다. 제대로 된 명리학자를 만나 개인의 경험을 토대로 지속적인 상담을 하면, 보다 정확하고 구체적인 삶의 흥망성쇠를 알고 준비할 수 있다.

이처럼 개인의 삶은 자신이 속한 회사, 지역, 사회, 국가, 시간이라는 환경의 영향을 받아 구체적으로 확정된다. 이때 크고 불안정한 환경일수록 삶에 영향을 미치는 정도가 크고, 개인의 주도권도 그만큼 약해진다. 전쟁 지역에 태어난 사람과 안정적인 국가에서 태어난 사람의 삶이 다를 수밖에 없다. 한국전쟁 이후 민주주의와 자본주의가 압축적으로 성장한 우리나라는 후폭풍으로 인한 불안정으로 부의 불균형이 크지만, 덴마크와 같이 안정된 사회에서는 부의 편차가 크지 않다.

환경이 안정적인 사회에서는 광범위한 평균이 유지되고, 개인의 명과 운이 극단적으로 표출되지 않아 삶의 변화가 작다. 불안정은 가난한 국가와 자본주의가 심화된 국가에서 발생한다는 점이 특이하다. 자본주의의 실패로 나타나는 현상이다. 안정된 사회라도 코로나19와 같은 불확실성과 불안정한 사회적 환경이 초래되면 환경의 영향이 커진다. 코로나19 시국에 대다수 국가에서 부의 편차가 심화한 것, 사망자가 속출한 것이 이런 속성을 보여준다.

우리는 살아오면서 많은 사람의 삶을 블랙홀처럼 빨아들이는 환경을 수없이 목격했다. 군이 전쟁이나 질병, 가난의 역사적 사건을 들추지 않아도 사회가 불안정할수록 개인의 명과 운이 받는 영향은 크다. 불안정한 국가일수록 부의 불균형이 심화하고, 자살률과 청년 실업률이 높고, 출산율이 낮다. 불안정한 환경에서는 개인의 명과 운이 영향을 받아 부의 불균형이 크고, 결혼이나 출산 등은 포기하는 것이다. 익숙지 않은가. 우리는 2021년 현재 자살률 세계 1위, 청소년 자살률 1위, 출산율 꼴찌를 기록한 나라에 살고 있다.

이야기가 여기까지 진행되면 환경 변화를 유도해 개인의 삶을 상향 평준화하거나, 극단에 속하는 5퍼센트를 우호적인 방향으로 바꿀 수 있다는 희망이 생긴다. 명리학의 메커니즘을 토대로 가족, 학교, 회사, 지역, 사회, 국가를 안정화하고 긍정적인 방향으로 바꾼다면 개인의 삶을 더 안정화할 수 있다. 나이가 어릴수록, 상위의 환경일수록 개인의 삶에 극적인 변화를 유도할 수 있다.

기업은 명과 운을 바꿀 수 있는
유일한 조직이다

그렇다면 필자는 명리 경영이 아니라 명리 정치, 명리 사회운동을 주장해야 하지 않을까? 개인의 삶에 큰 영향을 미치는 국가와 사회의 변화를 제안하고 꿈꾸는 게 맞을 것이다. 필자도 나름 더 나은 세상을 위해, 언론을 지키기 위해 노력했다. 잘못된 결정이었지만 말이다. 나는 진보와 보수, 좌익과 우익의 개념이 아니라 북유럽의 사회민주주의를 신봉한다. 방향이나 지향점이 아니라, 현실에서 당장 조금이라도 상황을 개선할 수 있는 선택을 존중한다. 그런데 이제는 사회와 국가를 바꾸는 데 가장 큰 힘을 가진 정치인이나 언론인에 대한 믿음이 없다. 촛불로 탄생한 정부조차 그들이 욕한 대상과 다르지 않다. 지금까지 국가나 사회, 개인의 삶을 더 나은 방향으로 이끈 게 아니라 자신의 권력을 유지하고 부를 축적하는 데 급급하지 않았는가. 그들은 누구보다도 폐쇄적이었다. 그들은 능력과 옳고 그름이 아니라 우리 편이라는 이유로 모든 것을 정당화하고, 남의 편이라는 이유로 모든 것을 적대적으로 대했다. 실력도 모자랐다. 이 책을 쓰는 현재, 우리 사회의 정치 세력이 달라질 가능성은 아주아주 작다.

우리 사회를 지탱한다고 스스로 부르짖는 언론인은 어떤가. 지지하는 정당과 손잡고 자기가 응원하는 편의 치어리더가 된 지 오래다. 언론인은 정치인이 되고, 그들의 나팔수가 되기를 희망한다. 한숨이 나올 지경이다. 대다수 정치인과 언론인은 그렇지 않을 것이다. 여기 언급한 세력은 몇몇에 지나지 않는다. 그런 그들이 너무 많은 것을 가져서 문제다.

학교나 공공 기관 역시 변화를 유도하기에 적합한 조직이 아니다. 앨빈 토플러가 지적했듯이 그들은 변화와 혁신에 상당히 취약하기 때문이다. 법과 제도에 근거한 정형적인 조직일수록, 변화와 혁신에 가장 큰 책임이 있는 조직과 사람일수록 변화와 혁신에 저항한다. 그들은 현재의 제도와 규칙, 법률에 익숙하고 많은 것을 누리기 때문에 변화를 바라지 않는다. 오히려 다양한 이유를 들어 잘못된 관행이나 관습, 제도, 규칙을 방어하고 변화와 혁신을 거부한다. 한국 사회의 주요 지표를 감안할 때 변화커녕 고착화되고, 병들어가고 있다. 오히려 변화와 혁신을 가로막는 조직이다.

반면 기업은 경영진이나 리더의 노력과 의지에 따라 환경을 바꿀 수 있는, 변화와 혁신이 가능한 효율적인 집단이다. 이처럼 기업이 명과 운을 바꿀 가능성이 있는 유일한 조직이기 때문에 필자는 명리 경영을 제시하는 것이다. 구체적인 몇 가지 이유를 살펴보자. 첫째, 기업은 이윤을 추구하는 조직이기 때문에 이윤을 위해서 변화할 수 있다. 그리고 이윤은 변화와 혁신을 통해서만 창출된다. 20세기 최고의 경제학자로 꼽히는 조지프 슘페터Joseph Alois Schumpeter는《경제 발전의 이론》에서 기존의 질서를 무너뜨리고 성공을 이끄는 키워드로 변화와 혁신을 통한 창조적 파괴를 주장했다. 그는 "혁신으로 낡은 것을 파괴하고, 기존의 것을 도태시켜야 새로운 것이 창조된다. 이윤이란 창조적 파괴를 성공적으로 이끈 기업이 얻는 정당한 대가"라고 말했다. 이윤 극대화를 위해 변화와 혁신을 부르짖는 기업은 명리학을 통한 변화와 혁신을 도입할 최적의 단위다. 모든 기업이 변화와 혁신에 성공하지는 못하지만. 적어도 그들은 바꾸는 데 주저하지 않고 변화와 혁신을 이야기하는 게 익숙한 집단이다. 그래야만 이윤을 가지고 살아남을 수 있다.

둘째, 기업은 필연적으로 경쟁 속에 있기 때문에 변화와 혁신

없이는 도태된다는 사실에 익숙하다. BSC, 파괴적 혁신 같은 개념은 공통된 전제가 있다. 30년 이상 지속적으로 성장하거나 업계 최고의 위치를 점하는 기업은 극히 드물다는 사실이다. 업계 1위로 모든 요소에서 경쟁 우위를 점하고 있는 기업일지라도 변화와 혁신에 적응하지 못하면 도태된다. 역사적으로 보면 살아남기보다 도태될 가능성이 현저히 높다. 그래서 기업은 끊임없이 변화와 혁신을 원한다.

셋째, 기업은 환경이라는 변수가 작용하는 범위가 비교적 명확하다. 가족의 구성원은 각자 연결된 친구, 학교, 회사, 사회, 국가와 같은 환경이 있고, 사회와 국가는 기업보다 환경의 단위가 크다. 가족의 경우 자녀는 학교나 학원의 영향을 더 크게 받고, 사회와 국가는 통제의 범위가 명확하지 않다. 반면 기업은 경영자의 비전과 선택에 따라 내부적으로 명확한 통제 범위가 존재한다. 기업에 영향을 미치는 환경 역시 광범위하나, 명확하다고 설명한 이유는 모든 구성원이 같은 목적 아래 경영진이 구축한 환경의 영향을 받을 수밖에 없기 때문이다. 다른 조직과 달리 선택에 의해 결정되고, 상호 제공하는 것과 이익이 명확하다. 따라서 다른 조직에 비해 일사불란하다. 이런 이유로 기업이야말로 명리학이 제공하는 가치와 철학을 적용해 개선할 수 있는 최적의 집단이다. 이것이 필자가 '명리 경영'을 주장하는 이유다.

8장

성공한 기업이라도
쇠퇴하는 것이 자연의 섭리다

우리나라가 1997년 11월 국제통화기금IMF에서 자금을 지원받은 뒤, 필자는 한동안 기업의 투명성 제고와 국제 표준 도입, 지속 가능한 경영을 위해 BSC 프로젝트를 많이 수행했다. IMF와 미국이 한국 기업의 경영 투명성 제고를 위해 미국 중심의 국제 표준을 도입하도록 권고했기 때문이다. 경영 혁신과 새로 도입한 제도의 성공적인 안착을 위해서는 위기감 조성이 중요하다. 나는 고객의 위기감을 조성하기 위해 1990년대를 경험한 사람이라면 익숙했던 은행명이 대부분 사라졌다는 사실을 자주 언급했다. 일반인

국내 주식시장의 지형 변화

순위	1990년	1995년	2000년	2005년	2007년	2010년	2015년	2020년
1	한국전력	한국전력	삼성전자	삼성전자	삼성전자	삼성전자	삼성전자	삼성전자
2	포항제철	삼성전자	SK텔레콤	국민은행	POSCO	POSCO	현대차	SK 하이닉스
3	한일은행	포항제철	한국통신공사	현대차	현대중공업	현대차	한국전력	NAVER
4	제일은행	SK텔레콤	한국전력	한국전력	한국전력	현대중공업	삼성물산	LG화학
5	조흥은행	LG전자	포항제철	POSCO	국민은행	현대모비스	아모레퍼시픽	삼성바이오로직스
6	하나은행	신한은행	주택은행	우리금융	신한지주	LG화학	현대모비스	셀트리온
7	삼성전자	현대건설	신한은행	하이닉스	SK텔레콤	신한지주	LG화학	카카오
8	신한은행	LG데이콤	국민은행	LG필립스LCD	현대차	KB금융	SK 하이닉스	현대차
9	대우	현대차	외환은행	SK텔레콤	LG필립스LCD	삼성생명	삼성생명	삼성SDI
10	현대차	유공	담배인삼공사	신한지주	SK에너지	기아차	NAVER	LG생활건강
11	대우증권	삼성SDI	기아차	LG전자	LG전자	한국전력	기아차	삼성물산
12	유공	조흥은행	현대차	KT	우리금융	SK이노베이션	삼성SDS	현대모비스
13	LG전자	외환은행	삼성전기	하나금융지주	신세계	LG전자	신한지주	SK텔레콤
14	LG투자증권	대한항공	삼성SDI	기아차	KT	LG	SK텔레콤	엔씨소프트
15	동서증권	기아차	삼성증권	외환은행	두산중공업	LG디스플레이	SK	기아차

자료 : wiseFn, 메리츠증권 리서치. 2020년 6월 말

에게 금융업, 특히 은행업은 리스크가 없는 듯 보일 수 있다. 그러나 은행조차 지속 성장은 쉽지 않다. 185쪽 표를 보자. 1990년대 초반에 국내 주식시장 시가총액 상위 기업은 대부분은 금융업종이었으나, 2020년 현재 그 이름은 대부분 사라졌다. 이름만 변하고 살아남은 기업도 있고, 통합돼 사라진 기업도 많다. 지금 자라는 세대는 한일은행, 서울은행, 상업은행이라는 이름조차 생소할 것이다. 지난 30년간 국내 주식시장 시가총액 상위 기업을 보면 끊임없이 새로운 강자가 나타나고 도태되는 것을 알 수 있다.

기업이 10년, 20년, 30년을 뛰어넘어 지속 성장하기는 현실적으로 쉽지 않다. 각 국가의 기업 역사가 이를 증명한다. 경영에 관심 있는 사람은 이 사실을 이미 알고 있지만, 우리 기업이 여기에 속한다고 생각하는 사람은 별로 없다. 일이 발생하기 전에는 항상 자신만은 예외라고 생각하고, 공고한 위치를 점하고 있는 기업이 망할 수 있다고 생각하기는 쉽지 않다. 삼성전자 주식에 평생 투자하는 열풍에 대해 필자가 위험하다고 생각한 이유가 여기에 있다. 185쪽 표를 보면 삼성전자는 2000년 이래 우리나라에서 시가총액이 가장 높을 뿐만 아니라 전 세계적으로 산업을 선도하고 있다. 그럼에도 불구하고 역사가 주는 교훈을 고려하면 그만큼 삼성의 미래가 걱정될 수 있다. 예외적으로 지속 성장하기 위해서는 그만큼 변화와 혁신이 필요하다. 삼성전자가 그 위상에 걸맞게 변화와 혁신하고 있는가. 삼성전자가 예외일지는 시간이 지나봐야 알 수 있는 문제다. 개구리를 물에 넣고 서서히 온도를 높이면 살

수 있는 타이밍을 놓치고 결국 죽는 것처럼 현재 잘나가는 기업이나 조직의 구성원이 위기감을 느끼기는 쉽지 않다.

경영학자나 경제학자들이 변화와 혁신, 창조적 파괴, 파괴적 혁신, 혁신의 딜레마 같은 용어로 끊임없이 강조하는 것은 명확하다. 혁신에 성공한 기업조차 지속적으로 성장하는 것은 힘들다는 사실이다. 한때 잘나가다가 환경 변화에 제대로 대응하지 못하고 사라진 기업은 수도 없이 많다. 짐 콜린스가《좋은 기업을 넘어 위대한 기업으로》에서 지속적으로 성장하는 기업을 찾아 그 특성을 분석하고, 조지프 슘페터가《경제 발전의 이론》에서 창조적 파괴로 혁신을 이끈 기업의 이윤의 정당화, 클레이튼 크리스텐슨Clayton M. Christensen이《혁신 기업의 딜레마》에서 한 사업의 절대 강자가 새로운 룰에 황망하게 무너지는 기업 사례를 통해 공통적으로 증명하는 것이 이것이다.

과거 피처폰 산업이나 필름 산업, 하드디스크 드라이브 산업의 절대 강자가 경쟁자나 신규 진입자보다 월등한 자원과 역량을 보유하고도 공고한 위치를 유지하지 못하는 원인이 무엇일까? 한 산업의 1위는 해당 산업과 연관된 기술력, 자본, 인적자원, 브랜드 파워 등 모든 면에서 최고 경쟁력을 갖췄는데 말이다. 후발 주자가 기술혁신으로 산업을 재편하고 공고한 시장 지배자를 물리치는 원동력은 무엇일까. 자본이나 인적자원, 브랜드 파워 모든 면에서 열세인데도 말이다. 명리 경영은 이 의문에서 시작한다. 왜 강자가 망하고 새로운 시장 지배자에게 그 위치를 넘겨줄까. 새로운 시장 지배자는 왜 그들이 침몰시킨 기업의 전철을 밟을까. 창조적 파괴로 이윤을 극대화하고, 변화와 혁신으로 기업의 영속성을 담보하지 못하면 반짝이다 사라질 수밖에 없다.

한 산업의 절대 강자가 그 위치에서 내려온 실제 사례를 보면 쉽게 이해할 수 있다. 이들의 경쟁력은 모든 면에서 최상이었을 뿐만 아니라 전 세계에서 최상이었다. 이와 관련한 대표적인 벤치마킹 사례는 노키아Nokia다. 지금 노키아는 또 다른 성공의 역사를 쓰고 있지만, 휴대전화 시장에서 노키아의 실패는 아주 유명하다. 핀란드의 노키아는 기업의 혁신이 국가를 먹여 살리는 대표적인 사례로 유명했고, 노키아를 탄생시킨 핀란드의 교육 시스템 역시 전 세계적으로 열풍을 일으켰다. 1990년대 전 세계적으로 인기를 끈 모토롤라를 제치고 1999년 업계 1위를 기록한 노키아는 2011년까지 부동의 세계 1위 기업이었다. 2010년 부동의 세계 휴대전화 시장점유율 30.6퍼센트를 기록했고, 2011년에는 25.1퍼센트로 떨어졌지만 시장 2위에 비해 압도적이었다.

피처폰 시장의 절대 강자인 노키아가 추락한 원인은 기술력이 부족해서도, 자원이 부족해서도, 인적자원이 약해서도 아니다. 노키아를 격침시킨 스마트폰 시장의 절대 강자인 애플은 2007년에 스마트폰을 출시했다. 노키아는 그보다 10년 이상 앞선 1996년 '노키아 9000 커뮤니케이터'라는 스마트폰을 출시했고, 2006년에는 스마트폰을 약 3000만대 판매했다. 화려한 역사를 쓴 노키아는 그럼에도 불구하고 1999년 모토롤라를 이긴 경험 때문에 몇

2011년 1분기 최종 사용자를 대상으로 한 세계 휴대전화 단말기 판매량

회사명	2011년 1분기	2011년 1분기 시장 점유율 (%)	2010년 1분기	2010년 1분기 시장 점유율 (%)
노키아	107,556.1	25.1	110,105.4	30.6
삼성	68,782.0	16.1	64,897.1	18.0
LG	23,997.2	5.6	27,190.1	7.6
애플	16,883.2	3.9	8,270.1	2.3
RIM	13,004.0	3.0	10,752.5	3.0
ZTE	9,826.8	2.3	6,104.3	1.7
HTC	9,313.5	2.2	3,378.4	0.9
모토롤라	8,789.7	2.1	9,574.5	2.7
소니	7,919.4	1.9	9,865.7	2.7
화웨이	7,002.9	1.6	5,236.1	1.5
기타	154,770.9	36.2	104,230.3	29.0
합계	427,846	100.0	359,605	100.0

단위 : 1000(대)

출처 : 가트너(Gartner), 2011년 5월

가지 전략적 실수를 저지른다.

과거 성공 경험은 특정한 문제나 이슈가 발생했을 때 긍정적인 요소로 작용하지만, 장애가 되는 경우도 흔하다. 기업의 변화와 혁신은 과거 성공 경험 때문에 발목 잡히는 경우가 아주 많다. 노키아가 모토롤라를 제치고 피처폰 시장의 절대 강자가 되고 그 위치를 공고히 유지한 데는 부품 플랫폼화로 다양한 모델에 같은 부품을 사용해 제조원가를 획기적으로 낮추고, 원 칩One Chip 전략으로 가격 경쟁력을 확보한 것이 중요한 역할을 했다.

애플이 2007년 스마트폰을 출시해 기존 피처폰 시장을 대체하는 창조적 파괴자 역할을 하고자 했으나, 스마트폰이 곧바로 엄청난 시장점유율을 기록하지는 못했다. 당시 스마트폰이 획기적으로 성장하지 않은 까닭은 성능 때문이다. 2000년대 후반 2G 네트워크 환경에서는 지금보다 속도가 현저히 느렸고, 유저 인터페이스도 고객에게 친화적이지 않았으며, 기존 피처폰에 비해 값이 터무니없이 비쌌다. 보통 초기 혁신 제품은 수요가 낮고, 기술 개발 자금이 높아 값이 비싸다. 삼성에서 초기에 출시한 휴대전화 역시 엄청난 고가였다.

스마트폰에 집중하는 애플과 반대로 노키아는 기술혁신으로 제조원가를 낮춘 성공 경험을 토대로 성능이 떨어지는 초기 스마트폰 시장은 고객에게 곧 외면당할 거라 판단하고, 스마트폰 팀을 피처폰 팀에 통합하는 결정적인 실수를 저지른다. 그리고 기술 경쟁력과 가격 경쟁력을 바탕으로 피처폰 시장의 절대 강자 위치를 강화하기 위해 중국 제조사가 독점하던 저가 시장에 진출한다. 이 두 가지 의사 결정의 실수가 휴대전화 시장에서 노키아를 침몰시켰다. 현재 휴대전화 시장에서 스마트폰이 차지하는 위상을 아는 독자는 '멍청한 결정'이라고 생각하기 쉽지만, 당시 노키아의 정보력과 자원은 엄청났다. 그런 노키아가 실수를 저지르는 것은 부족해서가 아니라, 시장의 절대 강자가 변화와 혁신에 성공하기는 그만큼 쉽지 않다는 것을 증명한다. 오히려 시장의 표준은 자신들이 만든다고 자만할 수 있다. 자신의 걸음이 곧 길이 된다는 착각이다.

비슷한 시기에 노키아와 유사한 결정을 내린 국내 기업도 있다. 2021년 4월 5일 LG전자는 같은 해 7월을 기점으로 휴대전화 생산과 판매를 종료한다고 선언했다. 23분기 연속 적자, 누적 적자 약 5조 원을 기록하던 휴대전화 사업에서 철수한 것이다. 189쪽의 표를 보면 LG전자는 2010년 전 세계 휴대전화 시장에서 3위를 기록했다. '프라다폰', '초콜릿폰', '샤인폰' 등으로 한때 LG는 피처폰 시장의 강자로 군림했으며, 미국의 코드 분할 다중 접속Code Division Multiple Access, CDMA 시장점유율 1위를 기록하기도 했다.

LG전자가 휴대전화 시장에서 두각을 나타낼 수 있도록 이끈 리더가 남용 부회장이다. 그는 피처폰 시장의 성공을 바탕으로 스마트폰 시장의 전략을 수립하기 위해 2008년에 전략 컨설팅 업체 맥킨지앤드컴퍼니에 컨설팅을 의뢰했다. 당시 LG가 매년 맥킨지에 지급한 컨설팅 비용이 약 300억 원 규모였다고 한다. 맥킨지는 노키아와 마찬가지로 스마트폰의 돌풍이 '찻잔 속의 태풍'으로 불었다 꺼질 것으로 전망하고, 스마트폰보다 LG전자가 잘하는 피처폰 시장을 강화하고 마케팅에 집중하라고 조언했다고 한다. 프로젝트 후 LG그룹이 맥킨지 출신 경영진을 대거 영입하고, 피처폰 시장을 강화하고 스마트폰 시장 진입에 2~3년 주저한 걸 보면 이 내용이 사실인 듯하다.

남용 부회장은 피처폰 시장에서 성공했으니 '잘하는 것을 더 잘하라'는 맥킨지의 조언을 받아들이기 쉬웠을 테고, 맥킨지도 세계 1위 노키아 역시 비슷한 결정을 한 것을 보면 일면 합리적인 조언을 했다고 이해할 수 있다. 지금 보면 터무니없지만. 그 후 남용 부회장은 떠났고, LG그룹과 맥킨지가 10년 이상 관계를 단절한 것 역시 이 결정의 후폭풍으로 보인다.

반면 삼성전자는 LG전자와 대조적으로 애플의 스마트폰이 판매 대수는 적으나 반응이 폭발적임을 인식하고, 완성도는 낮지만 스마트폰 '옴니아'를 재빨리 출시하고 시장 반응을 살피는 전략을 택했다. 삼성전자는 특정한 제품 전략 없이 가능한 한 빨리 다양한 스마트폰을 출시하고 약점을 보완했다. 삼성전자가 명확한 전략과 의지로 이런 전략을 택했는지는 알 수 없지만, 이는 많은 기업이 접목하는 '애자일Agile' 기법과 유사하다. 빠른 출시로 시장을 선점하고 개선해나가는 전략이다.

2001년 제프 서덜랜드Jeff Sutherland와 소프트웨어 개발자 17명이

'애자일 소프트웨어 개발 선언문Manifesto for Agile Software Development'을 발표했다. 이는 전통적인 소프트웨어 개발 방식에 대한 반성에서 시작된 것이다. 결함이 없는 소프트웨어 개발 방식은 시간과 자원이 많이 소요돼 고객과 시장의 요구에 민첩하고 적절하게 대응할 수 없는 한계가 있다. 그리고 소프트웨어의 특성상 사용에 따른 수정과 보완이 필수적인 면이 있다. 아무리 사전에 모든 것을 검증하려고 해도 자원과 시간만 소모될 뿐이다. 애자일은 완벽한 계획과 결과물을 출시하는 게 아니라 빠른 속도로 시제품을 출시하고, 고객과 시장의 반응을 즉각적으로 반영해 결과물을 수정·보완하는 방식이다.

당시 옴니아는 소프트웨어가 불안정하고 너무 많은 기능으로 배터리 지속 시간이 짧은 점 등 다양하고 치명적인 단점을 노출했지만, 결국 스마트폰 시장에 안정적으로 정착한 '갤럭시' 탄생의 밑거름이 됐다. 삼성전자는 지금도 전 세계 휴대전화 시장의 강자로 군림하고 있고, LG전자는 2021년 사업을 포기했다.

또 다른 사례로 20세기 최고 기업으로 칭송받던 코닥이 있다. 노키아도 그렇지만, 사실 코닥의 추락은 충격적일 정도로 오랫동안 기술혁신 실패의 상징이었다. 이런 코닥의 실수 역시 성공한 기업이 영속하지 못하는 원인에 대한 많은 시사점을 준다. 1881년에 설립한 코닥은 100년 이상 필름과 카메라 시장의 절대 강자였다. 창업자 조지 이스트먼George Eastman은 기술 개발자에게 "원하는 모든 것을 연구하라", "사진 기술의 미래가 돼라"고 강조했다. 기술에 대한 창업자의 관심은 코닥이 전 세계 기업 중 가장 많은 특허 기술을 보유하는 원동력이 됐다. 이런 특허 기술은 비록 필름 시장의 코닥은 실패했지만, 코닥이 실패를 딛고 지금까지 기술 기업으로 남은 힘이기도 하다.

아이러니하게도 필름 시장을 강타한 디지털카메라 역시 가장 먼저 개발했다. 1975년 코닥의 젊은 기술자 스티븐 새슨Steven J. Sasson이 디지털카메라를 만든 것이다. 노키아가 경쟁자보다 일찍 스마트폰을 개발하고도 주저한 것처럼, 코닥 역시 무겁고 부피가 큰 이 신제품을 무시했다. 당시 기술력으로는 경쟁력이 떨어지기도 했지만, 필름 시장의 절대 강자가 제 살을 깎아 먹을지 모르는 디지털카메라 기술을 개발한다는 부담이 있었을 것이다. 노키아나 LG전자가 피처폰 시장을 지키기 위해 스마트폰을 평가절하한 심리와 마찬가지일 것이다.

반면 후지필름은 코닥의 디지털카메라를 보고 연구에 착수, 10년 뒤인 1988년 첫 제품을 출시한다. 후지필름은 필름 시장의 약자였기에 디지털카메라에 대한 거부감이 덜했을 것이다. 후지필름의 입장에서는 어떻게 하든 게임의 룰을 바꿀 수 있는 무기가 필요했고, 코닥이 만든 제품을 자신의 무기로 만든 것이다. 이런 차이로 코닥은 2012년 파산 신청을 했고, 후지필름은 건재하다.

기업만 그런 것이 아니다. 문화와 국가 역시 마찬가지다. 13세기 칭기즈칸이 조그만 몽골제국을 토대로 거의 전 세계 절반을 차지한 것도 혁신적인 기술을 통해 전쟁의 법칙을 단숨에 바꿨기 때문이다. 그들의 혁신은 기동력과 속도다. 그 속도를 가능하게 한 것은 기마병의 말 다루는 기술과 물류 시스템이다. 당시 몽골군은 전쟁에서 군대의 이동속도를 느리게 하는 주원인인 보급 부대가 없었다고 한다. 육포나 건조한 음식을 개개인이 가지고 다녀, 군대 이동속도가 상상할 수 없을 정도로 빨라졌다. 동에 번쩍 서에 번쩍 하는 그들을 상대하기는 불가능했을 것이다. 출몰 예상 시간이나 속도를 몇 배나 앞당긴 몽골군에 대적할 경쟁자가 있었을까. 며칠 후에 도착해야 하는 적군이 자고 일어나니 나를 공격하고 있다. 식사 시간도 없이 공격하는 적군은 당시 유럽 전쟁 문화에서 상상할 수 없는 적이었다.

우리나라 역사도 혁신의 실패 사례가 아닐까. 조선이 동시대 전 세계에서 최장 기간인 518년(1392~1910년) 동안 같은 왕조를 유지했다는 사실은 그만큼 통치 시스템이 정교했다는 증거다. 지정학적 위치를 고려하면 외교력이나 군사력 역시 갖췄을 것이다. 조선의 역사를 부정하는 것은 논리적이지 않다. 그러나 우리나라는 결국 제국주의 국가들의 각축장이 됐다. 일제 식민 통치도 혁신에 실패했기 때문이다.

국가, 기업, 조직의 혁신이 어려운 원인이 뭘까. 최강자는 자본과 기술, 인력 등 모든 면에서 최상의 자원을 갖추고 있으면서도 왜 변화와 혁신에 실패할까. 기술이 부족하거나 제품이 없어서가 아니다. 혁신이나 방향을 몰라서도 아니다. 오히려 혁신을 먼저 시도했다. 노키아는 스마트폰을 창조적 파괴자인 애플보다 먼저 만들었고, 코닥 역시 후지필름보다 먼저 디지털카메라를 만들지 않았는가.

여기 선도 기업이 실패하는 원인을 설명하는 두 가지 이론을 소개한다. 하나는 '현상 유지 편향'이다. 에모리대학교 고이주에 타경영대학원 잭디시 세스Jagdish N. Sheth 교수, 보스턴대학교 윌리엄 새뮤얼슨William Samuelson 교수, 하버드대학교 리처드 잭하우저Richard J. Zeckhauser 교수, 프린스턴대학교 대니얼 카너먼Daniel Kahneman 교수가 이것을 주장했다. 그와 관련된 간단한 실험 결과를 소개한다. 윌리엄 새뮤얼슨과 리처드 잭하우저 교수는 첫 번째 집단 학생에게는 대학교 로고가 새겨진 머그잔과 스위스 초콜릿 바를 자유롭게 선택하게 하고, 두 번째 집단에게 머그잔을 준 다음 초콜릿 바로 바꿀 수 있도록 하고, 세 번째 집단에게 초콜릿 바를 준 다음 머그잔으로 바꿀 수 있도록 했다. 첫 번째 그룹은 약 56퍼센트가 초콜릿 바를 선택했으나, 두 번째와 세 번째 그룹은 먼저 받은 것을 유지한 확률이 90퍼센트였다. 이는 처음 받은 물건, 즉 현상을 유지하려는 경향을 설명한다. 이 실험이 아니라도 우리는 비슷한 길로 다니고, 만나는 사람을 계속 만나지 않는가. 한 산업에서 성공한 경험이 그것을 유지하고, 새로운 게임 룰이나 시장을 평가절하하는 이유가 여기 있다.

다른 이론은 클레이튼 크리스텐슨이 《혁신 기업의 딜레마》에 정리한 내용으로, 성공한 기업이 환경 변화를 알면서도 변신에 실패하는 다섯 가지 원칙이다. 첫째, 기업의 의사 결정은 고객과 투자자의 만족을 중심으로 이뤄진다. 따라서 기존 고객을 더 만족시키고, 단기적인 수익을 원하는 대다수 주주의 이익을 늘리는 방향으로 의사 결정이 이뤄진다. 결국 새로운 시도보다 기존 방식을 더 잘하는 쪽을 선택하게 된다. 둘째, 파괴적 혁신이 나타나는 새로운 시장은 작기 때문에 성공한 기업의 관심을 끌기 힘들다. 노키아에게 스마트폰 시장이, 코닥에게 디지털카메라 시장이 그랬다. 큰 시장에서 돈을 잘 버는 성공한 기업이 미미해 보이는 새로운 시장에 진지한 관심을 두겠는가. 충분한 시장 규모는 기업이 신규 사업을 결정할 때 사용하는 주요한 지표다. 셋째, 파괴적 혁신으로 새롭게 형성된 시장은 분석하고 이해할 자료가 없다. 성공한 기업의 강점 중 하나가 축적된 경험과 자료에 입각한 전략이다. 이것이 없으면 새롭게 등장한 시장은 이해하기 어렵고, 행동으로 옮기기는 더 힘들다. 관료화된 조직에서는 더더욱 이 시장을 무시하게 된다. 넷째, 기업의 강점과 약점은 양면성을 띤다. 한 측면이 강하다는 건 다른 측면이 약하다는 의미다. 성공한 기업은 지금까지 해온 게임의 룰에 강하기 때문에 새로운 게임의 룰에 결정적인 취약점을 보일 수 있다. 다섯째, 기술 발전과 시장 수요 변화는 다른 궤적을 그린다. 고객이 특정 제품이나 서비스를 선택해 구매하는 요인을 보면 처음엔 새로운 기능에 끌리다가, 점차 신뢰성과 편리성을 거쳐 가격으로 진화한다. 성공한 기업은 상당 기간 연마해온 기술을 완벽하게 구현하려다 자칫 고객이 필요로 하지 않는 기술 중심의 제품과 서비스를 선보일 수 있다.

더그 맥밀런이 제시한
소매업 매출 순위 변화

연도	1950	1960	1970	1980	1990	2000	2010	2017
1	Sears	Sears	Sears	Sears	Walmart	Walmart	Walmart	Walmart
2	E.J. Kovette	Kmart	Fortune Brands	Kmart	Sears	Kroger	Kroger	Kroger
3	Fortune Brands	Fortune Brands	Kmart	Fortune Brands	Kmart	Sears	Target	Amazon
4	Kmart	Brown shoe	Gibson	F.W. Woolworth	Kroger	Home Depot	Walgreen	Costco
5	Brown shoe	E.J. Kovette	Zayre	Gemco	Target	Albertsons	Home Depot	Home Depot
6	Hartmarx	Magnavox	Brown shoe	Target	J.C Penney	Kmart	Costco	Walgreen
7	Magnavox	Hartmarx	E.J. Kovette	T.G&Y Family Centers	American Stores	Target	CVS	CVS
8	S&W Fine Foods	–	F.W. Woolworth	Walmart	Costco	J.C Penney	Lowe's	Target
9	–	–	Two guys	Zayre	Super -Valu	Costco	Best buy	Lowe's
10	–	–	Topps	Jewel Osco	Home Depot	CVS	Sears	Albertsons

위 표는 2018년 12월 월마트 CEO 더그 맥밀런Doug McMillon이
한 방송에 출연해 소개한 것이다. 그는 인터뷰에서 "우리는 소매
업체가 나타났다 사라지는 것을 잘 안다. 기업은 성장하지만, 충

분히 변하지 않으면 시간이 지남에 따라 몰락한다. 소매업체는 약간 더 빠른 주기로 그렇게 된다"고 했다. 인터뷰 얼마 전, 한때 유통업에서 전 세계 부동의 1위 기업인 시어스가 126년 역사를 뒤로하고 2018년 10월 파산 신청을 했다. 사진을 보면 월마트는 1950년 이후 1위를 놓치지 않던 시어스를 제치고 1990년 이후 줄곧 1위를 차지하고 있다. 월마트 역시 물류 시스템 혁신과 같이 게임의 룰을 바꿔 업계 1위 자리를 차지했다.

그러나 지금은 아마존의 거센 도전에 직면하고 있다. 아마존은 온라인 소매 분야에서 월마트와 비교할 수 없는 절대 강자가 됐다. 전체 매출 규모는 아직 월마트가 앞서지만, 아마존은 예전 월마트보다 훨씬 빠른 속도로 급성장하고 있다. 200쪽 그래프를 보면 맥밀런의 진심이 느껴진다. 그는 인터뷰에서 이런 말도 했다. "시어스뿐만 아니라 다른 기업의 성장과 몰락을 목격하면서 우리에게도 일어날 수 있는 일임을 상기시킨다."

필자는 앞서 소개한 바와 같이 한 지상파 방송사에서 사외이사와 감사위원을 역임했다. 방송 산업 역시 혁신에 따라 게임의 룰이 바뀌고 있다. 과거에는 지상파가 중심이었지만 이제는 종편과 지상파의 경계가 허물어지며, 뉴미디어의 급속한 발전은 지상파의 공고한 위치를 인정하지 않는다. CJ는 스튜디오를 중심으로 발 빠르게 콘텐츠를 생산·유통해, 기존 강자들과 다른 방식으로 미디어 산업을 선도하고 있다. 글로벌 OTT는 동북아시아에 위치한 분단 국가의 특수한 감성과 콘텐츠 제작 역량을 인정하고, 우

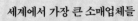

세계에서 가장 큰 소매업체들
2020년 글로벌 판매 추정치에 기반한 전 세계 상위 10위

단위 : 달러($)

업체	금액
월마트	5278억
아마존	2682억
코스트코	1566억
슈바르츠 그룹	1333억
크로거	1249억
월그린스 부츠 얼라이언스	1164억
홈디포	1113억
알디	1106억
징동상청	1033억
까르푸	942억

출처 : 칸타(Kantar)

* 2019년 회계 결과와 2020년 3~4월에 보고된 YTD 결과에 기초한 추정치.

아마존의 1997~2019년 매출과 순이익

—— 매출 ——— 순이익

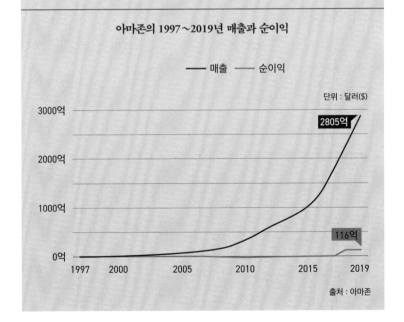

단위 : 달러($)

출처 : 아마존

리나라의 생산 시스템에 계속 투자하고 있다.

그동안 콘텐츠 생산 시스템을 거의 독점하던 지상파 3사는 많은 인력을 뺏겼고, 새로운 미디어 기업과 글로벌 OTT의 투자에 따른 생산비 증가로 생산을 포기하는 실정이다. 높아진 제작 원가나 내부 직원의 기획력 부족으로 드라마는 아웃소싱 체계로 전환하고, 일정 수익성이 담보되는 예능 프로그램을 중심으로 편성한다. 이제 지상파 3사가 보유한 시스템으로는 제작 요소를 내재화할 여력이 없다. 그들은 제품을 만들지 않음으로써 비용을 절감하고, 수익을 개선하는 전략을 취하고 있다. 다행히 코로나19 시대 시청률 증가로 때아닌 호황을 누리고 있다. 미래의 불확실성은 증가하고 환경 역시 우호적이지 않으나, 그들은 단기적인 성과로 자아도취에 빠졌다.

경영자야 단기적인 성과를 부각해야 한다지만, 그들의 운명이 달라진 건 아니다. 생산하지 않는 기업이 성공할 수 있을까? 그들은 혁신 대신 만들지 않음으로써 수익을 내는 쉬운 길을 택했다. 지상파 플랫폼이라고 해도 제대로 된 콘텐츠 없이 성공할 수 있을까? 아웃소싱으로 가능하다고 말하는 사람도 있지만, 지금의 사고와 투자 방식으로는 그 규모가 계속 줄어들 수밖에 없다. 외부 요인으로 인한 때아닌 호황은 그것이 끝난 후 도태 속력을 더 가속화할 가능성이 크다. 바뀐 게임의 룰에서 기존 룰의 강자가 살아남을 확률은 희박하다는 사실을 유념해야 한다.

기업의 성장과 쇠퇴 과정을 살펴보면 사람의 삶처럼 명과 운이 있다. 그리고 개인의 삶을 결정하는 음양오행의 작용 메커니즘은 기업의 성장과 쇠퇴 과정을 정확하게 설명하고 있다. 경영학을 토대로 그 원인을 알아봤으니, 이제 명리학을 토대로 기업의 명과 운이 어떻게 생성되는지 살펴보자.

9장

변화와 혁신을 담보하는
건전한 생태계를 조성하라

지금까지 최고의 기업조차 의사 결정에서 실패하는 원인으로 변화와 혁신에서의 도태 과정을 설명했다. '명리 경영'에서 주장하는 경영 원칙의 지향점은 기업이 지속적으로 성장할 수 있도록 변화와 혁신이 끊이지 않는 건전한 생태계를 조성하는 것이다. 건전한 생태계는 변화와 혁신을 유도하는 경영 환경이자 기업 문화, 일하는 방식을 의미한다.

여기서 '건전한 생태계'는 클레이튼 크리스텐슨이 《혁신 기업의 딜레마》에서 말한 성공한 기업이 환경 변화를 인지하거나 변화를 이끌었음에도 불구하고 혁신에 성공하지 못하는 환경과 반대되는 개념으로, 혁신을 유도하고 조장하는 환경을 뜻한다. 즉 현상 유지 편향, 위험 회피, 성공 경험에 대한 집착, 새로운 시장과 고객 니즈 무시 등 변화와 혁신을 가로막는 장애물을 걷어내고, 끊임없는 변화와 혁신을 추구하는 DNA가 살아 숨 쉴 수 있는 환경이 곧 건전한 생태계다.

조직이나 지역, 국가, 기업이 구축한 환경을 생태계로 비유한 것은 환경을 구성하는 각 요소가 끊임없이 상호작용을 통해 유지되는 것이 생태계와 흡사한 구조기 때문이다. 기업에 법인격이 부여된 것처럼 실상은 사람과 같이 생태계의 건전성에 따라 명과 운이 결정된다. 생태계가 건전하기 위해서는 무엇보다 종의 다양성이 확보되고, 각 종이 온전히 존재하고 힘이 있고 건전해야 한다. 어느 한 요소가 결핍되거나 불완전하면 균형을 잃어 개인의 극단적인 삶이 표출되는 것처럼 기업 역시 극단적인 길을 걷게 된다. 생태계가 파괴되듯이 조직이나 기업도 소멸하는 것이다.

필자가 명리 경영이라는 용어까지 대동해 건전한 생태계의 개념을 설명하는 이유는, 아무리 많은 자원을 보유하더라도 변화와 혁신은 인간 본성을 거스르는 행위로 그대로 두면 실패할 가능성이 크기 때문이다. 최고의 위치에 있더라도 살아남기 위해서는 경영자가 강력한 의지로 반드시 건전한 생태계를 조성해야 한다.

앞서 사주의 여덟 자가 환경과 상호작용을 통해 구체적인 삶이 결정된다고 했다. 여덟 자가 서로 생극제화 작용을 할 때, 환경 역시 사주팔자의 생극제화 작용에 영향을 미친다. 즉 환경에 따라 특정 기질이 강하게 발현될 수도 있고, 발현이 억제될 수도 있음을 아는 게 핵심이다. 따라서 건전한 생태계를 조성해 변화와 혁신에 필요한 인자를 강하게 발현시키면 우리가 원하는 혁신을 이룰 수 있다. 명리 경영에서 주장하는 경영 원칙은 혁신의 인자를 확보하고 강하게 발현시키는 환경 조성에 필요한 것들이다.

굳이 필자가 주장하는 명리 경영의 건전한 생태계라는 개념이 아니더라도 변화와 혁신을 유도할 수 있는 환경의 중요성은 오랫동안 수많은 학자와 경영인이 주장하는 바다. 그런데 안내판과 경고문이 곳곳에 걸려 있어도 수많은 기업이 잘못된 길로 들어서고, 바른 길을 찾아 혁신에 성공한 기업마저 그들이 무너뜨린 기업이 걸어간 길을 답습한다. 앞서 언급한 월마트 역시 월등한 자원을 갖췄음에도 아마존이 성장하는 동안 제대로 혁신하지 못한 상황이다.

왜 그럴까. 왜 알고도 당하고, 경계함에도 그 길을 그대로 따라갈까. 필자 역시 오랫동안 컨설팅과 경영 현장에서 변화와 혁신을 이야기했지만, 기업은 사람만큼이나 잘 변하지 않는다는 사실에 놀라곤 했다. 명리학을 공부한 뒤에야 그 명확한 이유를 알게 됐다. 현상 유지 편향, 위험 회피 등으로 설명되지만 혁신의 길은 결국 인간 본성을 거스르는 것이고, 안정과 편안함에 적응하는 것은 자연의 순리이기 때문이다. 안다고 모두 실행할 수 있으면 세속적인 부와 귀의 차이가 있을까. 알면서도 이루지 못하는 게 사람의 본성이다.

앞에서 특정 산업의 절대 강자들이 혁신에 실패한 사례를 경영학적으로 살펴봤다. 이제 명리학의 음양오행 작용 메커니즘을 토대로 혁신에 성공하는 기업의 조직 문화와 의사 결정 메커니즘, 혁신에 성공한 이후 변화에 실패하는 기업의 조직 문화와 의사 결정 메커니즘을 비교해서 알아보자. 이를 통해 변화와 혁신의 DNA가 발현되는 환경과 억제되는 환경을 알 수 있는데, 이것이 '건전한 생태계'의 정확한 의미를 이해할 수 있도록 돕는다.

음양오행의 작용 메커니즘을 통해 혁신에 성공하는 기업과 실패하는 기업의 조직 문화와 의사 결정 시스템을 설명할 수 있는 것은 명리학이 인간 본성, 환경과 사람이 상호작용하는 기본 원리를 설명하기 때문이다. 기업 역시 사람으로 구성되고, 사람의 행위를 규제하는 조직 문화에 영향을 받기 때문에 사람의 길흉화복을 점치는 명리학을 경영에 접목할 수 있는 것이다. 사람의 명과 운을 결정하는 음양오행의 작용 메커니즘을 요약하면 일간, 비, 식, 재, 관, 인이 형성되는 원리와 육신의 상호작용으로 인해 길흉화복이 결정되는 것이다. 이것이 사람의 명과 운을 결정하는 것처럼 기업의 명과 운 역시 음양오행 작동 메커니즘에 의해 결정된다.

기업이 기존 제품이나 서비스를 대체하는 새로운 게임의 룰을 만들어 세상에 나오는 것이 식의 작용이다. 식의 활동이 성공하면 시스템화를 통해 재를 형성한다. 매번 새롭게 시작할 수 없으니,

기능과 시스템을 통해 안정적으로 재가 창출될 수 있는 기반을 만드는 것이다. 재는 필연적으로 스스로를 보호하기 위해 관을 강화한다. 조직 내부로는 규칙과 규율이나 지시와 통제의 조직 문화가 그것이고, 외부로는 정부, 관공서, 언론, 정당 등과의 대관 업무가 그것이다. 관이 강화되면 인을 불러온다. 완벽한 기획, 문서 중심의 소통, 과거의 성공 경험에 집중하는 것이다. 식이 불러온 재, 관, 인은 결국 재를 확대하고, 지키고, 보호하는 역할을 수행하기 때문에 초기에는 아주 효율적이고 효과성이 높은 시스템으로 인식되어 더 강화되는 속성이 있다. 덕분에 돈이 기업 내에 쌓이게 되니 누가 부정할 수 있겠나.

문제는 새로운 혁신을 통해 게임의 룰을 만들고 성공하는 과정은 식에서 비롯되나, 성공한 후 형성되는 재, 관, 인은 아이러니하게 식을 무력화하고 파괴하는 데서 발생한다. 재, 관, 인이 발달하면 조직은 관료주의 조직 문화, 완벽주의, 문서 중심의 커뮤니케이션, 과거의 성공 경험에 도취, 비용 통제 등으로 환경 변화와 새로운 시장에 대해 평가절하하고, 내부의 새로운 시도를 무력화하고, 변화와 혁신을 주장하는 사람을 배제하거나 이탈시키게 된다. 결국 성공의 시작이었던 변화와 혁신의 인자인 식이 힘을 잃는다. 게임의 룰은 지속될 수 없고, 환경은 변화할 수밖에 없기 때문에 식의 작용이 무력화되면 변화와 혁신에서 도태될 수밖에 없다. 성공한 기업이 최고의 위치에 오래 있을수록 의사 결정에 실패할 수밖에 없는 이유다.

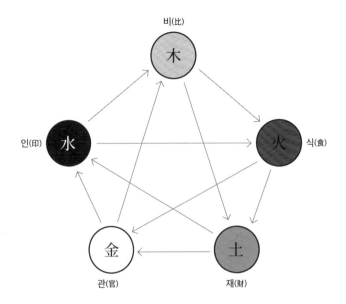

아주 중요한 작용 원리니 세부적으로 살펴보자. 지금부터 이야기하는 명리학의 작용 메커니즘은 서두에서 설명한 음양오행의 작동 원리, 육신과 십성의 개념이 나온다. 용어가 익숙지 않으면 '명리학의 이해 1, 2'를 다시 읽어보시기 바란다.

위의 그림과 같이 오행인 목-화-토-금-수는 각기 자기 다음 오행을 생하는 작용을 한다. 목생화, 화생토, 토생금, 금생수, 수생목의 작용이다. 그다음은 극의 작용으로 각 요소는 다다음 오행을 극한다. 목극토, 토극수, 수극화, 화극금, 금극목의 작용이다. 생극이외 제는 지나친 것을 경계해서 제어하며, 화는 상호작용으로 변하는 것을 의미하는데, 이 역시 생극에서 파생된 개념으로 보면 될 듯하다.

2부 | 명리 경영 : 기업의 명과 운을 바꿔라

기업은 식의 작용에 의해 설립되는데, 기업이 설립되는 것은 뭔가를 일구기 시작해 성취하는 바가 있기 때문이다. 위의 그림에서 기준이 되는 오행이 정해지면 그 오행이 힘을 써 생하는 게 식, 즉 식신과 상관이다(일간과 같은 음양이면 식신, 다른 음양이면 상관). 식은 일간을 기준으로 일간이 생하는 오행으로, 나무(木)를 기준으로 할 때 불(火)이 식이다. 나무를 태워서 불이 일어나는 것이다. 사주에 식상이 강하면 새로운 길을 모색하고, 관습을 타파하며, 열정과 봉사, 행동력, 표현력 등이 강하다. 식상을 일컫는 다른 말은 재원으로, 재를 불러들이는 원천이라는 뜻이다. 이렇게 식상이 강하게 활동하면 결국 재가 형성될 가능성이 높아진다. 사람이 노력으로 땅을 일구는 행위를 식상으로 표현하고, 그 결과 추수하는 곡식이 재물이다. 사람이든 기업이든 새로운 부가가치를 위한 시작점이 식상이기 때문에 기업 활동에서 가장 중요한 오행은 역시 식이다. 식은 건전한 생태계가 반드시 확보해야 하는 변화와 혁신의 인자다. 명리 경영의 시작과도 같다.

식상이 새로운 게임의 룰을 만드는 것은 관을 극하는 작용 때문이다. 관은 기존의 질서, 안정, 윗사람, 상위 조직, 법규, 위계, 통제 등을 뜻한다. 식상이 강하면 관을 극해 기존 질서나 규제, 규율, 지시와 통제 등을 거부하고 개선하려는 의지를 보인다. 이런 이유로 신분제도와 왕권 안정이 필요했던 유교 문화에서는 식상을 꺼렸다. 반면에 스타트업이나 혁신에 성공하는 기업은 기존 게임의 룰인 관을 무너뜨리고, 새로운 도전을 시도하는 행위인 식상이 아주 중요한 성분이다. 기술혁신을 바탕으로 한 벤처기업과 스타트업으로 크게 성공한 사람은 식상(특히 상관) 성분이 강한 경우가 많은데, 혁신을 담보하는 성분이다.

식상은 어떤 조건에서 강하게 발현될 수 있을까. 당연히 사주팔자에 식상이 존재하고, 식상을 극하는 요소들이 없어야 한다. 기업이라는 생태계에서도 식상이라는 구성 요소가 잘 갖춰지고, 그것이 잘 발현될 수 있도록 극하거나 파괴하는 요소가 없어야 한다. 식상은 그것을 생하는 육신인 일간과 비가 있을 때 강해진다. 즉 불이 식상이면 불쏘시개인 목이 강할 때 불이 왕성해진다. 당연히 젖은 나무보다 마른 나무가 있으면 그 불이 더 힘차다.

일간과 비가 강하면 자의식, 에너지, 동료, 의지 등이 강해서 자신이 뭔가 성취하고자 하는 마음이 강해진다. 일간이 강한 사람은 아무래도 자기 사업에 대한 욕구, 기업가 정신이 강하다. 이런 일간을 극하는 것이 관이다. 회사 내 규율과 규칙, 기존 시장 질서, 상사의 지시와 통제 등은 식을 생하는 일간을 극함으로써 식을 무력화할 수 있다. 개인의 관이 지나치게 강하면 일간을 극해 새로운 도전이 쉽지 않고, 질서에 순응하는 성향이 발현된다. 모든 책임을 스스로에게 묻는 자책하는 마음도 강하다. 그러면 도전할 수 없게 된다. 기업의 관이 지나치게 강하면 구성원이 새로운 시도를 할 의지를 꺾는다. 반면 관이 일간을 극하는 것이 약해지면 일간이 새로운 도전과 시도를 통해 재원으로 활동한다.

간혹 성공한 CEO의 스토리를 살펴보면 회사에서 갑자기 해고돼 절망하던 사람이 새로운 도전으로 엄청나게 성공하는 것을 볼 수 있다. 관이 꺾여 일간의 의지가 강해지고, 그것이 생하는 식신과 상관이 발현되는 이치다. 반면에 관이 좋아 좋은 직장에 안정적으로 다니는 사람은 새로운 시도와 도전을 꺼린다. 성공한 CEO에 비해 개인적인 역량이 떨어져서가 아니라, 시도하지 않기 때문에 성취가 없는 이치다. 관이 강해도 일간이 강한 사람은 지시나 통제를 이기는 마음이 있기에 기업가 정신이 강하다.

관에서 보다 중요한 생극 작용 원칙은 극하는 관계에서 극을 받는 쪽의 힘이 더 강하면 오히려 극하는 쪽이 다친다는 사실이다. 기본적으로 식이 관을 극하지만, 관이 비대해지면 오히려 식이 무력화된다. 덩치가 큰 쥐는 고양이를 공격하는 법이다. 기업이 성공하면 관이 강해지는데, 여러 번 이야기한 관료주의 조직 문화, 지시와 통제, 규칙과 규율이 이것이다. 이 경우 관 역시 식을 극해 변화와 혁신에 대한 시도 자체가 줄어들게 된다.

재라는 성분은 기본적으로 식상의 생을 받지만, 역으로 식을 보호하는 기능이 있다. 상호 보완을 통한 성취의 강화다. 재는 식상의 생을 받은 성취물을 의미하고, 성취물이 축적되면 재가 식상을 보호하게 된다. 다양한 자원을 배정하면 식상의 활동이 강화된다. 코닥이 왕성한 성과를 바탕으로 연구를 강화해 특허를 취득하고, 이를 활용해 디지털카메라를 처음 개발한 사례는 식상과 재의 상호작용으로 성취물이 강화되는 것을 잘 보여준다.

기업 활동에서 재를 가장 쉽게 풀이하면 시스템화, 제도화, 자동화 등이다. 식상으로 일군 재물을 안정적으로 얻기 위한 시스템화로 생각하면 쉽다. 문제는 재가 강화되면 관료주의가 심화하는 데 있다. 사주팔자에 관이 없더라도 재가 강하면 관을 불러온다. 회사 내부에 시스템화나 제도화가 진행되면 다양한 규칙과 제도, 조직, 역할과 책임Role and Responsibility, R&R, 관리 기능 등이 생긴다. 규칙과 규율을 정하고, 다양한 기능을 수행하기 위해 조직이 확대되고, 조직 간 업무 경계를 마련하고, 의사 결정의 정확성을 위해 수평·수직 구조를 강화하면 업무 효율성이 높아지고 자원의 낭비를 막을 수 있다. 재는 내부뿐만 아니라 외부의 관 역시 강화한다. 기업은 다양한 세금, 정부 규제, 자사에 유리한 정책 환경을 위해 필연적으로 정부나 관의 힘을 원한다. 명리학에서는 이를 관이호재管以護財라고 한다. 관으로 재를 보호한다는 뜻이다.

정리하면 식상으로 스타트업이나 혁신에 성공한 기업이 시스템화를 통해 안정적인 재를 확보하기 위해 노력하고, 재가 확대되면 필연적으로 관이 강화된다. 명리학의 음양오행 작용 메커니즘이 아니더라도 모든 조직과 기업이 본능적으로 나아가는 방향이다. 관료주의 문화는 성공한 기업의 자연스러운 진화 과정일 수 있다. 문제는 관이 강화되면 필연적으로 관료화가 진행된다는 사실이다.

인은 변화와 혁신의 인자인 식상에 직접적인 영향을 미친다. 인은 일간을 생하는 성분이다. 즉 불이 식상일 때 그것을 생하는 일간은 나무, 나무를 생하는 것은 물로, 나무를 기준으로 할 때 물이 인수다. 물은 불을 꺼뜨리니 인은 무조건 식상에 부정적이라고 판단하기 쉽다. 실상은 그렇지 않다. 물은 식상을 제대로 발현할 수도 있고, 식상을 꺼뜨릴 수도 있다. 불이 미쳐 날뛰면 물로 통제해야 좋은 불이 된다. 이것이 육신과 십성의 차이점이다. 조신한 불인 식신에 비해 상관은 지나치게 지펴진 불로 통제가 필요하다.

인은 생각, 지혜, 권리, 사고, 전략, 기획, 계획, 문서 등을 의미한다. 상관은 식신보다 기존의 관습을 깨고자 하는 욕구가 강하고, 행동도 거칠다. 상사에게 자기 의견을 적극적으로 어필하고, 제도를 개선하기 위해 능동적으로 활동하는 게 식신과 다른 상관의 특성이다. 상관은 인수가 있느냐가 성공의 열쇠가 될 수 있다. 지식과 지혜, 전략적 사고를 갖춘 상관은 성공하지만, 인수가 없는 상관은 반골 기질만 있을 뿐이다. 날뛰는 불을 통제하는 물이 인수의 작용이다.

반면 식신은 상관보다 의지가 약하기 때문에 자칫 잘못하면 인수는 식신의 의지를 꺾어버린다. 편인도식, 밥그릇을 엎는다는 뜻이다. 이를 기업 경영 활동에 적용하면, 전략과 기획 등은 실행 효과를 극대화할 수 있지만, 실행보다 계획이 우선시되는 경우 실행 자체를 막는 현상이 발생한다. 지나친 계획 중심이나 완벽주의가 구축되거나, 지원 기능을 담당하는 기획·예산 부서가 관리 기능을 담당하게 되면 식상에 부정적인 영향을 미친다. 인수가 식상을 적당히 통제하면 완벽한 사고와 행동이 되지만, 인이 너무 강하면 행동이 쉽지 않다. 생각이 많은 사람은 일을 저지르지 못한다. 우리는《혁신 기업의 딜레마》에서 성공한 기업이 완벽한 계획에 집착하거나, 데이터가 부재하다는 이유로 신규 시장이나 기술을 평가절하한 결과 변화와 혁신에서 도태되는 것을 확인했다. 그 이치가 인수의 부작용이다.

인수가 강해지는 것은 인수 자체가 강할 때도 있지만, 관이 인수를 생하기 때문에 인수를 강하게 만드는 경향이 있다. 성공한 기업의 지나친 관료주의 문화는 인수를 생하는 힘이 강해 인수의 부정적인 효과가 강해진다. 데이터 중심, 완벽한 계획 중심의 조직 문화가 형성되는 것이다. 이 경우 지원 기능을 담당해야 하는 재무·기획 기능이 오히려 변화와 혁신을 시도하는 사람과 부서를 완벽한 계획이나 데이터 부재 등을 이유로 통제한다.

앞에서 잠깐 언급한 것처럼 인수와 식상이 결합한 가장 이상적인 생태계 작용은 상관패인으로, 인수와 상관이 균형을 이룬 것을 뜻한다. 지식과 지혜, 계획에 바탕을 둔 열정과 끊임없는 도전의식이 그것이다. 최근 많이 회자되고 다양한 기업이 적용하는 애자일은 명리학에서 이야기하는 상관패인 개념이다. 인수가 식상보다 강해 완벽한 계획과 데이터를 요구하는 게 아니라, 인수와 식상이 균형을 이뤄 시장의 상황에 빠르게 반응하고 그 결과물을 토대로 수정·보완해 다시 도전하는 선순환 구조가 상관패인이 균형을 이룬 지점이다. 이 궁극적인 균형은 명리 경영에서 이야기하는 건전한 생태계, 애자일이 요구하는 끊임없는 도전과 혁신의 문화를 의미한다.

관료주의 조직 문화와 완벽주의로 인한 실패는 애자일을 적극적으로 도입하는 계기가 되지만, 결국 그런 시도가 실패하는 원인이 되기도 한다. 상관패인이 균형을 이루고 건전하게 작용하는 선순환의 모습을 그려보면, 이와 유사한 애자일도 결국 조직 문화를 의미한다. 애자일 조직 문화를 제대로 발현하기 위해서는 식상이 제 역할을 할 건전한 생태계가 조성돼야 한다. 경영진이 애자일 도입을 천명한다고 되는 게 아니라, 명리 경영에서 이야기하는 바와 같이 건전한 생태계를 조성하기 위해 지시와 통제의 문화를 버리고 지나친 수직 문화를 경계하며 완벽함보다 실무를 담당하는 고객 접점 부서 구성원 개개인의 책임과 권한 강화가 필요하다.

지금까지 명리 경영의 최상위 개념인 '건전한 생태계'와 그것이 파괴되는 원리에 대해 설명했다. 건전한 생태계는 각 구성 요소가 건전하고 상호 견제와 균형이 맞을 때 유지된다. 앞에서 본 바와 같이 어느 하나가 지나치게 강하면 균형이 깨진다. 이는 결국 경영자가 강한 의지를 통해 구축해야 하는 환경이자 조직 문화의 개념이다.

우리는 절대 쓰러질 것 같지 않던 기업이 몰락하고, 스타트업이 과거에는 불가능한 속도로 전 세계를 지배해가는 것을 보고 있다. 이런 환경에서 과거 성공 경험이나 데이터를 기반으로 완벽한 계획 및 안정과 효율성을 추구하는 관료화된 조직은 도전과 변화가 쉽지 않고, 설사 그런 시도를 권장한다고 해도 골든 타임을 놓칠 가능성이 크다. 오히려 우리가 처음에 성공한 것처럼 창의력과 도전 정신을 바탕으로 기존 질서와 환경을 끊임없이 개선하려는 DNA를 유지하고, 이를 방해하는 관료주의 조직 문화를 타파한 다면 변화와 혁신을 통해 환경에 적응하고 성공할 수 있다.

앞으로 소개할 기업의 건전한 생태계를 조성하기 위한 노력에 는 조직 구조, 의사 결정 시스템, 책임과 권한 배분, 리더의 역할 등 모든 경영 시스템을 대상으로 변화와 혁신이 요구된다. 건전한 생태계를 조성하기 위한 다양성 확보, 지시와 통제의 관료 조직 문화 철폐, 현장의 책임과 권한 강화, 생태계 파괴자 제거 등은 연 계되며, 별개로 존재할 수 없음을 앞으로 살펴볼 것이다.

10장

변화와 혁신의 인자,
사람을 지켜라

건전한 생태계는 급변하는 환경에서 지속적인 변화와 혁신을
유도할 DNA를 확보하고, 이것이 발현될 수 있는 환경을 조성하
는 것을 의미한다고 했다. 이를 위해서는 변화와 혁신의 의지를
말살하는 모든 제도와 시스템을 개선해야 한다. 조직 구조를 혁신
하고, 지시와 통제의 관료주의 조직 문화를 개선하는 것이 그런
활동이다. 자칫 방심하면 관료주의 조직 문화가 강화될 수 있기
때문에 이런 활동은 끊임없이 진행돼야 하고, 경영자의 강한 의지
가 필요하다. 현대 경영학에서 큰 조직보다 작은 조직을 지향하는

것도 이런 이유다.

건전한 생태계를 조성하기 위해 가장 선행돼야 할 일은 종의 다양성을 확보하는 것으로, 특히 사라지기 쉬운 구성 요소를 지켜야 한다. 이 구성 요소의 핵심은 변화와 혁신의 DNA로, 식상의 성분을 확보해야 한다. 새로운 시도를 즐기고, 혁신 의지가 강한 사람을 보유하고 지키는 것이 핵심이다. 이 원칙은 너무나 당연해서 무의미해 보일 수 있다. 기업은 나름의 혁신으로 성공했기에 식상의 DNA를 당연히 보유하고 있다고 생각한다. 실상은 그렇지 않다. 성공한 후 자연스런 과정으로 재, 관, 인이 발달하기 시작하면 가장 쉽게 파괴되는 성분이기도 하다. 식상은 행동력을 겸비하고 있어 제 발로 나가게 된다.

혁신에 성공한 기업의 재, 관, 인이 발달해 관료화가 진행되면 혁신의 DNA가 오히려 공격받고, 조직에서 이탈하는 현상이 발생한다. 그 이치를 명리학의 작용 메커니즘으로 살펴보자. 혁신은 식상의 성분이 기존 질서(게임의 룰)를 타파함으로써 이뤄진다고 했다. 그런데 혁신에 성공하면 식상이 재를 강화하고, 재가 축적되면 스스로 보호하기 위해 관을 형성한다. 이는 인간 본성의 자연스러운 흐름이자, 모든 조직이 나아가는 방향이다. 관으로 표현되는 조직, 질서, 규칙과 규율, 지시와 통제, 수직 계층 분화는 초기에 업무 효율성을 늘리고 의사 결정의 정확성을 높여 재를 보호한다. 관이호재다.

문제는 끊임없이 비대해지는 관의 속성이다. 특정 요소가 강해지면 자신을 보호하는 기능을 강화하기 시작하는데, 인이호관印以護官이 그 현상이다. 관이 비대해지는 것을 막는 것은 내부의 끊임없는 도전과 저항이다. 항상 새로운 대안을 찾는 식상만이 관이 지나치게 비대해지는 것을 막을 수 있다. 그런데 관은 인을 불러오고 인은 관을 극하는 식상의 요소를 제거해 관이 마음껏 활개를 칠 수 있도록 도와 필연적으로 관료화가 심화된다. 명리학의 음양오행 생극제화 이론 외에도 경영학적으로 이런 원리를 잘 설명하는 법칙이 있다.

시릴 파킨슨Cyril Northcote Parkinson은 1955년 영국 경제 주간지《이코노미스트The Economist》에 '파킨슨의 법칙'을 발표하고, 관료 사회의 본질적인 문제를 냉철한 시각으로 비판했다. 공무원 수와 업무량은 상관관계가 없다는 게 핵심이다. 파킨슨이 조사한 바에 따르면, 자신이 근무하던 영국 해군성의 주력 군함 수는 1928년에 1914년보다 67퍼센트 감소했음에도 불구하고 공무원 수는 78퍼센트 증가했다. 전 세계 식민지를 관리하던 영국 식민성 직원은 1935년에 400명이 채 되지 않았지만, 2차 세계대전이 끝나고 많은 식민지가 독립했는데도 20년 뒤 1600여 명으로 증가했다. 이처럼 공무원 수는 업무량과 상관없이 해마다 일정 수준 증가하는 속성이 있다.

파킨슨은 이를 '부하 배증의 법칙'과 '업무 배증의 법칙'으로 설명했다. 부하 배증의 법칙은 공무원이 과중한 업무를 처리하기 위해 향후 경쟁자가 될 수 있는 동료의 도움을 받기보다는 부하 직원을 늘린다는 것이다. 업무 배증의 법칙은 부하 직원이 늘어나면 상사는 혼자 처리할 수 있는 일을 굳이 지시하고 보고받는 등 파생적인 업무량이 늘어나, 결국 서로를 위해 일거리가 증가한다는 의미다. 이런 파킨슨의 법칙은 비단 공무원 조직뿐만 아니라 기업이 관료화하는 과정을 냉철하게 설명한다.

관료화로 관이 비대해지면 왜 혁신의 DNA가 사라질까? 상관은 식신보다 활동적이고 창의적이며 혁신적이다. 상관은 관을 상하게 한다는 뜻으로, 전통이나 질서, 규칙과 규율을 허물게 하는 힘이 있다. 원래 동양 사회에서는 관을 질서, 군주, 가장, 권위, 상사 등 지키고 보호해야 하는 것으로 인식해, 관을 극하는 상관은 극도로 경계했다. 오죽하면 다른 격국과 달리 정관은 항상 보호받아야 한다는 철학이 존재했고, 사주에 상관이 있어 관이 극을 받는 모습은 매우 꺼렸다. 상관이 관의 옆에 자리하면 불길하고, '상관견관 위화백단'이라고 했다. 상관이 정관을 보면 나쁜 일이 100가지가 된다는 의미다. 이 정도로 상관을 흉신으로 취급했다. 유교 사회에서 기존 질서에 대항하고 비판하는 세력이 어떤 취급을 받고, 어떻게 처리됐는지 우리는 잘 안다.

그럼에도 불구하고 명리학에서는 상관을 뛰어난 기로 설명한다. 악습을 거부하고 저항해 역사를 나아가게 하는 힘도, 새로운 시도와 혁신을 가능하게 하는 것도 상관의 역할이다. 상관은 혁신의 DNA를 상징한다. 성공한 기업의 초기 혁신은 상관이 기존 관을 극함으로써 얻는 결과다. 유교 사회에 비해 현대 경영에서 상관은 극진히 대접받아야 하는 성분이다. 내부의 건전한 비판에 귀 기울이는 조직은 절대 도태되지 않는다. 관료화로 비대해지는 관을 제어할 수 있는 유일한 방법이 상관이다.

문제는 관료화가 진행돼서 관이 비대해지면 발생하는 역극이다. '명리학의 이해 1'에 설명한 바와 같이, 극을 받는 쪽이 강하면 오히려 반대 현상이 발생한다. 도끼는 나무를 자르나, 나무가 강하면 오히려 도끼날이 상하는 이치다. 관이 강하면 상관을 극해서 조직 내 상관의 기질이 약해진다. 나아가 관은 스스로 보호하기 위해 인을 강화하는 속성이 있다. 인은 식상을 극하는 작용을 한다. 결과적으로 관료화가 진행돼서 조직이 비대해지면 상관은 약해져 현상 유지 편향, 위험 회피 성향이 발생한다.

관이 비대해져 관료화한 조직에서는 상관을 가진 사람들이 도태되기 쉽다. 비판 의식과 변화에 대한 열망이 강하다 보니 기존 질서나 상사와 부딪치고, 중도 이탈하는 경우가 많다. 뛰어난 동기가 가장 먼저 회사를 나가는 일을 목격한 경험이 있을 것이다. 이는 개인의 손실이자, 조직의 손실로 귀결된다. 상관이 강한 사람이 도태되고 이탈하는 현상이 계속되면, 조직은 상사의 지시와 통제에 순응하는 사람들로 구성된다. 가장 뛰어난 입사 동기가 사장이 되는 것이 아니라 살아남은 자 중에 임원이 나오는 것이다. 인적자원이 풍부하고 새로운 피가 끊임없이 수혈되는 조직은 그나마 낫다. 인력 유동성이 현저하게 떨어지고 신규 채용이나 경력직 순환이 덜한 조직은 문제가 심각해진다. 이런 조직은 변화를 유도할 DNA가 사라져 변하는 환경에 적응하기 어렵다. 현재와 같이 불확실성이 높고 저성장이 보편화한 환경에서는 지시와 통제로 외부의 파괴적 혁신 세력에 대응할 수 없다.

명리학에서 설명하는 관료화의 문제점이 아니더라도 사람의 본성은 혁신하고 질서에 도전하는 세력에 우호적이지 않다. CEO나 리더도 마찬가지다. 국가나 기업, 사회의 리더가 비판하는 세력을 배제하고 지시와 통제에 익숙한 사람들로 주위를 채우는 것을 쉽게 볼 수 있다. 필자가 예전에 컨설팅한 기업의 대표는 사회적으로 유명한 분인데, 해당 조직의 주요 임원은 주로 아첨하는 사람들이었다. 당시에는 필자가 어린 나이에 치기가 있어 대표에게 아첨하는 자들을 분명히 알 수 있는데 왜 그들을 중히 쓰는지 질문했다. 나이가 들고 정상의 자리에 오래 있으면 쓴소리보다 달콤한 소리를 하는 사람이 편하다는 대표의 답이 기억에 남는다.

전문 경영인은 오너의 열 가지 요구에 아홉 번의 'Yes'와 한 번의 'No'가 가능하다는 말이 있다. 물론 유능한 전문 경영인은 오너가 제대로 혹은 자신이 원하는 방향으로 의사 결정을 하도록 상황을 이끌어가겠지만, 오너나 리더가 자신의 의견이나 이익을 위해 얼마나 배타적이 되는지 알 수 있다. 대다수 기업의 임원이 오너의 의중에 반해 의사를 피력하거나 행동하는 것은 일반적이지 않다. 오히려 오너의 심기 경호와 의중 파악이 먼저다. 오너의 이익과 심기를 살피고, 그에 따른 보상을 받는다.

상관이 가장 발달한 사람으로 구성된 언론 기업 역시 다르지 않다. 외부에 대해서는 날카로운 칼날을 들이대지만, 오너를 지키기 위해 서슴없이 칼이 된다. 언론인의 양심이 그렇다. 물론 일부의 이야기다. 국가도 마찬가지라는 것을 우리는 경험하고 있다. 불통과 무능, 적폐로 얼룩진 지난 정권을 시민의 촛불 혁명을 통해 바꿨다. 그러나 촛불로 탄생한 정권조차 폐쇄적이고, 자기와 다른 세력에 대한 적개심으로 나라가 쪼개졌다. 이런 나라에서 혁신이 가능할까.

기업이나 조직에서 혁신하는 인자인 식신과 상관이 도태되면 어떤 일이 벌어질까. 앞서 언급한 바와 같이 변화하는 환경에 적응하지 못하니 도태될 수밖에 없다. 우호적인 세력으로 구성된 조직은 결국 망한다. 생태계가 지속 번영하기 위해서는 종의 다양성이 확보되고, 각 종이 번성할 환경이 필요하다. 종의 다양성이 깨진 생태계, 사람에게 우호적인 종만 있는 생태계는 절대 번성할 수 없다.

모기는 일본뇌염, 황열병, 뎅기열, 말라리아 등을 퍼뜨리고, 1년에 약 100만 명을 숨지게 한다. 이 때문에 모기를 멸종시켜야 한다는 주장이 많지만, 생물학자들의 생각은 다르다. 모기가 멸종하면 모기 애벌레를 주식으로 하는 다양한 물고기와 조류의 생존이 위협받는다. 특히 모기가 주요한 먹이인 북극의 생태계는 심각하게 위협받을 것이다. 이는 지구 전체에 영향을 미쳐 우리 인간도 그 영향에서 벗어날 수 없다. 생태계가 유지되기 위해서는 불필요하다고 생각될 수 있는 종조차 다양성이 유지돼야 하고, 특정 종이 멸종하는 일은 없어야 한다.

건전한 생태계를 위해 종의 다양성을 확보하라는 말은 노키아와 코닥 등의 사례에서 살펴본 바와 같이 도태되기 쉬운 혁신의 DNA인 식상 성분을 확보하고, 그 발현을 보호해야 한다는 뜻이다. 이는 만만한 과정이 아니고, 얻기 쉬운 결과물도 아니다. 역사를 살펴보면 이에 성공한 기업은 극소수고, 대다수 기업이 한순간 번성을 유지하지 못하고 사라진다. 경영자 스스로 본성을 거스르고, 성공한 기업의 자연스러운 과정인 관료화를 극복해야 한다.

종의 다양성을 확보하기 위해 경영자는 무엇을 해야 할까. 관의 의미를 다시 정의하는 게 가장 중요하다. 즉 조직의 질서, 관리자, 상사의 지시 등을 재해석해야 한다. 보호받거나 존중돼야 하는 게 아니라, 정반합을 통해 끊임없는 나아가야 하는 것이다. 관을 보호하기 위해 수많은 룰과 계층구조를 만들고, 지시와 통제를 기반으로 조직을 운영하면 혁신의 인자는 사라진다. 오히려 내부의 건전한 비판을 권장하고, 조직 내 룰을 점검해야 한다. 의견이 아래에서 위로 향할 수 없고 지시와 통제가 하향식으로 전파되는 환경, 조직 간 수평적 의견 교환이 불가능한 환경 등 비판과 혁신을 막는 모든 룰은 폐기해야 한다. 룰은 최소화되는 게 바람직하다. 건전한 생태계는 인위적인 개입을 허용하지 않는다. 인위적인 개입은 오히려 생태계를 파괴할 뿐이다.

앞에서 식신과 상관이라는 혁신 인자로 성공한 기업이라도 그 후에는 상관이 도태되는 것이 인간의 본성이고 자연스러운 관료화 과정이라고 설명했다. 관을 다시 정의하고 룰을 재정비한다고 그 목적이 달성된 것은 아니다. 종의 다양성을 확보하기 위해서는 경영자의 강한 의지로 계층을 축소하고, 실무자의 책임과 권한을 강화하고, 리더십을 다시 정의하는 모든 활동을 연계해 변화와 혁신의 인자인 식상이 조직에 건전하게 자리 잡을 수 있도록 최선을 다해야 한다. 앞으로 설명할 경영 원칙 역시 모두 이를 위한 것이다.

필자가 이렇게 변화와 혁신의 인자를 확보할 방안을 설명하지만, 현실에서 그리 만만한 일이 아니다. 대다수 조직에서는 이미 관료주의 조직 문화와 오너에 대한 충성심으로 변화와 혁신의 인자가 파괴되는 곳이 많다. 그만큼 어려운 일이다. 이런 어려움 때문에 많은 선진 기업은 변화와 혁신의 인자를 외부에서 찾는다. 구글, 애플, 텐센트 등 변화와 혁신의 상징 같은 세계 굴지의 기업이 조금이라도 가능성이 있는 신생 기업과 M&A로 혁신의 인자와 사람을 확보하는 이유다.

11장

채용에 목숨을 걸어라

지금까지 명리학의 음양오행 작용 메커니즘을 토대로 기업이 지속적으로 성장하기 위해 필요한 환경인 건전한 생태계를 조성하는 데 필요한 요소와 그것이 발현될 수 있는 환경을 설명했다. 건전한 생태계의 핵심 구성 요소는 변화와 혁신의 인자인 식상이다. 10장에서 종의 다양성을 확보하라고 강조한 이유는 혁신에 성공한 기업조차 변화와 혁신의 인자가 쉽게 소멸하기 때문이다. 기업이 성공의 길로 들어서면 자연히 다른 구성 요소인 재, 관, 인이 강화돼 변화와 혁신의 인자는 더 도태되기 쉬워진다. 이렇게 건강한 생태계의 균형이 깨지게 되면 기업은 환경 변화에 적응할 수 없어 소멸의 길을 걷는다. 따라서 경영자는 살아남기 위해서라도 혁신의 인자를 확보하고, 그것이 발현될 환경을 조성해야 한다. 지금 아무리 성공하고 있어도 유지되는 기한이 있는 법이다.

발현은 생육과 유사한 개념이다. 명리학의 관점에서 식상이 발현하려면 다음과 같은 조건이 필요하다. 첫째, 변화와 혁신의 인자인 식상이 있어야 한다. 경영 측면에서는 채용으로 식상을 확보하는 것이다. 둘째, 식상이 뿌리가 깊어 튼튼해야 한다. 경영 측면에서 뿌리가 깊은 식상은 책임과 권한을 가진 변화와 혁신 세력을 의미한다. 셋째, 식상의 목적은 활발한 활동으로 혁신에 성공해 재를 축적하는 것이나, 재가 너무 강해 식상의 기운을 지나치게 소모하면 다 타서 재가 된다. 경영 측면에서 이는 지나친 이윤 추구나 비용 통제로 변화와 혁신 활동이 꺼지는 것이다. 넷째, 관이 너무 강해 역극이 발생하면 안 된다. 경영 측면에서는 지나친 관료화, 상사의 독선, 지시와 통제 등이 식상의 활동을 막는다. 다섯째, 인이 강해 식상을 지나치게 극하면 안 된다. 경영 측면에서는 지나친 계획과 완벽주의가 식상의 작용을 막는다. 명리 경영은 이 생육조건을 체계화해 경영 원칙을 마련한 것이다.

필요한 요소와 생육조건을 알았으니, 지금부터는 각론으로 들어가 경영 활동을 통해 각 생육조건을 어떻게 실현할 것인지 살펴보자. 이 중에서 가장 중요한 조건이자 명리 경영의 시작은 변화와 혁신의 인자를 확보하는 것이다. 변화와 혁신을 선도하는 인재는 어떻게 내재화할 수 있을까.

인재는 채용이나 M&A로 외부에서 확보하는 방법과 내부에서 육성하는 방법이 있다. 결론부터 말하자면 단언컨대 기업은 채용에 목숨을 걸어야 한다. 그 말은 내부에서 교육이나 훈련을 통해 육성하는 것은 불가능하다는 말이다. 만에 하나 가능하다고 하더라도 효율과 효과성이 극히 떨어진다. 오히려 혁신을 선도하던 인력조차 도태되거나 외부로 유출되기 십상이다. 그래서 경영자와 모든 경영진이 가장 높은 우선순위를 두고 행해야 하는 활동은 채용이나 M&A로 인재를 확보하는 것이다. 여기에 기업의 성패가 달렸다. 구글, 애플, 텐센트 등 세계 굴지의 기업이 엄청난 거금을 들여 신생 기업을 인수하는 이유는 혁신의 인자인 사람을 확보하려는 목적이다. 그런 기업조차 내부의 혁신 마인드는 점차 사그라들기 마련이다.

교육이나 육성 프로그램으로 왜 사람을 바꿀 수 없는지 명리학적 관점과 경영학적 관점에서 설명해보겠다. 명리학에서 사람의 명과 운은 타고난 기질과 가치관, 성향, 역량 등이며, 이런 요소가 환경과 상호작용을 통해 구체적인 삶으로 나타난다고 설명했다. 따라서 환경을 바꾸고, 그 성향이 제대로 발현될 환경을 조성하면 구체적인 삶은 개선될 수 있다. 환경을 바꾸는 것의 어려움은 여기서 잠시 접어두자.

필자가 사람은 바뀌지 않는다고 단정하는 까닭은 무엇일까. 그 이유는 사주의 여덟 글자 중에 해당 요소가 건전하게 자리 잡고 있어야만 그 사람의 가지관이나 역량으로 표출되기 때문이다. 특정 요소가 결여된 생태계가 파괴되듯이 그 사람이 타고난 특징이나 가치관, 역량으로 주어지지 않은 성분이 환경을 통해 발현될 여지는 없다. 일단 해당 요소가 있어야만 환경 조성을 통해 발현 정도를 바꿀 수 있는 것이다. 사주에 특정 성분이 뚜렷이 자리 잡아야 그것을 발현할 마음이 생긴다. 돈을 탐하는 마음, 공부하고자 하는 마음, 부끄러움을 아는 마음조차 정해져 있다는 말이다. 그 마음이 있으니 노력하고, 환경과 상호작용을 통해 구현되는 것이다. 명리학적 관점에서 변화와 혁신의 인자는 길러지는 게 아니라 그 자체를 구해야 한다. 당연히 기업은 핵심 인재와 우수 인재를 확보하기 위해 총력을 기울여야 한다.

필자는 교육이나 훈련으로 사람의 삶을 바꿀 만큼 극적인 변화가 가능할지 오랫동안 의문을 품었다. 수많은 컨설턴트를 채용하고 훈련한 경험, 기업의 채용 프로젝트에 참여해 인터뷰를 담당한 경험, 기업의 교육 프로그램을 설계한 경험을 토대로 결론부터 이야기하면 사람은 쉽게 고쳐 쓸 수 없고, 변하지 않는다. 따라서 필자의 경영학적 관점에서도 역시 인재 확보에서 가장 중요한 것은 채용이다.

필자는 강의나 컨설팅에서 채용의 중요성을 설명하면서 자주 빙산을 비유로 든다. 빙산은 수면 위와 아래로 나뉘는데, 노출된 부분은 빙산 전체에서 극히 일부분을 차지한다. 전체가 어떤 모습이든 무게중심이 높은 부분이 아래로 향하기 때문이다. 사람의 역량도 마찬가지다. 수면 위에 노출된 빙산은 사람의 역량 중 변화가 가능한 극히 일부분이다. 지식이나 기술 등은 교육을 통해 습득할 수 있다. 식사 예절이나 특정 국가의 문화, 에티켓, 특정 기계를 활용하는 능력 등은 교육할 수 있지만, 이를 바탕으로 특정 국가에서 새로운 고객을 창출하는 핵심 역량은 가르칠 수 없다.

이 책 서두에서 이야기한 기업의 성패를 결정할 수 있는 인재가 가지는 핵심 역량(스스로 동기 부여가 가능한지, 문제 해결 능력은 어떤지, 다른 사람과 어울릴 수 있는지, 어렵고 힘든 상황을 견디는 정도는 어떤지, 조직에 충성심이 있는지, 윤리적인지 등)은 수면 아래 있다. 이런 핵심 역량을 기업에 내재화할 수 있는 유일한 방법은 변화와 혁신의 인자를 갖춘 사람을 채용하는 것이다.

최근 천문학적 액수를 횡령한 직원들이 매스컴에 자주 등장한다. 경영진의 횡령, 배임 소식도 계속 들린다. 인성이나 가치관, 태도, 윤리 같은 역량은 아무리 교육해도 바꿀 수 없다. 채용을 통해 거르지 않으면 답이 없는 영역이다. 모든 경영 활동에서 우선순위가 가장 높은 부분은 제대로 된 사람을 뽑는 것이다. 짐 콜린스가 《좋은 기업을 넘어 위대한 기업으로》에서 지속적인 성공을 위해서는 좋은 인재를 찾아 버스에 태우는 게 가장 중요하다고 설명한 이유다. 사람이 기업 성패의 열쇠고, 그 열쇠는 만드는 것이 아니라 만들어진 것을 확보하는 것이 유일한 답이다.

채용이 중요한 또 다른 이유는 국내 노동시장의 경직성 때문이다. 노동시장이 경직되면 노동자가 퇴사를 쉽게 결정할 수 없고, 회사 역시 비전에 부합하지 않거나 문제가 있는 직원이라도 쉽게 해고할 수 없다. 국내 노동시장은 유연하지 않은 것으로 정평이 나 있는데, 서두에 이야기한 바와 같이 이는 4차 산업혁명에서 우리나라의 발전을 저해하는 큰 장애 요인이 될 수 있다.

필자는 노동시장의 경직성을 재계나 노동계의 잘못으로 보지 않는다. 하지만 노동시장의 경직성으로 노사 모두 손해를 보고 있다. 우리나라의 노동조합이 다른 나라에 비해 강성이거나, 우리 기업에 유달리 악덕 기업주가 많아서 그런 게 아니다. 노동시장이 유연하지 않으면 노동조합은 더 강성이 될 수밖에 없고, 기업도 독해지는 악순환이 형성된다. 모두 노동시장의 경직성 탓이다. 유연한 노동시장을 위해 선행돼야 하는 것은 사회 안전망을 잘 갖추는 일이다. 사회 안전망은 자발적 퇴사든, 비자발적 해고든 그 후 생계를 유지할 수 있는 실업 급여나 이직 활동 지원 같은 국가 서비스다. 사회 안전망이 갖춰지지 않으면 노동자는 실업 상태를 유지할 수 없고, 불행하다고 느껴도 퇴사를 결정하기 어렵다. 이 경우 노동조합은 극단적인 고용 안정을 요구할 수밖에 없고, 노동시장을 더 경직시키는 빈곤의 악순환이 반복된다.

고용 안전성이 높다고 노동자에게 유리한 것은 절대 아니다. 더 나은 직장, 더 행복한 직장에 도전할 기회를 빼앗기기 때문이다. 내 적성에 부합하지 않는 기업, 내가 성장할 기회가 없는 기업, 상사와의 갈등이 깊은 기업이라도 퇴사하기 쉽지 않다. 기업가 역시 마찬가지다. 기업의 건전한 생태계를 파괴하고, 다른 직원을 떠나게 하는 직원이라도 해고할 수 없다. 양측 모두 피해를 보는 것이다.

그렇다면 채용 효과를 극대화하기 위해서는 무엇이 필요할까. 첫째, 경영진의 명확한 의지다. 이 의지를 바탕으로 경영 활동에서 채용에 우선순위를 두고, 자원을 집중할 경영 원칙이 마련돼야 한다. 둘째, 기업의 명확한 인재상이 존재해야 한다. 셋째, 인재상에 부합하는 적임자를 찾을 채용 철학과 방법이 축적돼야 한다. 이 원칙은 너무 당연한 것으로 보일 수 있다. 그러나 많은 기업이 이 원칙을 지키지 않고 있다. 채용이 정말 중요함에도 불구하고 빈자리를 채우는 정도로 여기거나, 연례행사처럼 생각하는 기업이 많다. 좀 더 자세히 보자.

첫째, 경영진의 명확한 의지가 필요하다. 채용에 대한 명확한 의지와 관련된 질문에 부정적으로 답할 경영자나 경영진은 없을 것이다. 오너, 전문 경영인, 주요 임원과 인터뷰하면 사람의 중요성, 채용의 중요성을 항상 강조한다. 수많은 경영 서적에서도 사람과 채용의 중요성을 언급하니 원론적으로는 항상 채용이 가장 중요한 요소다. 그러나 실제 경영 활동에서 자원이 배분된 정도를 보면 채용의 중요성은 슬로건에 지나지 않는다. 채용이 중요하다는 데 격하게 공감하지만, 최고 우선순위를 두고 자원을 배분하지 않는 것이다. 조직·인사 컨설팅 프로젝트 가운데 빈도나 비중이 낮은 영역도 채용 컨설팅이다. 이보다 명확한 지표인 경영진이 채용에 투자한 시간을 보면 쉽게 확인할 수 있다.

밸류 체인(Value Chain)

	개발(R&D)
	경영기획
	재무·회계
지원 활동 (Support Activities)	인사·총무
	홍보·IR
	IT
	감사

주활동 (Primary Activities)	구매	생산	마케팅	영업	서비스

　기업의 경영 활동은 크게 주 활동과 지원 활동으로 나뉜다. 주 활동은 제품이나 서비스를 생산하는 구매, 물류, 생산, 마케팅, 영업, 서비스 등이고, 지원 활동은 기획, 재무, 회계, 인사, 총무, 홍보, IT, R&D 등이다. 지원 활동에 속하는 인사 기능은 채용, 평가, 보상, 승진, 배치, 교육, 퇴직 관리 등이다. 기업의 인사 기능에 대한 의지는 채용 담당자가 누구인지 보면 쉽게 확인할 수 있다. 인사 부서에서 채용을 하나의 프로세스로 인식하고 허드렛일로 규정하면 그에 합당한 자원이 배분될 것이다. 채용에 실패해서 잘못된 인재를 뽑는다면, 인사의 다른 기능이 의미가 있는지 자문해봐야 한다.

　주요 경영진이 채용에 투자하는 시간이나 관심을 봐도 알 수 있다. 채용은 한 기업의 흥망성쇠에 결정적인 역할을 하지만, 특정 부서나 기능의 성패도 결정한다. 어떤 기능이든 운용하는 핵심은 사람이기 때문이다. 해당 기능의 책임자인 임원이나 팀장이 인사 부서에서 채용한 사람을 받아서 활용한다면 채용에 투자하지 않는다는 증거다. 경영진이 시간이 없거나 맞지 않아서 채용 과정에 참여할 수 없다면 채용의 중요성을 모르고 의지도 부족한 것이다. 독자 여러분이 속한 기업은 이와 다른가.

둘째, 기업의 명확하고 구체적인 인재상이 마련돼야 한다. 이런 인재상이 존재해야 채용 과정에서 판단할 대상과 판단 기법이 개발될 수 있다. 한동안 기업이 인재상을 유행처럼 마련하고 홍보했다. 대부분 창의적이고 도전하는 인력이다. 기업에서 홍보하는 인재상은 모두 훌륭하지만, 구체화해서 인사 활동의 기준이나 지침으로 실제 운용하는 곳은 많지 않다. 예를 들어 최근 4차 산업혁명 시대에 걸맞게 많은 기업이 창의적인 인재, 도전하는 인재, 혁신하는 인재 등을 인재상으로 거론하지만, 이를 구체화해 채용의 평가 기준과 방식을 바꾼 기업은 거의 없다. 인재상을 직원의 역량 평가에 활용하는 기업은 많으나, 범용적인 행동 지표를 가지고 상대평가를 적용하다 보니 인재상의 구현은 요원하다. 인재상은 말잔치로 끝나는 경우가 많고, 채용에서도 인재상을 찾기 위해 채용 방법을 최적화하는 게 아니라 기존 방식을 유지한다.

기업이 시대에 부응하는 좋은 문구가 아니라 성패를 결정하는 요소로서 인재상을 정하고 운영한다면 채용 방식이나 직원의 평가 방법 역시 달라지지 않을까. 반대로 말하면 인재상이 제대로 마련됐어도 실현할 방법이 갖춰지지 않으면 무용지물이다. 인재상을 정하고 그에 부합하는 인재를 확보하려면 직원 평가 방법부터 바꿔야 한다. 그 결과 확보된 데이터와 평가 방법의 노하우를 토대로 채용에 적용하는 것이 순서다.

바람직한 채용의 메커니즘은 직원을 평가하는 방법과, 평가를 통해 축적된 데이터 활용에 기반한다. 기업의 다양한 활동이나 직무에서 우수 인재의 평가 결과를 취합해 학문적 배경이나 커뮤니케이션 능력, 전문 지식, 태도, 성향, 습관 등 공통 역량 요소를 찾아내는 것이다. 이 역량을 확인할 검증 방법이나 질문 방법을 개발해 그들과 가장 유사한 인재를 채용하면 된다. 이를 위해서는 직원 평가 방법과 결과에 대한 신뢰성이 확보돼야 하고, 인사 부서에서 해당 인재들의 공통된 속성을 확보하기 위한 자료 조사, 인터뷰, 관찰 등 많은 연구 노력이 필요하다.

인재상 역시 마찬가지다. 해당 산업이나 기업에 특화된 구체적인 인재상을 확보하기 위해서는 내부의 우수 인재나 핵심 인재를 정확히 분석한 데이터가 있어야 한다. 이런 구체적인 데이터에 기반한 명확한 인재상이 마련될 때, 직원의 평가 기준이나 채용 기준으로 적용될 수 있다. 이 부분은 13장 '평가제도를 전면 개편하라'에서 다시 살펴보자.

셋째, 인재상에 부합하는 적임자를 찾을 채용 철학과 방법이 필요하다. 앞서 언급한 경영진의 명확한 의지, 자원 배분, 인재상 확보가 이뤄져도 사람을 제대로 평가하고 채용하기는 절대 쉬운 일이 아니다. 필자는 컨설턴트 채용과 훈련, 인수한 회사의 임원 재평가 후 채용, 기업의 채용 과정에 필요한 전문 인터뷰, 주요 그룹의 채용 프로젝트 수행 등 수많은 채용 과정에 필요한 직간접으로 참여했다. 다른 사람들보다 많은 경험을 했지만, 필자가 내린 결론은 '사람을 평가하기는 쉽지 않다'는 것이다. 확신에 차서 채용했는데 실패한 경험도 많고, 급해서 어쩔 수 없이 채용했는데 성공한 경험도 있다. 그만큼 사람을 정확히 판단하기는 어려운 일이다. 오죽하면 명리학을 배운 뒤에야 그나마 사람을 조금 이해한다고 자평하겠는가.

그렇지만 방법은 있다. 기업은 원하는 인재상이 명확하고 구체적일수록 채용에 성공할 가능성이 크다. 직원 평가 데이터를 축적해 노하우로 구축하는 것이 채용에 접근하는 가장 중요하고 기본적인 방법이다. 여기에 더해 채용 철학 혹은 원칙이 있어야 한다. 필자가 확인한 채용에 성공할 가능성이 가장 큰 채용 철학과 방법을 소개한다.

가장 성공 가능성이 높은 채용 원칙은 '이번 채용에서는 사람을 뽑지 않는다'는 것이다. 도대체 무슨 소리인가 싶기도 하고, 자원이 소모되는 채용 과정을 오픈하고 뽑지 않는다는 원칙이 이해되지 않을 수도 있다. 좀 더 경영학적으로 표현하면 채용 규모를 미리 확정하고, 지원자 중에서 상대 비교를 통해 채용 규모를 채우는 방식은 실패 확률이 아주 높다는 말이다. 총 ○○명을 뽑아야 하는 채용 계획을 승인받고, 지원자 중에서 상대평가로 서열을 확정하고, 서열에 따라 ○○명을 채우는 방식에는 기업에 필요한 인재상에 대한 고민이 없다. 채용 규모를 정해놓고 실시하는 모든 공채나 채용 방식이 여기에 속한다. 이번 채용 공고에서 적합한 사람이 없으면 뽑지 말아야 한다.

세계적으로 유명한 초일류 기업의 채용 방식은 앞에서 언급한 방식과 다른 철학이 있다. 인터뷰할 때 해당 직원을 채용할 이유가 없다는 생각으로 진행하는 게 핵심이다. '나는 당신을 채용할 생각이 없어. 당신이 내 생각을 바꿀 수 있는지 한번 보자'는 식의 자세다. 이를 위해서는 인사 부서가 인터뷰를 진행하는 사람에게 권한과 책임을 부여하고, 이번에 몇 명을 뽑아야 한다는 생각을 버려야 한다. 사람이 필요한 부서도 최고 인재가 아니면 기다린다는 생각이 있어야 한다. 이런 원칙이 적용될 때, 사람을 제대로 판단하기 위한 인터뷰 방식을 비롯해 다양한 역량이 축적될 수 있다. 모든 기업이나 조직이 이를 엄격하게 적용하기에는 한계가 있지만, 한 사람의 부가가치가 높은 기업 혹은 업종일수록 최고 인재를 뽑고, 아닌 사람은 뽑지 않는다는 원칙이 필요하다.

망하지 않고 성공하는 부자의 투자 방법에 대해 들은 적이 있다. 성공하는 투자자는 기본적으로 투자할 마음이 없이 접근한다. '나는 이번 투자 제안을 받아들일 이유가 없어. 내 생각을 바꿀 메리트가 있는 경우에만 투자할 거야.' 반대로 실패하는 투자자는 기본적으로 투자를 빨리 결정해야 한다고 생각해 마음이 급하다. 이번 기회를 놓치면 기회가 없다고 생각한다. 이렇게 조바심을 내거나, 최고의 투자 기회를 찾기 위해 노력하지 않으면 실패할 수밖에 없다.

다음으로 중요한 채용 방식은 인재를 잘 알아보는 사람이 채용 과정에 투입돼야 한다는 것이다. 필자가 컨설팅 회사에서 근무할 때, 유독 채용 성공률이 높은 직원이 있었다. 이 직원이 뽑는 단기 인턴조차 우수 인재가 많아, 정규 직원으로 승격되고 몇 년 뒤 회사의 핵심 인재가 되는 식이었다. 필자는 이 직원이 한동안 채용을 전담하게 해서 좋은 결과를 얻었다. 이런 직원은 자신이 핵심 인재인 경우가 많다. 인재가 인재를 알아보는 것이다. 이와 유사한 채용의 성공 방정식이 있다. 헤드헌팅을 통한 채용보다 내부 우수 직원이 추천한 인재의 성공률이 훨씬 높다는 것이다. 사내 우수 인재가 추천하는 인재가 조직 적응력이나 업무 역량이 높은 경우가 가장 많다. 전문직일수록 필자와 비슷한 경험을 한 분이 많을 것이다.

채용에 성공하기 위해서는 회사 내 최고 인재를 투입해야 한다. 최고 인재를 꼭 인사 부서에 투입해야 한다는 의미는 아니다. 최고 인재를 채용 인터뷰에 참여시키고, 책임과 권한을 부여하는 것이다. 우리 회사의 최우수 인재가 인터뷰에 참석해, 이번 채용에서 사람을 뽑지 말아야 하는데도 뽑아야 할 이유가 있는 인재를 찾는 방식을 적용하면 채용에 성공할 가능성이 크지 않겠는가. 여기서 더 나아간다면 우수 인재를 뽑은 직원의 데이터가 누적될수록 사람을 정확히 판단하는 인재가 있을 것이다. 채용된 사람이 근무하는 부서의 만족도를 통계 내면 인재를 잘 선별하는 이를 찾을 수 있다. 그런 직원에게 채용의 책임과 권한을 더 많이 보장하는 것이다. 그런 인재에게는 당연히 보상해야 한다.

채용의 실패율이 보장된 방식도 있다. 앞서 언급한 지원자 가운데 상대평가를 통해 서열대로 채용하는 방식 외에도 효과성이 전혀 없는 방식이 있다. 이는 시험을 통한 채용이다. 단지 시험으로 직원을 뽑는 경우는 드물지만, 인터뷰가 진행된다고 해도 우수 인재는 사전에 탈락했을 수도 있고, 시험 성적을 무시할 수도 없다. 필자가 경영 현장에서 확인한 바에 따르면, 시험 성적과 개인의 역량은 유의미한 상관관계가 없다. 오히려 반대인 경우도 많다. 오랫동안 채용을 담당한 사람이라면 누구나 이 의견에 동의할 것이다.

시험제도는 전문 지식이 필요한 특수한 경우를 제외하고 많은 부분 우리 사회의 불공정에 기인한다. 공공 기관이나 대기업 등 안정된 곳일수록 시험이라는 제도가 없다면 청탁으로 채용이 마비될지도 모른다. 시험 성적은 청탁을 방어할 수 있는 좋은 빌미를 제공한다. 그러나 치열한 경쟁 사회에서 시험 성적을 기준으로 인력을 선별하는 방법으로는 다양하게 요구되는 인적 역량을 확보하기 곤란하다. 해당 기업이 독점 형태면 경쟁할 필요가 없으니 다행이지만. 기업에는 전문 지식 외에도 필요한 역량이 많다. 이런 이유로 시험제도를 운영할 경우 변별력 기준선에 대한 고민이 필요하다. 기준선이 낮으면 불공정해질 수 있고, 기준선이 너무 높으면 조직에 학자나 모범생만 존재한다. 그들만으로 조직이 경쟁에서 이기기는 어렵다.

필자는 조직의 발전을 위해서는 시험을 통한 채용 방식은 과감히 버려야 한다고 생각한다. 시험제도가 존재하는 회사는 노동 시장의 경직성이 높은 곳이 많아, 잘못 선발된 인재로 인한 피해가 더 크게 발생할 조건이 성립된다. 이런 조직은 불공정을 막을 방법을 강구하는 게 합리적인지, 조직이 원하는 역량을 갖추지 못해도 공정성을 확보하는 게 맞는지 냉정한 판단이 필요하다. 필자는 불공정을 막을 방법을 찾는 게 합리적이고, 힘들어도 명확히 이를 천명하는 게 바람직하다고 생각한다.

채용 인터뷰 강화는 공정성을 담보하는 데 아주 효과적일 수 있다. 면접자 선정에 최선을 다하고, 면접자에게 절대적인 권한을 부여한다면 공정성을 담보할 수 있다. 인터뷰 점수를 조작할 수 없는 환경을 만들면 시험보다 훨씬 효과적인 채용이 가능할 것이다. 부가적으로 채용의 중요성이 높아지면 당연히 해당 인재에 부합하는 보상 제도가 마련될 것이다. 다행히 최근 몇 년간 채용의 공정성에 대한 사회적 이슈가 많았다. 이런 사회 정화 작용을 통해 기업의 성패에 결정적인 제대로 된 인재를 선발할 가능성은 높아질 것이다.

마지막으로 언급하고 싶은 사례가 있다. 컨설팅을 하다 보면 유독 신입 직원의 급여 수준이 낮은 회사가 있다. 하박상후형 급여 체계로 초임은 낮으나, 직원의 급여 수준은 높은 경우다. 신입

2부 | 명리 경영 : 기업의 명과 운을 바꿔라

직원의 급여 수준이 낮으면 우수 인재를 유인할 가능성이 떨어진다. 퇴사율조차 낮다면 문제가 더 심각하다. 그런 회사에서 일단 채용하고, 승진하는 우수 인재에게만 급여를 높인다는 목표는 어떤 정당성도 가지지 못한다. 우수 인재를 유인할 가능성은 낮고, 퇴사율도 낮은데 다른 인사 활동이 무슨 의미가 있을까. 낮은 퇴사율과 신규 채용률이 결합되면 하박상후형 급여 체계로는 절대 좋은 인재를 확보할 수 없다. 이 글을 읽는 인사 부서 관계자나 경영진은 지금부터 채용에 목숨을 걸기 바란다. 분명히 회사의 성과로 보상받을 것이다.

12장

생태계 파괴자를 솎아내라

건전한 생태계를 조성하기 위해 다양한 분야의 우수 인재, 특히 변화와 혁신을 담당할 직원을 채용하는 것은 매우 중요한 경영 활동이다. 그들이 핵심 인재다. 그러나 어렵게 뽑은 인재를 제대로 육성하고 유지하지 못하면, 이들이 이탈하면 무슨 소용이 있겠는가. 핵심 인재를 유지할 수 있도록 환경을 조성하는 것은 경영자가 채용만큼이나 우선순위에 두고 집중해야 하는 경영 원칙이다.

그렇다면 핵심 인재들이 조직을 떠나는 이유가 뭘까? 본인의 성장과 발전에 도움이 되지 않거나, 회사에 비전이 보이지 않거나, 몰입해서 일할 수 없는 환경이거나, 롤 모델이 없거나, 보상 수준이 낮거나, 기회가 부족하거나, 상사나 동료와 갈등이 있거나, 경영진에 대한 불신이 있거나, 단순히 재미가 없어졌기 때문일 수도 있다. 사람의 격이 다양한 것처럼 이탈하는 이유도 다양하다.

필자 역시 직업은 컨설턴트였지만, 여러 직장에 다녔다. 직업과 직장은 아주 다른 개념이다. 경제 단체, 컨설팅 회사, 사모 펀드 회사, 방송국 사외이사 겸 감사위원, 대표이사 등을 경험하면서 직장을 여러 번 이직했다. 내 경험상 첫 번째 이직 사유는 롤 모델 부재였다. 이직하는 이가 거의 없고 안정된 첫 직장을 그만둔다고 했을 때, 직속 임원이 저녁을 사주며 그만두는 이유를 물어보셨다. "상무님은 우리 회사의 최연소 타이틀을 거의 다 거머쥔, 누구나 인정하는 최고의 선배님이십니다. 제가 정말 열심히 하면 20~30년 뒤에 지금 상무님의 자리와 대외 활동, 급여를 보장받을 텐데, 동기 부여가 되지 않습니다. 다른 일을 해보고 싶습니다." 내 대답에 상무님은 그렇다면 도전해보라고 격려해주셨다.

지금 생각해봐도 참 당돌한 언행이다. 그러나 욕하거나 오해하지 마시기 바란다. 독자 여러분이 제 사주를 알면 이해하실 듯하다. 아직도 그 상무님과 인연을 이어가는 건 아무래도 그분의 높은 인격 덕분이겠지만 말이다. 그 후 여러 컨설팅 회사를 거쳐 필자가 가장 왕성하게 활동한 회사에서 이직한 이유는 경영진의 부정과 비윤리성을 극복할 수 없었기 때문이다. 이외에도 되도록 일을 만들지 않으려는 상사, 책임을 전가하는 동료와의 갈등이 주요 이직 사유였다.

가장 기억에 남고 가슴 아픈 이직 사유도 있다. 세부적인 상황을 이야기할 순 없지만, 정치가 난무하는 조직에서 문제를 해결하기 위해 적극적으로 노력하면 희생양이 되기 쉽다. 문제가 발생하면 누군가는 선두에서 적극적으로 문제를 해결한다. 해결 과정에서는 누구나 조용하지만, 어느 정도 마무리 단계에 접어들면 사내 정치에 유능한 사람들이 활동하기 시작한다. 이때 선두에서 가장 활동적으로 문제를 해결하던 사람이 결국은 공격의 표적이 된다. 드라마 〈도깨비〉에서 주인공 김신(공유 분)을 기억할 것이다. 전쟁에서 큰 무공을 세운 장수는 모든 사람의 칭송을 받아 마땅하지만, 적이 잠잠해지면 장수는 아첨꾼들에 의해 왕권을 위협하는 존재로 둔갑한다. 역사는 아첨꾼의 승리를 확인해주는 경우가 대부분이다.

여기서 주목해야 할 포인트가 있다. 이직하는 이유는 사람마다 다르지만, 기업이나 경영자 입장에서 특히 문제가 되고 뼈아픈 사유가 있다. 이직 사유를 유형별로 꼽아보면 크게 세 가지다. 첫째, 새로운 도전이나 삶의 변화, 흥미 등 직원의 개인적인 사유다. 둘째, 회사의 비전과 장래성, 급여를 비롯한 금전적 보상 수준, 책임과 권한 같은 비금전적인 보상 수준 등 회사의 객관적인 경쟁력이다. 셋째, 상사나 동료와의 갈등, 사내 정치의 희생양 등 조직 내 사람과의 갈등이다. 이렇게 이직 사유를 분류한 이유는 이직 사유에 따라 회사의 대응 조치뿐만 아니라 이직을 막을 가능성도 달라지기 때문이다.

첫째 사유인 개인적인 사정으로 이직하는 경우, 막을 방법이 많지 않다. 직원이 몰입할 환경을 조성하고 일과 삶의 균형을 유지할 수 있도록 노력해야 하지만, 개인의 니즈와 삶의 변화까지 막을 방법은 적다. 회사 내에 당사자의 도전이나 흥미를 유발할 포지션이 있으면 다행이지만, 그렇지 않은 경우 깨끗하게 좋은 이미지로 작별하는 것이 좋다. 둘째 사유인 회사의 객관적인 경쟁력이 떨어져 직원이 더 나은 직장이나 경쟁사로 이직하는 경우, 이 역시 단기적으로 막기 쉽지 않다. 회사의 객관적인 경쟁력 저하가 일시적인 문제라면 할 수 있는 일이 많겠지만, 경쟁력이 낮아서 발생하는 이슈는 해결하기 어렵다. 문제는 셋째 사유다. 조직 내 사람과 갈등으로 핵심 인재가 이직하는 경우는 생각해볼 지점이 많다. 어떻게든 대안을 도출해야 하는 문제다. 기업의 객관적인 경쟁력이나 개인의 니즈와 무관하게 핵심 인재가 이탈한다면 이것은 경영진과 인사 부서에서 핵심적으로 관리해야 하는 부분이다.

그렇다면 조직 내 사람과의 갈등으로 이직하는 경우는 얼마나 될까? 마커스 버킹엄Marcus Buckingham과 커트 코프맨Curt Coffman은《사람의 열정을 이끌어내는 유능한 관리자》에서 능력 있는 직원이 회사를 떠나는 가장 큰 이유는 '상사의 무관심과 성장할 기회 부족 때문'이라고 결론을 내린다. 직원은 회사가 아니라 상사를 떠

직장인 퇴사 사유

(직장인 1206명 대상 설문 조사)

순위	사유	
1위	상사·대표	21%
2위	조직 분위기·복리 후생	13%
3위	연봉	12%
4위	동료·직원	8%

출처 : 인크루트

난다는 말이다. 2018년 인크루트가 실시한 설문 조사 결과에서는 '상사나 대표의 갑질'이 직장인이 퇴사하는 사유 1위로 집계되기도 했다. 2위 '조직 분위기'와 4위 '동료·직원'까지 고려한다면 퇴사 사유 40퍼센트 이상이 사람과의 갈등에 따른 것임을 알수 있다.

독자 여러분이 직장인이라면 경험적으로 쉽게 이해할 테고, 경영진이라면 외워서라도 알아야 할 부문이다. 우수 인재를 유지하는 데 가장 큰 걸림돌은 사람이며, 이는 인재 이탈 사유 가운데 가장 비중이 크고 회사에서 집중적으로 해결해야 할 이슈다. 이 역시 경영자의 의지가 없으면 달성하기 쉽지 않겠지만 말이다.

필자가 제시하는 '생태계 파괴자를 솎아내라'는 경영 원칙은 우수 인재와 핵심 인재를 이탈하게 하는 사람을 골라 제거해야 한다는 뜻이다. 이 원칙은 단순해 보이지만 인재를 유지하는 데 핵심적인 경영 원칙이다. 기껏 확보한 인재를 제 발로 걸어 나가게

2부 | 명리 경영 : 기업의 명과 운을 바꿔라

해서는 사람을 통해서 얻을 수 있는 것이 없다. 핵심 인재 한 사람의 이탈이 다른 인력에 끼치는 메시지는 명확하다. 이 회사는 비전이 없으니 모두 탈출하라는 의미다.

회사에서 능력을 발현해야 할 인재는 논과 밭에서 잘 자라야 할 식물에 비유할 수 있다. 초등학생 때까지 시골에서 자란 필자의 경험으로 보면, 식물을 파종하고 일정 시간이 지나 '솎아내기'를 해야 한다. 촘촘히 있는 식물을 군데군데 뽑아 성기게 해서 나머지가 더 잘 자라도록 하는 것으로, 식물의 생육에 중요한 과정이다. 솎아내기로 광합성을 위한 태양 광선을 확보하고, 뿌리에서 충분한 양분을 얻는다. 이를 회사 경영에 비유해보자. 건전한 생태계를 구성할 종의 다양성을 확보했다면 잘 발육할 수 있도록 환경을 조성해야 하며, 솎아내기로 생태계 파괴자를 제거하는 게 중요하다.

그렇다면 솎아내기의 대상인 '생태계 파괴자'는 누구를 의미할까. 식물을 솎아본 경험이 있는 사람은 쉽게 이해할 것이다. 솎아내기 위해서는 해당 식물의 생육에 필요한 거리를 알고, 그 거리에서 자라는 식물 중 어느 것을 남기고 어느 것을 제거할지 결정해야 한다. 한곳에 유지해야 할 식물이 너무 많은 경우, 그렇지 못한 지역에 옮겨 심는 것도 포함된다. 유지해야 할 식물, 다른 지역에 옮겨 심어야 할 식물은 핵심 인재다. 특별히 보호해야 하는 것도 있다. 건전한 생태계를 유지하는 데 필요하지만, 그냥 두면 도태되기 쉬운 식물이다. 변화와 혁신의 인자인 식신과 상관은 가

만두면 관료화한 조직 문화, 상사의 지시와 통제, 억압에 뽑혀 나가기 쉽다. 솎아내 보호해야 할 식물이다. 솎아내야 할 식물은 잘 못 자라는 식물, 다른 식물의 생장에 방해되는 식물, 유용한 식물의 생육을 막는 잡초다.

명리학적 개념에서 솎아내기로 보호해야 하는 것과 제거해야 하는 것은 명확하다. 일차적으로 제거해야 하는 것은 비대해서 다른 성분을 심각하게 훼손할 수 있는 성분이다. 건전한 생태계는 음양오행의 각 성분이 힘의 균형을 통해 생하고 극하는 작용이 선순환을 이루는 구조라고 했다. 특정 오행이 비대해서 힘의 균형이 깨지면 그것을 극하거나 극을 받는 성분은 망가진다. 인수와 관이 비대하면 식상이 상하고, 재가 비대하면 인이나 비겁이 상하며, 관이 비대하면 비겁이나 재가 상하는 이치다. 사주의 균형이 깨진 사례('명리학의 이해 2')를 이해하면 될 것이다.

역용해야 하는 성분(제어로 활용해야 하는 성분)을 오히려 강하게 하는 것 역시 제거해야 한다. 칠살이 강한데 재, 겁재가 강한데 인수, 상관이 강한데 비겁 등이 그 사례다. 강한 권력을 쥔 사람이 자원까지 풍부하면 난폭해질 수 있고, 책임과 권한 수준이 높은데 권력까지 있다면 다른 성분의 활동을 막고, 반골 기질이 강한 사람이 권력까지 손에 넣으면 문제가 발생할 수 있다. 이들이 솎아낼 대상이다. 건전한 생태계에서 가장 보호해야 하는 변화와 혁신의 인자인 식상 역시 관이 지나치면 역극이 발생하기 때문에, 관의 상징인 리더들이 주요 검증 대상이 된다.

그렇다면 경영진과 인사 부서가 핵심적으로 관리하고 제거해야 할 '생태계 파괴자'는 구체적으로 어떤 사람일까. 생태계 파괴자는 단순히 업무 성과나 역량이 떨어지는 사람이 아니다. 역량이 부족한 이들은 분명 솎아낼 대상이지만, 핵심 인재를 떠나게 하는 생태계 파괴자로서 역할은 제한적이다.

여기서 잠깐 생태계 파괴자는 아니지만, 저성과자나 조직에 적응하지 못하는 5년 차 이하 직원을 솎아내는 부분을 짚고 넘어가자. 조직·인사 컨설턴트가 모여서 이런 직원을 계속 배려해야 할지, 퇴사를 유도해 강제로 변화를 줘야 할지 토론한 적이 있다. 배려를 주장하는 측은 조직 문화의 중요성과 한국 노동시장의 경직성, 생계 등을 이유로 기회를 제공해야 한다고 한다. 자신과 맞지 않는 곳에서 시간을 허비하기보다 새로 도전할 기회를 제공해야 한다는 반론도 있다. 두 의견은 팽팽하다.

성공한 기업의 CEO를 보면 생계나 경제적 여건 때문에 퇴사하지 못하다가 해고된 후, 도전을 통해 CEO가 된 분이 생각보다 많다. 한 분야에서 저성과자였으나, 본인에게 걸맞은 환경에서는 능력을 발현할 수 있다. 당시 결론도 그랬지만, 필자는 신규 직원일수록 정확한 평가를 통해 새로 도전할 기회를 부여해야 한다고 생각한다. 한 가지 문제가 있다. 평가자는 그렇게 생각하지만, 스스로 저성과자라고 생각하는 사람은 단언컨대 거의 없다. 그래서 이런 행위가 의도와 상관없이 갈등의 원인이 될 수 있다.

본론으로 돌아와, 생태계 파괴자는 다른 인재에게 악영향을 미치는 사람을 지칭한다. 이들은 조직 문화를 해치고, 다른 사람의 의욕을 떨어뜨려 이직을 결심하게 하는 원인으로 작용한다. 그 수가 적다고 안심하거나 회피해선 안 된다. 상한 귤 한 개가 같은 상자에 있는 수백 개를 다 썩게 만들 수 있기 때문이다. 특히 조직에서 집중적으로 관심을 가져야 하는 '생태계 파괴자'는 기업 생태계에서 일정 수준 이상 영향력을 가지고 있는 관리자나 고참 직원이다. 기업이나 조직에서 혁신하는 세력이나 사람이 부딪히는 가장 큰 난관은 가로막는 관리자인 경우가 많다. 문제를 만들지 않기 위해 무위하는 관리자, 부하의 성과를 가로채는 관리자, 책임을 회피하는 관리자, 책임을 전가하는 관리자, 제대로 평가하지 않는 관리자, 변화와 혁신을 주장하는 직원을 조직에서 몰아내려는 관리자, 정치로 편을 가르는 관리자가 생태계를 파괴하는 자다.

이 중에서 필자가 생각하는 최악의 관리자는 평가를 왜곡하는 관리자다. 사람과 관련한 모든 활동의 기초이자 핵심 자료인 평가가 왜곡된 경우, 모든 인사 행위는 타당성을 잃는다. 경영자가 건전한 생태계를 조성하고 룰을 재정립하더라도 이런 관리자가 존속하는 한 효과를 발휘할 수 없다. 관리자는 모든 경영 활동의 최접점에 있다. 직원을 정확하게 평가해서 코칭하고 동기를 부여하는 역할, 성과 배분을 담당하는 역할, 회사의 비전과 전략을 아래로 소통하는 역할, 전략과 전술로 성과를 올리는 역할, 자원을 배분하는 역할을 담당한다. 이런 관리자가 제대로 평가하지 않고,

성과를 가로채고, 책임을 전가하고, 회사의 비전을 직원과 소통하지 않는다면 어떤 인재도 남아날 수 없다.

또 다른 생태계 파괴자로서 '동료'에 주목해야 한다. 펜실베이니아대학교 와튼스쿨(경영대학원) 피터 카펠리Peter Cappelli 교수는 "회사에 대한 충성은 사라질지 몰라도 동료 간의 유대는 쉽게 사라지지 않는다. 핵심 인물 간의 감정적 유대를 발전시키면 우수 인재의 이직률을 현저히 낮출 수 있다"고 했다. 서로 신뢰하고 인정하는 동료 간의 감정적 유대는 회사의 경영 실수에도 핵심 인재를 유지하는 방법이다.

그런데 관리자 못지않게 생태계 파괴자 역할을 하는 동료가 많다. 성과에 무임승차하는 동료, 다른 사람의 변화와 혁신의 발목을 잡는 동료, 정치로 편 가르는 동료, 강자에게 아첨하고 약자에게 강한 동료, 성과를 가로채는 동료 등이다. 리더와 달리 동료의 배신은 강력하다. 생태계 파괴자의 역할 역시 강력할 수밖에 없다.

1993년 삼성 이건희 회장이 "마누라 빼고 다 바꾸자"라고 한 말을 기억하는 분이 있을 것이다. 그때의 연설 영상에서 필자에게 유독 오래 기억에 남는 내용이 있다. "변화와 혁신도 개인마다 역량 차로 속도와 그 폭이 다를 것이다. 내가 인정하고 기다려주겠다. 대신 변화하려는 사람의 발목은 잡지 마라. 그것은 용서할 수 없다." 몇 년 전까지만 하더라도 역량 평가에서 동료 평가Peer Group는 유의미하지 않다는 결론이 많았다. 한국 정서에 맞지 않고 결과도 신뢰할 수 없어 평가 결과를 제한적으로 활용하거나, 아예 적용하지 않는 기업도 많았다. 최근 절대평가를 도입하는 선진 기업들이 동료 평가를 다시 도입하는 까닭은 생태계 파괴자로서 동료의 역할에 주목했기 때문이다.

생태계 파괴자를 확인하기는 어려운 일일까. 전혀 그렇지 않다. 필자는 부정적인 리더십을 평가할 지표와 방법을 개발해서 여러 기업에 소개했다. 그 평가 결과는 상당히 신뢰도가 높았다. 경영진과 관련 부서의 명확한 의지가 있다면 리더십 평가든, 동료 간의 평가든 얼마든지 생태계 파괴자를 쉽게 규정할 수 있다.

또 다른 확인 방법은 퇴사자다. 2020년 실시한 설문 조사 결과를 보면 퇴사자가 그 사유를 명확히 이야기하지 않겠지만, 이는 경영진과 관련 부서에서 그 원인을 제대로 추적하지 않기 때문이다. 직원의 목소리에 조금만 귀 기울이면 핵심 인재가 떠나는 데 결정적인 역할을 한 사람을 확인할 수 있다.

경영자와 관련 부서는 생태계 파괴자를 확인한 경우, 그 역량에 상관없이 과감히 제거해야 한다. 이는 우선순위가 아주 높은 경영자와 관리자의 핵심 업무다. 밭을 관리하는 농부 역시 솎아내는 작업이 가장 중요한 일이다. 기업이 이 일에 실패하는 원인은 생태계 파괴자를 확인하기 어려워서가 아니라, 그들을 솎아내는 데 실패해서다. 컨설팅하는 동안 다양한 조직에서 생태계 파괴자를 수없이 봤지만, 조직은 이런 파괴자를 격리하는 데 주저한다. 여기에는 대상자의 업무 성과, 개인적인 인간관계, 주위 평판, 관

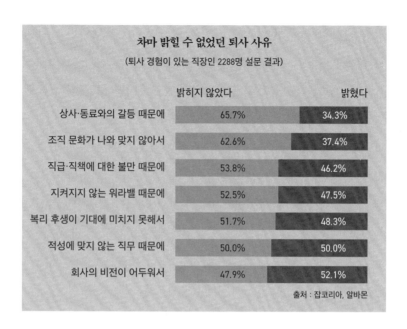

차마 밝힐 수 없었던 퇴사 사유

(퇴사 경험이 있는 직장인 2288명 설문 결과)

	밝히지 않았다	밝혔다
상사·동료와의 갈등 때문에	65.7%	34.3%
조직 문화가 나와 맞지 않아서	62.6%	37.4%
직급·직책에 대한 불만 때문에	53.8%	46.2%
지켜지지 않는 워라밸 때문에	52.5%	47.5%
복리 후생이 기대에 미치지 못해서	51.7%	48.3%
적성에 맞지 않는 직무 때문에	50.0%	50.0%
회사의 비전이 어두워서	47.9%	52.1%

출처 : 잡코리아, 알바몬

런 법규, 본인의 성격, 조직 문화, 회사 정책 등 다양한 원인이 있 겠지만, 이유가 무엇이든 가장 중요한 숙제를 미루는 것이다. 그 결과 핵심 인재가 떠나는데도 말이다. 핵심 인재가 떠나는 건 아 프지만, 내 손에 피를 묻히기 싫은 것이다.

기업에서 가장 어렵고 주저할 수밖에 없는 일은 업무 성과가 높은 생태계 파괴자를 내치는 것이다. 그 직원의 성과가 떠나보내 는 사람보다 높은 경우 고민이 많겠지만, 솎아내야 한다. 적어도 다른 사람에게 악영향을 미치고 있는 사람에게 조직을 이끄는 권 한을 부여해선 안 된다. 한 사람으로서 성과는 높겠지만, 조직에 서 성과는 단독으로 창출되지 않는다. 동료나 부하의 성과에 악영

향을 미치거나, 핵심 인재의 발현을 막거나 떠나보낸다면 솎아내
야 한다.

생태계 파괴자 솎아내기는 생태계에 인위적으로 개입하는 행
위와 구별돼야 한다. 인위적인 개입은 불필요한 룰을 만들어 조직
의 자생력과 변화에 적응하는 힘을 줄이기 때문에 생태계에 오히
려 문제가 될 수 있다. 생태계 파괴자를 확인하고 제거하는 일은
생태계 교란종을 처리하는 것과 같은 이치라고 생각하면 된다.

생태계 파괴자 관리는 최근에 더욱 중요해지고 있다. 조직을
구성하는 핵심 세력, 고객을 형성하는 핵심 세력으로 MZ 세대가
등장했기 때문이다. 인구의 약 30퍼센트를 차지하는 이 세대는
개인의 다양성을 존중하고, 조직보다 개인의 행복을 추구한다. 불
공정과 불합리, 관습 등에 강한 거부감을 보이기 때문에, 기업의
생태계 파괴자를 유지할 경우 이들의 이탈은 불가피하다. 이들은
꼰대와 함께 존재하지 않는다. 기존 룰을 유지할 경우, 이들을 만
족시키고 기업을 성장시키는 일은 요원할 수 있다.

13장

평가제도를 전면 개편하라

이 책의 시작점은 기업의 성패를 결정하는 사람의 중요성이다. 사람은 개인의 행복을 결정하는 요소일 뿐만 아니라, 기업의 성패 역시 조직을 구성하는 사람으로 결정됨을 다양한 논거를 통해 설명했다. 따라서 개인이 행복해지기 위해서는 자신을 알아야 하고, 기업 역시 지속적으로 성장하기 위해서는 보유하고 있는 사람과 보유할 사람에 대해 정확하게 이해하고 있어야 한다. 그렇다면 우리는, 기업은 사람을 제대로 이해하기 위해 무엇을 할까.

결론부터 말하면 우리가 기울이는 노력은 현저히 부족하고,

노력하는 방법마저 틀렸다. 그렇다고 기업에서 구성원을 이해하기 위해 명리학을 도입하자는 주장은 아니다. 명리학이 제공하는 정보는 사람을 이해하는 데 유용하지만, 단지 그것만이 답은 아니다. 자신을 이해하는 방법은 아주 다양하기 때문이다.

전쟁 이후 해체된 가족과 지역사회, 경제, 국가의 재건이라는 숙제를 짧은 시간에 해내고, 민주주의와 산업화에 성공한 나라는 전 세계적으로 유례를 찾기 어렵다. 동시대에 국제 원조를 받다가 원조하는 나라로 성장한 국가는 우리나라가 유일하다. 해외에 많이 나가본 사람들은 알겠지만, 한국 여권의 힘은 실로 대단하다.

그러나 우리는 전 세계 자살률 1위, 청소년 자살률 1위, 출산율 꼴찌의 세상에서 살고 있다. 우리가 행복하지 않은 까닭은 자신을 제대로 이해하는 법을 배운 적이 없기 때문이 아닐까. 우리는 요구되는 역할을 얼마나 잘 수행하는지에 따라 자신을 평가하고 사회적으로 평가받는다. 좋은 대학에 가고, 남부럽지 않은 회사에 다니고, 아파트를 장만하고, 재테크에 성공하는지가 중요한 것이다. 자신이 원하는 행복이 아니라 출신 대학과 직장, 연봉, 재산, 아파트나 자동차 값, 자녀의 성적 등 객관적인 수치와 서열을 확보하기 위해 산다. 이렇게 남과의 비교를 통해 자신을 평가하니 사회에서 요구하는 것을 얻는 데 성공한 사람이든, 실패한 사람이든 행복할 수 없다.

보다 심각한 사실은 부모가 자신을 이해하는 방법을 배운 적이 없으니 아이를 제대로 이해하기 위한 노력도 하지 않고, 사회에서 요구하는 것을 강요하기에 급급하다는 것이다. 선행 학습을 시작하는 연령이 더더욱 낮아지고 있고, 배우는 것 역시 계속 늘어나고 있다. 이제는 노는 것도 배우는 시대다. 필자는 이것이 한국 사회의 가장 큰 문제점이라고 생각한다. 물론 학습에 타고난 사주가 있다. 그런 아이는 그렇게 키우는 것이 맞다. 하지만 대다수 아이는 그렇게 태어나지 않는다. 그들은 어디에서 행복을 찾아야 할까. 사회적 합의를 통해서라도 반드시 하루빨리 해결해야 할 가장 중요한 숙제는 자녀에게 자신을 이해하고 행복해지는 방법을 가르치는 것이다.

기업은 어떤가. 기업 차원에서는 매년 평가를 실시하고 있기 때문에 제대로 노력하고 있다고 생각할 수 있다. 운영하고 있는 평가제도와 육성 시스템을 보면 기업이 구성원을 제대로 이해하기 위해 제대로 노력하는지 쉽게 알 수 있다. 물론 그 기준은 평가제도의 주목적을 달성하고 있는가다. 평가제도의 주목적은 구성원의 현 수준을 모니터링한 후 그 결과를 토대로 회사가 원하는 인재로 육성하는 것이다. 즉 평가는 대상에 대한 이해가 주목적이다. 필자가 이 책 서두에서 기업 평가제도의 오류를 근거로 사람을 이해하는 노력이 부족하고 방법론에 문제점이 있다고 지적한 이유다.

인재를 확보·유지하기 위한 인사 활동의 시작과 끝은 평가고, 그 결과는 모든 인사 활동의 객관적인 근거로 활용된다. 다음 그림을 보면 모든 인사 활동은 평가로 시작된다. 성과 평가와 역량

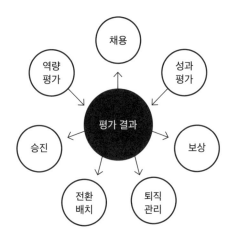

평가가 종합돼 개인의 평가 결과가 되고, 그 결과를 토대로 승진이나 보상, 전환 배치, 퇴직 관리 등을 진행한다. 채용도 마찬가지다. 성과·역량 우수자와 유사한 인재를 뽑는 것이 채용이다. 명리경영에서 필자가 언급하는 경영 원칙 가운데 첫손에 꼽히는 채용, 생태계 파괴자 제거 역시 평가를 기반으로 한다. 기업의 성패를 결정하는 요소는 사람이지만, 사람을 제대로 확보하고 유지하는 것은 평가제도로 성패가 결정된다.

기업의 평가제도에 심각한 오류가 있다면 어떻게 될까. 당장 채용부터 문제가 발생한다. 제대로 사람을 평가하지 못하니 채용을 통해 사람을 제대로 평가해 뽑는 것이 어려워진다. 사람을 제대로 유치·유지할 수 없으면 지금은 단기적으로 성장하더라도 곧 환경 변화에 도태될 수밖에 없다.

좀 더 살펴보자. 260쪽 그림에서 Ⅰ에 해당하는 성과와 역량 모두 우수한 사람은 핵심 인재다. 이런 인재는 도전적인 업무를 맡기고, 보상 수준을 높이며, 경영진 후보로 육성하면 된다. 역량은 높은데 현재 성과 수준이 낮은 사람은 전환 배치의 일차 대상자다. 이 그룹에 속한 사람은 현재 업무가 맞지 않거나, 해당 조직의 상사와 갈등이 있을 가능성이 크다. 역량이 높기 때문에 부서를 옮기는 것이 최선이다. 성과가 높고 역량 수준이 낮은 Ⅲ-3에 속한 사람은 성과에 대한 보상 수준을 높이지만, 승진이나 전환 배치 대상자에서 제외된다. 현재의 직무와 책임과 권한 수준이 가장 적합하기 때문이다. 성과와 역량 모두 낮은 Ⅴ 그룹은 퇴직 관리 대상이다.

이것이 기업의 평가 결과에 기반한 인사 활동으로, 여기까지 보면 상당히 합리적인 듯하다. 그런데 왜 필자는 현재 많은 기업의 평가제도에 문제가 있다고 주장할까. 필자가 한동안 컨설팅한 결과물인데 말이다. 문제는 각 평가의 결과가 왜곡됐을 때 발생한다.

현재 국내 많은 기업이 도입한 '평가 결과에 따른 보상 차등화'는 미국을 중심으로 발전한 경영 기법이다. 이 제도는 외환 위기 직후 기업의 경영 투명성 제고, 경영 효율성 강화라는 미명 아래 급격히 도입됐다. 그전에는 주로 호봉제, 종신고용제 개념이 기업을 지배했다. 국내에 이 개념이 정착한 계기는 전후 산업화 과정에서 벤치마킹 대상이자, 주 고객이던 일본 기업의 영향이다. 국내 재벌이나 오랜 역사를 자랑하는 기업의 창업주는 일본식 교육

성과 · 역량 평가에 의한 인력 세분화

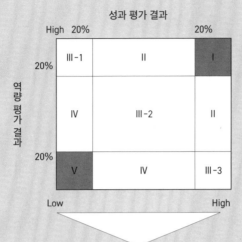

성과 평가 결과

인사 관리 차별화 방향

구분	I	II	III	IV	V
배치	핵심 직무 도전적 업무	직무 유지	직무 유지 직무 전환 (III-1)	직무 전환	직무 전환
보상	高 인상 인센티브 스톡옵션	中 인상	中 인상 (III-3) 低 인상	低 인상 無 인상	無 인상 삭감
승진	발탁 승진 일반 승진	일반 승진	-	-	-
육성	경영진 후보 핵심 인재	자율적 개발· 육성 유도	직무 능력 육성 전환 교육	직무 능력 육성 전환 교육	전직·퇴직 지원 교육
퇴직	임원진 1:1 관리 통한 유지·확보	유지 육성	유지 육성	비공식적· 공식적 사전 경고	퇴직 유도

을 받았고, 전후 기업 경영에 일본식 경영 기법을 도입했기 때문이다. 일본의 하청을 받았고, 일본이 주 고객이었다. 일본식으로 사고하고, 일본 때문에 살고 있으니, 일본 문화와 경영에 대한 이들의 신뢰는 아주 높았다.

일본은 패전 이후 미국이 지배력을 행사했음에도 미국과 달리 종신고용제와 호봉제가 발달했다. 이는 강력한 노조 때문이었다. 한국전쟁을 기반으로 급성장한 일본 기업의 노조원은 폭탄을 제조해서 쟁의 활동을 할 정도로 과격했는데, 전후 일본을 통제하던 미국조차 자국의 경영 시스템을 포기하고 종신고용제와 매년 일정한 급여 상승이 보장되는 호봉제를 승인한다. 1990년까지 일본 기업은 전 세계에서 맹위를 떨쳤고, 전 세계가 일본 문화와 경영 기법에 관심이 많았으며, 우리 역시 그랬다.

1990년대에 일본 경제의 버블이 꺼지고, 1997년 외환 위기 이후 IMF 자금 지원은 미국식 경영 기법을 도입하는 명분이 됐다. 부실한 기업으로 인한 국제사회의 불신을 제거하기 위해 그들에게 익숙하고 그들이 요구하는 평가, 보상 차등화 제도 도입이 필요했다. 기업주에게도 종신고용제와 호봉제 폐지는 나쁠 게 없었다. 오히려 핑계가 됐다.

이런 이유로 IMF 자금 지원 직후 BSC, 조직 평가에 연계된 개인 성과 평가, 역량 평가 등이 마치 성경처럼 기업에 전파되기 시작한다. 경영 투명성, 보상 차등화를 위해서는 성과를 측정하고, 개인을 서열화하는 작업이 필요했기 때문이다. 당시 기업이 가장 많이 도입한 프로젝트가 평가제도와 식스 시그마다. 필자 역시 처음 근무한 컨설팅 회사가 BSC에 특화된 곳이었기에 누구보다 많은 평가제도를 설계했다.

문제는 당시 도입된 성과 평가와 보상 차등화 제도는 본질보다 활용 측면이 강조됐다는데 있다. 성과 극대화에 초점이 있는 것이 아니라 보상 차별화가 더 중요했기 때문에 서열화가 한국 성과 연봉제의 시작이 됐다. 평가의 근본적인 목적은 현재 상황을 모니터링해서 개선하는 것이다. 당연히 보상 차등화보다 평가 결과를 토대로 교육과 코칭을 통해 직원의 역량을 향상하는 게 보다 근원적인 활동이다. 그러나 우리는 평가자와 피평가자가 한자리에 모여 평가 결과를 공유하고 코칭하는 게 오히려 갈등의 시간이 되는 경우가 많았다. 문화적인 요인도 있고, 경험도 없고, 커뮤니케이션 기법도 미성숙했기 때문이다. 동양은 소에게도 평가 결과를 들려주지 않는 곳이다. 이외에도 현실적으로 평가 결과를 토대로 코칭할 관리자 역량이 미흡했고, 인사 부서 역시 서열화와 보상 차등화 등에 관심이 있었지 코칭을 강화하기 위한 노력은 부족했다.

여기에는 컨설팅 회사의 잘못도 크다. 제도는 상황과 여건을 고려해야 하는데, 당시에는 평가제도를 도입하고 이를 토대로 보상을 차별화하는 게 주목적이었다. 평가의 본질적인 목적보다 회사의 요구와 실효성, 실행 용이성에 번번이 밀렸다. 육성이 목적이라면 피평가자의 절대적인 역량 수준이 중요하지만, 보상이나 여타 인사의 차등화를 위해서는 서열화를 위한 제도를 구축해야 했다. 여기에는 절대적인 역량 수준을 평가할 수 없는 관리자의 수준도 영향을 미친다.

제도와 운영이 이렇게 되면 평가자도 결과가 활용될 것을 고려해 평가를 왜곡하게 된다. 동료 역시 팀 내 승진 대상자나 장기 누락자가 있는 경우, 그들에게 평가 결과가 집중되는 것에 암묵적으로 동의한다. 평가자는 성과와 역량을 구분하는 게 아니라, 개인이 최대한 피해 보지 않고 몰아주는 방향으로 두 개의 평가를 활용하는 것이다.

이렇게 서열화를 위한 상대평가가 고착되면 평가 결과를 기반으로 한 인사가 무너지고, 기업의 비전을 달성하는 데 필요한 인재 정보도 축적될 수 없다. 상대적인 서열보다 절대적인 수준을 평가하고, 이를 통해 육성하는 과정이 훨씬 더 복잡하고 수준 높은 시스템이 요구된다. 서열화를 주목적으로 하는 상대평가가 계속되는 한, 기업의 성패를 결정하는 사람에 대한 정보나 노하우가 축적되지 못하는 것이다. 장기적으로 그 결과는 명확하지 않겠는가. 미국에서조차 상대평가를 기반으로 한 보상 차등화는 효과가 없다는 연구 결과가 나오고 있다. 선진 기업에서는 보상 차등화보다 절대평가를 기반으로 육성과 코칭에 초점을 맞추는 평가가 대세다. 최근에는 국내 선진 기업들 역시 평가제도의 문제점과 선순환 구조를 감안해 절대평가를 도입하거나, 역량 중심 평가와 육성에 초점을 두는 등 혁신을 받아들이기 시작했다.

평가의 선순환 구조는 성과나 역량에 대한 구체적인 기준 수립, 그에 대한 절대평가를 기반으로 한다. 절대평가를 지속해야 사람을 이해하는 제대로 된 평가 기법이 개발될 수 있다. 이를 위해서는 먼저 기업의 비전을 달성하는 데 필요한 기능과 역량을 규정하고, 이를 기반으로 인재가 갖춰야 할 구체적인 역량 항목과 요구 데이터를 확정해야 한다. 그러고 나서 해당 역량에 대한 절대적인 수준과 목표를 설정하고, 이에 부합하는 평가 기법을 개발한다. 평가 결과는 직원의 코칭과 육성을 주목적으로 활용하고, 승진과 전환 배치, 보상, 퇴직 관리 등 인사에 활용한다. 이렇게 직원의 절대적인 역량이 모니터링되면 전체적으로 인사 전략이 수립될 수 있다. 기업이 요구하는 사람에 대한 이해와 그 수준을 평가하는 노하우가 축적되면 그에 적합한 채용이 가능해진다. 이 과정을 지속하면 기업은 더 많은 인재를 확보하고, 동료 간 유대 관계가 인재의 이탈을 줄이는 선순환 구조가 형성된다.

이러한 평가의 선순환 구조를 토대로 평가제도의 개선 방향을 구체적으로 알아보자. 첫째, 평가의 목적이 제대로 서야 한다. 평가의 본질적인 목적은 현 수준을 정확히 파악해 코칭으로 인재를 육성하는 것이다. 인사의 주요 활동인 전환 배치와 승진, 보상조차 육성을 위한 도구지, 그 자체가 목적이 아니다. 이를 위해 피평가자의 보유 역량, 역량 수준, 문제점, 개선 방향이 명확히 확인돼야 한다. 이것이 코칭에 필요한 기본 자료이기 때문이다. 육성, 코칭을 위한 평가는 평가 항목, 근거, 평가 내용이 완전히 달라질 수밖에 없다. 코칭 과정이나 결과물로 관리자를 평가하면 관리자 육성이 가능해진다. 관리자가 이에 실패하면 성과나 역량에 상관없이 생태계 파괴자로 관리해야 한다. 이렇게 되면 평가 왜곡 현상도 자연스럽게 개선할 수 있다.

반면 승진이나 보상, 배치 같은 인사 활용이 주목적이 되면 비교를 통한 서열화가 핵심이 된다. 서열화는 그 사람의 현황과 개선 방향, 수준에 관심이 없다. 전체적인 역량 수준, 회사에서 보유한 역량, 보유해야 할 역량 따위는 중요하지 않다. 평가 방법의 고도화도 필요하지 않다. 서열만 정해지면 만족할 수 있기 때문이다. 평가 자체가 아니라 활용이 목적이 되기 때문에 평가자 역시 오류에 노출되기 쉽다. 그 사람의 수준이 아니라 누가 승진해야 하고, 누가 보상받아야 하는지 생각하면 활용을 고려한 평가가 될 수밖에 없다. 이는 본말이 전도된 것으로, 조직에 갈등을 초래할 가능성이 크다. 서열화로 갈등이 증폭되면 인재가 떠나는 결과가 된다.

둘째, 상대평가는 과감히 버려야 한다. 피평가자의 절대적인 수준을 측정하는 것과 상대 비교를 통한 서열화는 그 철학이나 방법론에서 엄청난 차이가 있다. 단순히 절대평가는 인사 활용에 장애가 있고, 상대평가는 인사 활용에 용이하다는 차이가 아니다. 절대평가는 기본적으로 평가 지표가 요구하는 바에 대한 개인과 조직, 회사의 수준을 측정하고 개선하고자 하는 활동이다. 반대로 말하면, 평가 지표가 요구하는 역량을 개선하고자 한다면 당연히 절대적인 수준을 측정해서 개선하는 활동이 필요하다. 반면 상대평가는 절대적인 수준이나 평균을 고려하지 않는다. 전체적으로 우월하든 열등하든, 상대적인 서열이 핵심이 된다.

기업이 인사 활용을 위한 서열화로 만족한다면 상대평가도 상관없다. 그런데 직원의 수준을 이해하고 회사의 수준을 평가해 문제점을 개선하고자 한다면 절대평가가 필요하다. 기업이 상대평가를 주로 활용하는 것은 용이성 때문이다. 절대평가는 시간과 투자를 요구하며, 제대로 된 평가와 코칭이 가능한 관리자가 전제된다. 그전에는 평가 결과를 활용하기에 미흡할 수 있다.

관리자의 평가 수준, 코칭에 필요한 성숙한 문화, 실행과 활용 용이성 등을 이유로 상대평가를 유지한다면, 사람을 제대로 이해하고 측정하고 육성할 기회가 사라진다. 시행착오를 거치지 않으면 노하우가 축적될 수 없다. 절대평가가 요구하는 환경이 갖춰질 때까지 기다릴 게 아니라, 열악한 환경이라도 지금 시행해 그 과정에서 발생하는 다양한 이슈를 정반합을 거쳐 개선해야 한다.

셋째, 세분화한 평가 등급을 버려야 한다. 세분화한 평가 등급은 상대평가 활용의 용이성과 정교함을 위해 태어났다. 상대평가 결과를 등급으로 전환하면 서열이나 점수를 베이스로 활용할 때보다 쉽지만, 정교성이 떨어질 수 있다. 또 평가 등급이 적으면 등급의 경계선에 있는 사람에 따른 오류가 발생하고, 등급 내 역량 차이로 인사의 정교성이 떨어질 수밖에 없다. 이를 보완하기 위해 등급을 세분화하는 것이다. 세분화한 평가 등급은 상대평가의 부산물인 셈이다.

코칭을 통한 육성을 위해 절대평가를 채택할 경우, 여타 인사 활용을 위한 평가 등급은 세분화하지 않더라도 충분히 효과를 발휘할 수 있다. 이런 이유가 아니라도 동일한 채용 과정을 거쳐 입사하고, 같은 조직과 상사 아래 근무하는 직원들의 역량이나 성과가 세분화한 등급으로 구분될 만큼 차이가 발생할 가능성이 크지 않다. 이는 갈등만 초래하는 과잉 행정이 될 수 있다. 만약 직급이 같은 직원들의 역량이 확연히 세분화된 등급으로 나타난다면 채용과 육성의 실패다. 이 경우 인사 부서나 채용을 완전히 바꿔야 한다는 의미다.

넷째, 성과 평가를 버려야 한다. 성과 평가는 측정 단위에 따라 조직에 대한 성과 평가와 개인 성과 평가로 나뉜다. 버려야 하는 성과 평가는 개인 성과 평가다. 성과 평가는 조직 단위까지만 측정하면 된다. 수직 계층의 분화, 관료주의 조직 문화로 지시와 통제 중심의 조직 운영에서는 성과 평가 측정 단위가 조직이고, 성과에 대한 책임은 조직 관리자에게 있다는 의미다. 반면 기업의 비전을 달성하기 위해 전략 과제가 도출되면 그 과제 달성 여부를 측정하는 게 조직 성과 평가의 핵심이다. 조직 성과 평가는 필수다.

필자가 오랫동안 기업의 평가제도를 설계한 경험으로 보면 개인의 성과 평가는 그 의미도, 결과 활용도 바람직하지 않다. 하급 관리자와 직원은 성과에 대한 책임 소재가 불명확하고, 외부 변수도 많기 때문이다. 수직적인 관료 조직은 매번 결재를 통해 행위가 이뤄지고 자원을 할당받기 때문에, 직원의 성과에 대한 책임 소재는 지극히 낮다고 판단된다.

육성과 코칭을 위한 절대평가는 역량 평가만으로 충분히 효과를 얻을 수 있다. 기업이 직원을 육성하는 최종 목적은 인간의 완성이 아니라 성과의 극대화다. 제대로 된 역량 평가는 새로운 회계연도가 시작하기 전에 역량이 발현된 성과의 목표를 설정하고, 그 목표를 달성하는 데 필요한 역량에 대한 직원의 수준과 달성 과정을 계속 모니터링하고 피드백하는 것이다. 따라서 성과는 역량 평가의 주요 근거 자료가 된다. 이때 여러 가지 변수로 성과가 낮아도 직원이 보인 역량 수준이 높으면 당연히 높은 평가 결과를 얻어야 한다. 성과를 근거로 역량을 평가하되, 주요 기준은 역량이기 때문이다.

20세기 최고의 경영자로 칭송되는 잭 웰치Jack Welch 역시 공장장으로 있을 때, 엄청난 실패를 경험했음에도 역량 수준이 높아 기회를 부여받았다. 굳이 구분하기 어려운 역량 평가와 성과 평가를 병행할 게 아니라, 역량 평가의 절대평가를 강화하는 게 바람직하다. 성과 평가를 버리고 역량 평가에 집중하면 단기적인 성과에 집중하는 문제점 역시 막을 수 있다. 명리학 개념으로 보면 사람은 누구나 꽃피는 시기가 다르다. 단기적인 성과에 집중하면 개화 직전의 꽃을 잘라버릴 수 있다. 음양오행의 토 성분처럼 도출한 성과는 작지만, 팀을 위한 역량이나 다른 사람을 발현하는 역량을 보유한 사람도 적지 않다. 이들 또한 제대로 평가받아야 한다. 성과 평가를 버려야 성과를 얻을 수 있다.

다섯째, 생태계 파괴자에 대한 평가에 집중해야 한다. 기업에 필요한 한 가지 평가를 선택하라면, 나는 주저하지 않고 생태계 파괴자를 평가하는 것이라고 답할 것이다. 생태계 파괴자에 대한 평가는 상향식 리더십 평가와 다른 측면이 있어, 아직 도입한 기업이 많지 않다. 이 평가는 조직이 시급하게 도입해 가장 중요하게 운영해야 하는 제도다. 앞에서 문제를 만들지 않기 위해 무위하는 관리자, 부하의 성과를 가로채는 관리자, 책임을 회피하는 관리자, 책임을 전가하는 관리자, 제대로 평가하지 않는 관리자, 변화와 혁신을 주장하는 직원을 조직에서 몰아내려는 관리자, 성과에 무임승차하면서 열심히 노력하는 사람을 험담하고 끌어내리는 동료가 생태계 파괴자라고 했다. 조직에서 평가의 핵심은 이런 파괴자를 찾아내는 것이다.

서두에 언급한 상향식 리더십 평가는 리더십 항목에 대한 수준을 평가하는 반면, 생태계 파괴자 평가는 관리자로서 하지 말아야 하는 생태계 파괴 행위 여부와 그 수준을 평가한다. 몇몇 선진 기업에는 이런 평가제도가 있지만, 대다수 기업이 아직 도입하지 않았다. 상향식 리더십 평가는 선택이 아니라 필수다. 동료 평가 역시 활성화해야 한다. 여기에 더해 동료 간 유대를 방해하고 인재를 이탈하게 하는 동료를 찾아 솎아내야 한다. 동료 간 생태계 파괴 행위 여부와 수준을 평가해서 활용하는 게 바람직하다.

14장

현장과 실무자 중심으로
조직 문화를 재편하라

◇◇◇

지금까지 설명한 경영 원칙의 주목적은 건전한 생태계를 조성해 경영 환경 변화와 불확실성 속에서도 기업 스스로 변화와 혁신에 성공할 수 있는 인적 역량을 확보하는 것이었다. 변화와 혁신의 DNA를 확보하기 위해 채용을 강화하고, 생태계 파괴자를 솎아내 핵심 인재 이탈을 막고, 올바른 평가제도를 도입하는 것 등은 생태계를 구성하는 요소의 건전성을 의미한다. 상호 견제를 통해 생태계가 균형을 이루기 위해서는 구성 요소가 힘이 있어, 구조적으로 튼튼해야 한다. '현장과 실무자 중심으로 조직 문화를 재편하라'는 경영 원칙은 생태계 운영 원리의 혁신을 뜻한다. 경영 환경의 구조적 개선을 통한 변화와 혁신 유도는 그에 걸맞은 운영 원리의 혁신을 요구할 수밖에 없다. 최첨단 사양을 갖춘 컴퓨터라도 그 운영체제가 과거의 것이라면 제 기능을 할 수 없는 것이다.

명리 경영에서 말하는 구조 개선이 구성 요소의 건전성을 확보하는 것이라면, 운영 원리는 변화와 혁신의 인자가 맘껏 발현될 수 있도록 조장하는 경영 시스템, 즉 '조직 문화'와 '일하는 방식'의 혁신을 뜻한다. 그렇다면 명리 경영에서 이야기하는 조직 문화와 일하는 방식의 핵심은 무엇일까. 변화와 혁신의 인자가 제대로 발현되기 위해서는 그들이 책임과 권한을 가지고, 자원을 배정받고, 동기 부여가 되고, 부서가 서로 협력하고, 걸림돌이 제거되고, 방향을 제시받아야 한다. 관료화한 조직의 지시와 통제 문화, 규칙과 규율, 지나친 완벽주의, 현장과의 괴리, 세분화된 직급에 상응하는 책임과 권한, 수직 계층과 같은 하향식 조직 문화를 극복하고, 현장과 실무 담당자 혹은 변화와 혁신의 인자 중심으로 운영해야 한다. 즉 현장과 고객 중심, 실무자 중심, 능력 중심, 실행 중심의 운영 원리로 변화와 혁신의 인자에게 동기를 부여하고 지원하는 '상향식 조직 문화'가 핵심이다. 이 경영원칙이 중요한 이유는 건전한 생태계의 구조 개선을 위해 모든 것을 한 번에 다 바꿀 수는 없으니, 우선 운영 시스템 개선을 통해 변화와 혁신의 DNA가 마음껏 발현되는 환경을 만들기 위해서다.

명리학의 음양오행 작용 메커니즘과 성공하는 기업의 주요 특징을 살펴보면 이 경영 원칙의 타당성을 충분히 이해할 수 있다. 먼저 명리학적 관점에서 상향식 조직 문화의 타당성은 음양오행의 생극제화와 격국 체계를 통해 쉽게 알 수 있다. 각 경영 원칙의 논거가 되는 명리학 개념이 연결되어 중복되는 느낌이 있지만, 각 원칙의 완결성을 위해 다시 설명한다. 강조하는 의미로 여러 곳에서 단편적으로 설명한 바를 종합적으로 살펴보자.

기업의 본질적인 활동이나 변화와 혁신에서 가장 중요한 구성 요소는 식신과 상관이라는 성분이다. 이것은 기업의 본질적인 목적인 이윤 추구를 위해 재를 생성시키는 원천의 역할이다. 식상은 뭔가를 생산해서 물적 성취를 도모하거나 기존 윤리와 질서의 혁신으로 존재 의미를 드러낸다. 즉 기업 활동에서 신규 사업을 추진하거나 기존에 있던 것을 변화시키는 게 이 성분의 작용이다. 식상의 활동이 변화와 혁신의 시작점이라는 말이다.

식상으로 촉발된 기업 활동은 성공을 통해 재를 생성시키고, 재는 관을 불러오고, 관은 인을 강화하는 것이 일반적인 프로세스다. 이렇게 식을 통해 생성된 다른 구성 요소인 재와 관, 인은 힘이 강화될수록 오히려 식상의 활동을 방해할 수 있다. 상호 간에 적절한 힘의 균형이 있을 때는 문제가 없지만, 특정 요소의 힘이 강화되면 그 균형이 깨져 극단적인 모습이 표출되는 것이다. 힘의 균형이 잡혀 있는 상황이라면 재는 식상의 생을 받아 확대되고, 그 대가로 식상을 극하는 인을 제어해 서로 보완되는 구조다. 문제는 재가 너무 강해 식상의 힘을 소모할 때다.

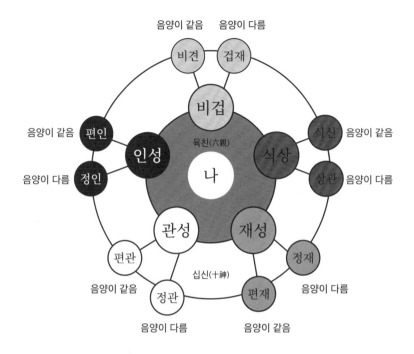

기업의 예산이나 지나친 비용 통제는 새로운 도전이나 혁신을 약화시킨다. 신제품 개발 부서에서 시장을 선점할 수 있는 혁신적인 제품을 개발했지만, 비용 통제로 부품을 다운그레이드하거나 생산 단가를 고려하여 디자인을 변경하는 행위는 혁신 제품의 효과를 끌어내린다. 변화에 대응하기 위해 혁신 조직을 만들었으나 예산과 자원을 통제하는 것 역시 성공을 담보할 수 없다. 특히 만성적인 적자를 기록하고 있는 상황이라면 적자를 타계할 신제품을 개발했다손 치더라도 결국 비용 통제를 할 수밖에 없는 빈곤의 악순환 고리에 놓이게 된다. 국내 스마트폰 산업에서도 그런 사례는 빈번하게 발생했다. 스마트폰 시장의 부진을 만회할 혁신적인 제품을 개발했으나, 비용 통제 부서에서 생산 단가를 낮추거나 마케팅 비용을 통제하면 해당 제품은 시장에서 두각을 나타내기 쉽지 않다. 부서마다 고유 기능이 있고, 비용 통제 부서는 그것이 성과이기 때문에 이 문제를 해결하기 위한 경영진의 획기적인 의사 결정 없이는 실패하는 게 당연하다.

그다음은 관의 작용이다. 일반적인 오행의 생극제화 작용에서는 식상이 관을 극한다. 그러나 관이 지나치게 강하거나 비대해지면 오히려 식상을 극하는 역극 현상이 발생한다는 것을 명심해야 한다. 불(火) 일간에게 식인 토가 수인 관을 극하기 때문에 제방을 잘 쌓아 물을 가두면 물이 활용되어 재가 생성되지만, 홍수로 물의 힘이 강해지면 제방을 무너뜨려 모든 것을 파괴하게 된다.

관이 지나치게 비대해지고 힘이 강해지는 것은 자연스러운 기업의 진화 과정이다. 식상으로 물적 성취가 일어나면 그 재는 관을 생하고, 반대로 관은 재를 보호한다. 성공한 기업은 조직화, 규칙, 규율, 관리 등을 강화하고, 이는 물적 성취를 보호하기 때문에 그것이 더 효율적이라는 믿음이 생긴다. 그 믿음이 강해지면 더 큰 조직, 더 많은 수직 계층화가 진행돼 관이 비대해지면서 관료주의 조직 문화의 병폐가 생기는 것이다.

혁신에 성공한 기업이라도 자연스러운 조직화 단계를 거쳐 관료주의 조직 문화를 구축하면 지시와 통제, 견제와 간섭의 문화로 내부의 변화나 혁신 시도의 싹이 잘리고, 초기 혁신은 무뎌진다.

신제품 개발 부서나 신규 사업 추진 부서에서 고객의 니즈와 변화에 맞춰 혁신 제품을 쏟아내도 진행 과정에서 엄격한 통제, 규칙과 규율, 수직 계층 간 의사 소통, 수평 조직 간 의사 소통이 진행되면 초기 혁신이 사라지고 시간도 지체돼 외부의 신규 혁신자에게 질 가능성이 높아진다. 예전에 한 회사의 제품이 글로벌 표준에 비해 지나치게 보수적이라 이유를 물은 적이 있다. 아무리 세련되게 만들어도 나이 든 회장님의 기호에 맞지 않아 디자인이 통과되지 않는다는 것이다. 아마존이 온라인 시장에서 할 수 있는 혁신의 속도와 월마트의 혁신 속도는 다르다. 월마트는 기존 오프라인 시장과의 관계 설정, 신규 사업 추진을 위한 내부 통제, 내부 의사 소통에서 절대 신규 혁신자를 따라잡을 수 없다.

역사의 흐름을 보면 힘의 균형이 일정 기간 이상 유지되기는 쉽지 않다. 어떤 기업이든 초기의 성공은 부족한 자원에도 불구하고 기존 질서를 허무는 변화와 혁신을 통해 가능하다. 식이 어떤 요소보다 강한 것이다. 반면 그가 쓰러뜨린 기업은 계층화, 관료화로 하위 직원의 의견이 위로 올라가지 못하고, 하향식 지시와 통제에 익숙해져 도전 의식이 사라진다. 비대해진 관이다. 그러나 혁신에 성공한 기업도 그가 쓰러뜨린 기업의 전철을 밟는다.

마지막으로 인의 작용이다. 인은 기본적으로 식상을 극한다. 생각이 너무 많으면 행동할 수 없는 이치다. 기업에서 기획 기능이 지나치게 발달해 문서나 보고서, 계획의 완벽을 기하다 보면 혁신의 시도나 실행력이 떨어진다. 인과 식상이 힘의 균형을 이루거나, 식보다 강한 상관과 결합할 때 좋은 점이 있다. 상관은 식신에 비해 기존 질서를 혁신하는 정도가 커서, 인성을 겸비하면 좋은 방향으로 작용할 수 있다. 문제는 인이 지나치게 강할 경우 식상을 완전히 파괴한다는 점이다. 인은 관의 생을 받고 관을 보호하기 때문에 수직 계층화, 관료화가 심해질수록 자연스럽게 강해진다.

경영 현장에서는 형식과 지나친 완벽주의가 시도와 실행을 막는 것을 의미한다. 앞서 언급한 혁신의 실패 사례인 코닥, 노키아는 지나친 완벽주의로 세상의 변화에 둔감하고 자신이 만든 기회조차 무시하는 경향을 보여준다. 그들 입장에서 기존 시장과 견줄 수 있는 충분한 시장 규모를 가진 신규 시장을 찾기 때문에 초기 시장 변화나 성장하는 시장을 외면하는 것이다. 신규 시장이 성숙한 시장과 견줄 수 있는 경우는 존재하지 않는다.

명리학의 또 다른 메커니즘인 격국 체계 역시 지나친 지시와 통제가 개선돼야 함을 설명한다. 5장 '격을 알면 사람이 보인다'에서 사람의 유형과 그 특성을 설명했는데, 사람의 격은 그가 갖춘 사회적인 무기, 가치관, 역량 등을 뜻하며 격 자체에는 좋고 나쁜 의미가 없다. 일간에게 우호적인 재격이든, 일간에게 위협적인 칠살격이든 격국 용신 자체가 좋고 나쁜 사주를 결정하지 않는다. 그것을 결정하는 것은 상신이다. 상신이 용신을 도와 일간을 이롭게 하면 성격이 되고, 반대로 일간에 해가 되면 파격이 된다. 좋은 사주는 성격이 된 것을, 나쁜 사주는 파격이 된 것을 뜻한다.

예를 들어 일간에게 가장 위협적인 칠살격은 그것을 제어하는 식상이 있으면 성격이 된다. 반대로 칠살격은 재성을 상신으로 맞으면 파격이 된다. 일간에게 나쁜 칠살을 재성이 생하기 때문이다. 즉 사주의 격국 용신은 그에 부합하는 상신이 아닌 경우 파격이 된다. 정관격은 그 자체가 고귀한 격국이지만, 정관에 필요한 재성이나 인수가 없는 경우 고관무보라고 해서 파격이 된다. 외롭게 서 있는 정관은 성취가 없다는 말이다.

기업이라는 생태계에서, 고객과 접점에서 일하는 직원은 어떤 상신을 만나는지에 따라 성공이 결정된다. 격국 용신이 실무를 담당하는 직원이라고 할 때, 상신은 그를 지원하는 관리자와 자원이다. 현장이나 고객 접점 직원의 중요성이 날로 증가하는 현대 경영학에서 관리자가 직원을 지원하고, 동기를 부여하고, 방향을 제시하고, 장애물을 제거하면 그 기업은 성공할 가능성이 크다. 반대로 상신인 관리자가 현장의 목소리를 무시하고 지시와 통제, 규칙과 규율로 직원을 제어하면 어떤 성과가 발생할까? 직원에게 아무 권한과 자원도 할당되지 않고, 동기 부여가 되지 않으면 어떻게 될까? 두 경우 모두 어떤 성취도 보장받을 수 없는 상황이다.

여기서 담당 직원이 용신인지, 관리자가 용신인지 궁금할 것이다. 격국 용신이 일간이 사용하는 무기, 역량임을 고려하면 고객 접점에서 부가가치를 창출하는 실무자가 당연히 용신이 된다. 관리자는 의사 결정의 책임과 권한은 크나, 가치를 직접 생산하는 건 아니다. 오히려 용신을 회사에 이롭게 하는 상신의 역할이 맞다.

수직 계층화와 관료주의 조직 문화는 복잡한 수직 계층을 통해 의사 결정의 정확성을 목표로 한다. 이는 안정적인 경영 환경, 경험에 바탕을 둔 지식 체계, 신속성보다 정확성에 초점을 두고 있다. 즉 행위의 질적 수준이 중요한 상황에서, 그 행위의 정확성을 추구한다는 의미다. 반면에 행위의 유무가 중요한 상황에서는 신속성이 생명이다. 4차 산업혁명 이전에는 정보와 지역, 속도의 격차가 존재하는 환경이었으며, 공급 중심 사회로 기업의 규모와 안정성, 인지도가 중요한 자산이었다. 이런 환경에서는 지시와 통제에 기반을 둔 관료주의 조직 문화가 효과를 발휘할 수 있다. 4차 산업혁명 이후에는 속도와 변화, 수요, 현장이 주요 키워드가 됐고, 어느 시기보다 정보와 지역의 한계를 넘고, 속도가 핵심 성공 요인이 되는 상황이다.

역사적으로 그 어느 때보다 빠른 속도와 엄청난 규모로 성장하는 최근의 스타트업을 보면 지시와 통제, 관리자 중심의 조직 운영은 그들이 쓰러뜨린 기업의 주요 특성이다. 안정된 경영 환경에서는 지시와 통제의 조직 문화가 관리 측면에서 효과가 있지만, 불확실성과 변화 속도가 빠른 환경에서는 실패를 담보하는 문화다.

지시와 통제가 가장 강하게 작용하는 조직인 군대를 보면 이해하기 쉽다. 군대는 존재하는 어느 조직보다 계층에 바탕을 둔 지시와 통제 문화다. 군대는 전시戰時를 가정한 일사불란함과 안정성, 정확성이 생명이므로 환경 변화에 즉각적으로 대응하거나 변화에 성공하기 쉽지 않다. 지시와 통제의 조직 문화는 하부 의견이나 상황 변화를 용인하기 어렵다. 이런 속성 때문에 현재 군대 조직은 개인의 인권 강화, 정보 통신의 발달에 따른 폐쇄성에 대한 도전, MZ 세대 등장으로 곤욕을 치르고 있다.

필자가 보기에 이는 당연한 현상이다. 군대라는 조직 문화가 수용하기에는 너무 많은 환경 변화가 있고, 정보 통신의 발달은 그들의 통제력을 넘어서는 수준이다. 국가 역시 마찬가지다. 우리 주변에는 유독 민주주의와 거리가 먼 지시와 통제 국가가 많다. 북한과 중국, 러시아 모두 폐쇄성이 강하고, 지시와 통제 문화가 구축돼 있다. 해당 국가 리더가 추구하는 바는 체제의 안전성이지 복지가 아니다. 이런 국가는 환경 변화에 적응하지 못할 가능성이 높다. 그러고 보면 우리 주변 국가는 대부분 이런 특성이 있다. 일본도 다르지 않은 것 같다.

이런 환경에서 복잡한 수직 계층의 결재, 현장과 괴리가 있고 과거 경험을 기반으로 한 상사의 지시와 통제가 효과를 발휘할 수 있을까. 가능성은 아주 낮을 수밖에 없다. 이는 최근 많은 기업이 관심을 가지고 적극적으로 투자하는 애자일 조직의 실패 원인과도 연결된다. 애자일은 현장 중심, 고객 중심, 완벽보다 속도, 규모보다 유연성, 효과보다 효율, 끊임없는 혁신을 뜻한다. 그런 애자일을 도입한 기업마저 실패하는 경우가 많다.

다시 말해 지시와 통제보다 책임과 권한 부여, 현장의 권한 강화, 작고 효율적인 조직, 지속적인 혁신이 필요하다. 애자일 조직이 성공하려면 수직 계층화, 관료화, 상사의 지시와 통제, 완벽한 계획주의, 예산과 비용 중심의 통제 문화를 과감히 버려야 한다.

문화는 그대로 두고 애자일 조직만 운영한다고 성공할 수 없다. 기업이 애자일 조직을 도입하고자 하는 행위의 목적과 실패하는 원인은 결국 같다는 사실을 명심해야 한다. 경영진이 강력한 리더십을 바탕으로 애자일을 도입하라고 지시하는 순간, 역설적이게도 실패할 확률이 높다.

시대와 장소에 상관없이 안정된 환경에서는 규모와 지시, 통제가 효과적인 수단이었다. 이는 효율성을 의미하기에 노키아나 코닥처럼 경쟁사 대비 비용 절감과 기술 개발에는 유효한 방식이다. 반면 룰 브레이커가 등장해 룰이 바뀌는 과정에서는 그 방식을 고수한 어떤 국가나 조직, 기업도 사라져갔다. 칭기즈칸이 대체한 중세 유럽, 피처폰을 대체한 스마트폰, 노트북, 디지털카메라, 개인용 프린터 등 이를 증명하는 사례는 차고 넘친다. 그들은 강한 폐쇄성과 수직 계층구조로 환경과 룰이 변하고 있다는 것을 무시하거나, 기존 룰을 유지할 수 있다고 자만하거나, 룰이 변하고 있다는 사실을 모를 가능성이 절대적으로 높기 때문이다.

룰 브레이커로 혁신에 성공한 신생 국가, 스타트업, 드물지만 혁신에 성공한 기존 기업을 보면 공통점이 있다. 그들이 쓰러트린 적보다 현저히 열악한 환경에도 이긴다는 사실이다. 열악한 환경에서 이기려면 기존 게임의 룰에서는 불가능하다. 룰을 바꾸는 건 이 때문이다. 칭기즈칸, 아이폰, 디지털카메라, 온라인 쇼핑, 글로벌 OTT 등은 모두 새로운 게임을 만들거나 룰을 바꾼 예다. 기존 조직의 효율성을 극대화하는 지시와 통제, 수직 계층, 관료화가 이를 가능하게 한 것이 아님을 명심하자.

한동안 유행한 조직도가 있다. 많은 조직에서 고객과 실무자 중심으로 운영하겠다는 의지를 천명하기 위해 조직도의 상하 위치를 바꿨다. 보통 조직도는 상위 계층-하위 계층으로 표시하지만, 당시 유행한 조직도는 고객-하위 계층-상위 계층으로 표시했다. 이런 조직이 성공했을까? 쉽지 않다. 북쪽을 위로 표기하든, 아래로 표기하든 북쪽은 정해져 있다. 나침반을 아무리 돌려도 북쪽은 항상 같다. 이런 시도가 실패하는 까닭은 하드웨어만 천명하고, 정작 중요한 운영 원리와 문화를 바꾸지 못했기 때문이다. 지시와 통제, 수직 계층화, 관료화는 조직 구조, 일하는 방식, 평가 방법, 인력 구조, 커뮤니케이션, 전략, 문화 등 모든 것과 연계된다. 이를 개편하려면 구성과 운영 원리 모든 측면에서 전환과 혁신이 필요하다. 하향식 조직 문화를 상향식 조직 문화로 바꾸기 위해서는 이 모든 것이 변할 때 성공할 수 있다.

그렇다면 기존 룰에 적응한 기업은 다 도태되거나 사라져야 할까? 아니다. 그런 기업도 살아남은 사례가 적지 않기에 그 방법을 적용해야 한다. 핵심은 수직 계층, 지시와 통제 문화, 완벽주의를 버리고 현장과 고객, 실무자 중심으로 문화를 재편하는 것이다. 피처폰의 절대 강자가 사라질 때 삼성전자가 보인 스마트폰 전략은 이를 잘 보여준다. 철저하게 패배한 노키아의 회생 역시 같은 맥락이다. 애자일도 같은 원리를 설명한다. 답은 현장과 고객, 실무자 중심, 작고 유연한 조직, 끊임없는 혁신과 수정이다. 이를 위해 지시와 통제, 수직 계층, 관료화, 완벽주의를 버려야 한다.

어떻게 해야 상향식 조직 문화를 구축하는 데 성공할 수 있을까. 먼저 조직 구조, 의사 결정 계층 구조를 축소해야 한다. 많은 조직의 계층구조나 의사 결정 구조는 여전히 복잡다단하다. 이런 의사 결정 구조에는 계층이 늘어날수록 정확성과 효과성이 크다는 기본 전제가 있을 것이다. 상명하복의 조직 문화에서 그럴 수 있을까? 정말 의사 결정 구조가 늘어나면 정확성이 담보될까? 매일 벌어지는 일상적인 업무에서까지 그런 정확성이 필요할까? 사실 일상적인 업무의 의사 결정까지 기본 5단계 계층구조를 유지하는 곳이 태반이다.

수직적 계층구조를 효율화하기 위해서는 의사 결정의 종류를 잘 구분하는 게 중요하다. 회사의 존폐가 달린 의사 결정과, 빈번하게 발생하고 속도가 중요하며 수정이나 대응이 가능한 의사 결정을 구분해서 운영하는 것이다. 제프 베조스Jeff Bezos가 아마존 주주 서한에서 밝힌 성공의 14가지 원칙을 설명한 《베조스 레터》에서, 베조스는 조직에서 이뤄지는 의사 결정을 두 가지로 분류한다. '유형 1 결정'은 매우 중요하고 거의 되돌릴 수 없기에 체계적이고 상세한 논의와 협의를 거쳐야 하는 결정이다. 하지만 변경 가능하고 되돌릴 수 있는 '유형 2 결정'은 양방향 문과 같다. 부적절하게 '유형 2 결정'을 했다 해도 신속하게 문을 열고 되돌아가면 되는 것이다. 조직이 커지면 대부분의 결정에 '유형 1 결정' 프로세스를 도입하게 되는 경향이 있다. 그렇게 되면 조직은 행동이 느려지고 위험을 회피하게 돼 결국에는 혁신을 이루지 못한다.

베조스가 언급한 혁신에 실패하는 원인은 필자의 설명과 같다. 그가 제시하는 유형 1 결정과 유형 2 결정은 해당 유형에 맞는 의사 결정 시스템이 필요하다. 유형 1 결정과 유형 2 결정은 신속하게 대응함으로써 얻는 가치와 수정에 따른 가치 상실을 감안해서 판단하면 된다.

기업에서 발생하는 의사 결정 가운데 90퍼센트 이상은 유형 2 결정에 가까울 것이다. 회사 내 대다수 계층은 극단적으로 축소하는 게 바람직하다. 계층 축소는 단기적인 시행착오가 있더라도 변화와 혁신에 대응하고 살아남을 힘을 가져온다. 이런 결정을 할 수 없는 직원이나 관리자는 도태되는 것이 바람직하다. 조직원의 이탈이 항상 나쁜 건 아니다. 단기적인 업무 공백으로 출혈이 예상돼도 믿고 맡길 수 없는 사람은 뽑아서도 유지해서도 안 된다.

의사 결정 시스템 개선, 업무에 따른 계층 수를 혁신하기 위해서는 객관적인 판단이 가능한 집단 혹은 세력이 존재해야 한다. 이는 경영자의 강한 의지를 바탕으로 구축해야 하며, 이것이 가능할 때 변화가 시작된다. 필자가 사모 펀드 회사에서 일할 때 업계 사람들이 한 말이 있다. 큰 조직의 수장일수록 푼돈은 엄격하게, 큰돈은 쉽게 쓴다는 것이다. 유형 2에 유형 1의 의사 결정 시스템을 적용하고, 유형 1에 유형 2의 의사 결정 시스템을 적용하는 우리의 모순이다.

이것을 알면서도 기업이 제대로 적용하기는 쉽지 않다. 10장에 설명한 파킨슨의 법칙 때문이다. 관료화 조직은 계층과 조직을 유지하기 위해 필연적으로 '업무 배증', '부하 배증'의 법칙이 적용된다. 따라서 자신의 결정을 과대 포장하며, 자신의 존재 가치를 증명하기 위해서라도 대다수 의사 결정을 유형 1로 적용함에 따라 변화에 적응할 수 없다. 업무 배증, 부하 배증으로 구축된 관료 조직은 사람과 자본을 블랙홀처럼 빨아들인다. 이것이 관료 조직이 실패하고, 애자일을 아무리 외쳐도 실패하는 원인이다.

기존 관료 조직이 다단계 수직 계층 조직을 유지하는 또 다른 이유는 관리자 자릿수를 확보하기 위해서다. 노동시장이 경직되고, 내부 승진 적체가 심각하니 어쩔 수 없다고 생각할 수 있다. 독과점 기업이나 공공 기관은 그래도 버티겠지만, 경쟁이 필연적인 기업에서 이런 시스템을 유지하면 굶주린 맹수 앞에서 일광욕하는 사슴이 될 수밖에 없다.

수직 계층화를 개선했다면 그다음은 직급 체계도 축소나 폐지를 통해 개선해야 한다. 수직 계층화된 조직 구조는 직급 구조와 구별되는 개념이다. 직급 체계를 다단계로 유지하는 것은 조직 내 책임과 권한 수준을 그렇게 구분할 수 있다는 전제가 있는데, 이역시 타당성이 없다. 더 엄밀하게 이야기하면 직급 구조를 유지할 필요성이 크지 않다. 과거에는 수직 계층과 직급 수가 비슷한 구조였다. 직급에 따라 조직 내 위치가 정해지고 보상을 받는 구조였다. 그러나 의사 결정 구조의 정합성이 부족한 상황에서 복잡한 직급 수를 유지하면 불필요한 승진에 따른 갈등만 초래할 뿐이다. 복잡한 직급 구조, 수직 계층은 큰 조직을 통솔하는 도구로 사용되는 경향이 있다. 직급 구조는 보상 구조와도 연결되기 때문에 직급을 줄이려는 시도는 필연적으로 보상 구조의 혁신을 수반한다. 직급 구조 개혁이 쉽지 않은 이유다. 모든 것이 변해야 한다.

조직 구조와 의사 결정 계층 구조를 축소한 다음에는 가장 중요한 상향식 조직 문화를 구축해야 한다. 기존 하향식 조직 문화는 하급 직원이 행위를 기안하면 계층을 올라가면서 승인받거나, 상위 계층의 지시와 통제가 계층을 따라 하부로 내려가는 구조다. 기준점이 상사에서 부하 직원으로 확산하는 개념이다. 반면 상향식 조직 문화에서 기준점은 고객 접점, 현장에 있는 부하 직원이다. 그들이 책임과 권한을 부여받고, 상사는 그들이 부족한 경험, 자원 할당 권한, 부서 간 조율, 동기 부여 등을 통해 지원하는 방식이다. 지시와 통제가 아니라 동기 부여와 지원이 핵심이다. 기준점이 현장이 되고, 모두가 현장에 집중하는 것이다.

계층구조 축소와 상향식 조직 문화는 상호작용이 가능하다. 복잡한 계층구조가 담보하는 정확성이 필요했던 안정된 경영 환경에서는 현장에 있는 직원이 책임과 권한을 가질 필요도 없고, 상사가 지원하기도 마땅찮다. 오히려 현장의 권한은 불안정성을 강화하기 때문이다. 과거에는 다양한 경험과 반복적인 학습으로 습득한 지식이 그 사람의 역량이 되고, 안정적인 조직을 운영하기 위해서는 상사 중심의 운영이 필요했다. 반면 애자일에서 설명한 바와 같이 환경의 불확실성이 높고 변화의 역동성이 큰 상황에서는 고객의 니즈와 반응에 따라 신속한 대응과 행동이 필요한데, 이를 위해서는 현장의 책임과 권한은 필수다.

지금은 과거와 환경 자체가 다르다. 정보 통신, 인공지능, 뉴미디어의 발달은 과거의 경험이나 숙련이 가지는 의미를 많이 퇴색시켰다. 오히려 변화의 장애가 된다. 반면 룰 브레이커가 되기 위해서는 기존 룰에 반하는 순발력, 직관력, 뉴미디어와 뉴 디바이스에 대한 적응력이 필요하다. 이런 환경에서는 과거의 경험을 토대로 의사 결정을 하고 지시나 통제를 통해 일한다면 실패로 귀결될 가능성이 크다. 이런 이유로 실무자나 젊은 세대의 장점이 현저히 높아졌다. 다양한 경험과 숙련된 역량을 가진 상사는 본인이 성과를 발휘하기보다 실무자를 지원함으로써 성과를 극대화하는 것이 합리적인 전략이다. 상사는 지시와 통제가 아니라, 실무자가 적극적으로 활동할 수 있도록 지원해야 한다.

이는 기업의 임원 나이가 점차 낮아지는 것과 맥락을 같이하는 측면이 있다. 상사의 역할과 리더십의 변화는 시대적 사명인데, 이것이 그리 간단하지 않기 때문이다. 기존 임원이 변하기보다 젊은 실무자형 임원이 늘어나는 것도 이 때문이다. 나이 든 상사나 임원이 꼰대라 불리고 환경이나 고객에 대한 이해도가 낮기도 하지만, 역할 변화에 적응하지 못한 탓도 있다. 하지만 필자는 나이든 상사나 임원이 숙련된 경험과 지식에 실무자를 지원하는 리더십까지 갖추면 지금보다 훨씬 성장할 것이라 확신한다. 젊은 임원도 좋지만, 조직을 실무자 중심으로 재편하고 그들이 상향식 조직 운영에 적응하는 게 바람직하다. 최고 경영자가 확고한 의지로 운영 방식을 하향식에서 상향식으로 바꿔야 하는 이유다.

이를 위해서라도 상향식 조직 문화에 걸맞은 리더십을 다시 정의해야 한다. 조직 운영이 상향식으로 바뀐다는 건 실무자를 팀장이, 팀장을 임원이, 임원을 경영자가 지원한다는 뜻이다. 지원은 단순한 백업의 의미가 아니기 때문에 필연적으로 기존 리더십의 폐기와 변화를 요구한다.

리더가 하는 일이 바뀌면 필요한 역량도 달라진다. 지시와 통제의 리더십에 비해 부하 직원 육성, 커뮤니케이션, 동기 부여 등에 대한 역량이 더 중요해진다. 리더는 실무자를 통해 성과를 달성하고, 그들을 지원함으로써 조직이 역량을 구축한다. 보다 많은 소통과 실무자들이 처한 환경에 대한 관심과 이해가 수반되어야 한다. 아울러 스스로 일을 처리하는 것이 아니라 남을 통해 일하는 행위에는 더 고차원적인 커뮤니케이션 역량과 갈등 관리 역량이 필요하다.

리더 본인이 성과를 달성하기 위해 부하 직원을 활용하는 방식은 어떻게 될까. 이는 부하 직원을 조력자로 자신의 업무에 활용하는 방식이다. 처음 임원이나 관리자가 된 경우, 경쟁자를 키우지 않기 위해 본인 중심으로 일하는 관리자에게 많이 나타나는 현상이다. 이 과정에서 부하 직원의 역량은 개선될 수 없고, 상사는 항상 일에 치인다. 기업은 아무것도 얻을 수 없다. 이런 유형은 대표적인 생태계 파괴자다. 상사나 리더의 핵심 업무는 부하 직원을 육성·지원하는 것임을 명심해야 한다. 본인이 일을 잘하고 싶으면 급여를 많이 받는 실무자로 남으면 된다.

이렇게 리더십을 다시 정의하고 실무자의 책임과 권한을 강화하려면 제도적 장치가 필요하다. 과거 복잡한 계층구조, 지시와 통제의 문화에서는 신규 직원 채용의 중요성이 지금처럼 높지 않았다. 학교에서 제대로 된 지식을 학습하지 않았어도 회사에서 가르치면 됐다. 지시와 통제의 문화가 가지는 장점이다. 오히려 변화와 혁신 인자를 갖춘 직원은 도태되기 쉬웠다. 반면 현장 중심의 책임과 권한 강화를 위해서는 직원 채용이 아주 중요해진다. 채용에 목숨을 걸어야 하는 이유가 하나 더 늘었다. 제대로 학습하지 못했거나 역량이 부족한 인재는 부여된 책임과 권한을 행사할 수 없다.

평가 방법의 변화도 필요하다. 여전히 많은 기업이 관리자의 리더십 평가권을 상사에게 부여한다. 상위 리더가 하위 리더의 리더십을 평가하는 것은 강한 지시와 통제로 목적을 달성하라는 전제에서 출발한다. 리더십은 아래로 향하고 상사에게 복종하는 문화에서 상사가 부하의 리더십을 평가하는 어처구니없는 상황이다. 상위 관리자의 리더십 평가가 필요한 측면도 있지만, 조직 운영 방식이 상향식이 되면 상사나 임원은 부하 직원이 평가하는 게 바람직하다. 이처럼 명리 경영에서 이야기하는 경영 원칙은 연계된다. 기업의 조직 문화 변화는 구조와 제도, 일하는 방식 모든 것의 변화를 의미한다.

상향식 조직 문화, 리더십을 다시 정의하는 것과 관련한 좋은 사례를 소개한다.《포천Fortune》이 선정한 '20세기 최고의 CEO' 잭 웰치는 한 프로그램에서 "CEO로서 자신의 가장 큰 업적은 무엇이라고 생각하느냐"는 질문에 주저 없이 말했다. "제너럴일렉트릭GE을 구성원에게 능력을 발휘할 기회를 주는 조직으로 만든 것입니다. 그리고 그들이 성장할 환경을 제공하고자 최선의 노력을 다한 것입니다." 잭 웰치에 대한 평가는 과거에 비해 많이 바뀌었다. 당시 GE는 연속으로 하위 등급을 받은 사람을 거침없이 구조 조정했는데, 이는 많은 사람에게 공격받는 사실이다. 그런데 재미난 것이 있다. 필자가 컨설턴트로 활동할 당시 많이 소개한 내용인데, GE에서 구조 조정된 직원은 시장에서 최고 대우를 받으며 경쟁 회사에 채용됐다. GE의 직원이 가진 책임과 권한 수준이 경쟁사의 동일 직급 직원보다 훨씬 높았기 때문이다. 비록 GE에서는 하위 등급이었지만, 경쟁사에 가면 훨훨 날았다. 우리가 직원을 평가하기 위해서는 책임과 권한을 부여해야 한다. 현재의 관료주의 문화에서 그들에게 성과에 대한 책임 소재를 묻는 것은 난센스다.

15장

혁신 조직의
기능 완결성을 보장하라

◇◇◇◇

　명리 경영의 경영 원칙은 새로운 게임의 룰로 혁신을 시도하는 스타트업이나 성공 가도 초기에 있는 기업을 대상으로 하지 않는다. 그들은 이미 변화와 혁신 중이다. 물론 성취가 계속될수록 명리 경영의 경영 원칙이 경계하는 관료화된 조직 문화가 필연적으로 구축될 것이다. 이 책은 해당 산업에서 공고한 위치를 점한 기업, 일정 수준의 매출을 넘어서지 못하는 기업, 같은 사람이 오랜 시간 경영진으로 구성된 기업, 재무와 인사, 기획 등이 막강한 컨트롤 타워 기능을 수행하는 기업, 경영에 대해 잘 알고 성공에 자부하는 기업을 대상으로 한다. 즉 공고한 수직 계층, 관료화된 조직 문화, 지나친 완벽주의, 통제와 기획 기능 강화 때문에 변화와 혁신의 인자가 사라지거나 부재한 기업이 대상이다. 간단히 말해 변화와 혁신에서 도태될 가능성이 높은 기업이다.

여기에 속한 기업의 임직원이나 투자자, 고객은 현재 가장 공고한 위치를 유지해서, 기술력이 뛰어나서, 고객과 유대가 강해서, 인적 역량이 뛰어나서, 재무구조가 가장 건전해서, 국가정책과 연계되어 있어서 이 사실을 쉽게 받아들이지 않을 수 있다. 더나아가 이런 기업은 영속적으로 살아남을 것처럼 보일 수도 있다. 그러나 10년 전만 해도 아주 건실했으나 지금은 사라져버린 기업은 헤아릴 수 없이 많다. 과거의 영광은 쉽게 사라질 수 있다. 단지 사라지기 전에 알기 쉽지 않을 뿐이다. 여하튼 그 영광을 유지하기 쉽지 않다는 위기감이 이 책의 출발점이다.

특정 산업에서 세계 최고 위치에 있는 기업조차 새로운 룰을 만들어 혁신 기업으로 다시 성장하거나, 바뀐 룰에서 살아남는 일은 대단히 어려움을 알아야 한다. 《좋은 기업을 넘어 위대한 기업으로》《혁신 기업의 딜레마》 같은 책이 소개하는 여러 사례가 이 사실을 기반으로 하고 있다. 한 세대가 30년임을 고려해 부모와 자식 세대가 아는 기업 혹은 브랜드가 얼마나 겹치는지 보라. 이는 모든 국가와 시대, 지역에서 발생하는 일반적인 현상이다. 생명주기 곡선처럼 성장한 뒤 소멸하는 것은 어쩌면 당연한, 지극히 자연스러운 현상으로 여겨진다. 왜 혁신에 성공한 기업이 혁신에 실패하는 것이 당연한 현상일까. 기업의 성패를 결정하는 요인이 사람이라는 사실을 되새기면, 관료화에 따른 혁신의 부재는 일면 인간 본성의 문제이기 때문이다.

필자가 지금까지 소개한 경영 원칙은 기업에서 혁신 인자로 변화를 유도할 수 있는 사람을 확보하고 발현시키기 위한 것이다. 그런 개인의 특질이 기업에서 쉽게 배제될 수밖에 없는 원인, 지속 가능한 성장을 위해 혁신의 인자가 활성화돼야 하는 이유, 이를 촉진하는 생태계(환경) 조성이 핵심이었다. 종의 다양성을 확보하고, 생태계 파괴자를 솎아내고, 상향식 조직 문화로 혁신 인자를 지원한다. 채용에 목숨을 걸고, 평가제도를 혁신하고, 리더십을 다시 정의하는 모든 활동도 혁신 인자를 발현하는 게 목적이다.

필자가 제시하는 경영 원칙과 유사한 혁신을 수행하는 기업이 있지만, 여전히 많은 기업은 관료주의 조직 문화를 제대로 개선하지 못하고 있다. 혁신에 실패하고 있는 기업이라면 '혁신 조직의 기능 완결성을 보장하라'는 경영 원칙이 의미하는 바를 제대로 이해하고 제도를 도입했는지 살펴봐야 한다.

선진 기업은 변화와 혁신 인자 확보뿐만 아니라 변화와 혁신 인자의 조직화, 세력화까지 시도한다. 관료주의 조직 문화를 깨고, 변화와 혁신의 인자가 현장·고객 중심의 경영을 완성할 수 있도록 조직화하고 임무를 부여하는 것이다.

이런 시도의 대표적인 사례가 애자일이다. 기업이 애자일을 활용한 지 20년이 넘었다. 애자일이 탄생한 배경과 요구하는 바는 명리 경영에서 주장하는 변화와 혁신에 실패하는 원인이나 개선 방향과 일치하는 면이 있다. 문제는 이런 애자일 기법을 적용한 회사조차 번번이 실패한다는 데 있다. 보스턴컨설팅그룹이 조사한 바에 따르면, 기업의 디지털 전환 시도 중 70퍼센트가 목표 달성에 실패했다. 이와 유사하게 '2020년 글로벌 애플리케이션 현대화 비즈니스 지표 보고서'에 따르면 구형 시스템 현대화 프로젝트를 시작한 조직의 74퍼센트가 목표를 달성하지 못했다. 몇 년 전 맥킨지가 보고한 IT 프로젝트 실패율 70퍼센트와 일치하는 결과다. 애자일 기법이 처음 도입된 프로그램 개발 영역의 실패율이 70퍼센트 이상인 걸 보면 변화와 혁신 기능을 담당하는 조직의 실패율이 얼마나 높을지 짐작할 수 있다.

'혁신 조직의 기능 완결성을 보장하라'는 경영 원칙은 혁신 인자를 조직화·세력화해도 목적한 바를 달성하기 쉽지 않다는 사실에서 출발한다. 이 경영 원칙은 혁신 조직이 실패하는 원인을 분석하고, 이를 개선하기 위해 만들어졌다. 대안을 찾기 위해서는 실패 원인을 정확히 이해해야 한다. 먼저 명리학적 관점에서 그 원인을 살펴보자. 기업의 혁신 인자인 사람이 도태되기 쉬운 이치와 같은 메커니즘이다. 기업과 조직을 구성하는 인자는 사람이기에, 견제와 균형을 통해 발전하는 것은 당연한 원리다.

기업의 기능 가운데 견제와 균형은 음양오행의 관과 인에 해당하는 성분이다. 관과 인은 기본적으로 원숙하고 정제되고 완벽하고 절제된 모습이다. 실행해서 부가가치를 발생시키는 것은 식상 성분인데, 이는 활동적이고 거칠고 도전적이다. 관과 인은 지키는 데 익숙하고, 식상은 도전하는 데 익숙한 성분이기도 하다. 기업은 이것들의 견제와 균형으로 작동하고, 유지되고 발전한다.

그러나 현실에서 두 요소가 항상 같은 힘으로 완벽하게 균형을 유지하는 것은 불가능하다. 기업 환경에 따라 식상이 강조되는 상황이 발생하고, 관과 인이 강조되는 상황이 발생한다. 기업이 혁신에 성공해서 재를 축적할수록 경영자와 임직원은 관과 인에 매몰되기 쉽다. 초기에는 이것이 자연스러운 현상이다. 재를 지키기 위해 규칙과 규율을 만들고 계획을 세워 실행하면 성공률도 높아지고, 효율성과 효과성도 크다. 그만큼 기업에는 재가 쌓이게 된다. 관과 인이 한번 자리를 잡으면, 안락하고 합리적이고 자신의 가치와 행동에 도전하거나 불편함을 만들지 않기 때문에 더 강조되는 측면이 있다. 엉성한 사업 계획, 완벽하지 않은 자료, 성숙하지 않은 환경에서의 도전, 성공 가능성이 크지 않는 일에 대한 투자 등은 경영자와 임직원에게 불편함을 초래한다.

이렇게 관과 인이 강화되다 보면 어느 순간 조직 문화는 경직되고, 관료주의 조직 문화가 만연하고, 새로운 시도와 혁신은 도태된다. 그러다 어느 순간 경영진이 변화와 혁신의 필요성을 인식하게 된다. 관과 인으로 무장한 조직은 극도의 안정감이 있으나 생동감이 부족해, 경영자는 변화와 혁신에 대한 갈증이 있기 마련이다. 변화의 필요성을 느끼는 시점은 회사의 실적이 정체된 상황일 것이다. 경영 기법에도 유행이 있다. 기업은 경영자의 지시로 유행하고 있는 애자일 기법을 학습하고, 모든 조직을 바꾸기는 쉽지 않으니 특수 목적을 담당하는 애자일 조직을 만든다. 굳이 애자일 조직이라는 이름이 아니더라도 내부에 혁신 조직을 만들고, 그들에게 임무를 부여한다. 이렇게 탄생한 혁신 조직은 혁신에 실패할 확률이 아주 높다. 그 원인은 간단하다.

첫째, 혁신 조직이 무엇을 혁신할지 대상을 명확히 규정하는 것은 쉽지 않다. 경영자는 명확한 목표를 부여했다고 생각하지만, 혁신의 대상들은 자기를 기준으로 혁신을 평가할 수밖에 없기 때문이다. 혁신이 성공하기 위해서는 혁신 조직에 당초 부여된 제품이나 서비스의 개선 목적에 따라 그 결과를 평가해야 한다. 그런데 혁신 조직은 혁신의 대상과 관계 설정, 기존 제품과 서비스로 인해 명확히 구분해 평가될 수 없다. 혁신 조직 자체에서는 가능해도 기존 조직이나 경영자는 결국 기존 제품과 서비스를 기준으로 판단하기 때문이다. 기존 제품과 서비스를 기준으로 혁신 조직의 결과를 검증하는 순간, 혁신은 멀어진다.

독자 여러분이 쉽게 이해하기 위해서는 앞서 언급한 업계 최강 기업의 몰락 사례를 생각하면 된다. 노키아는 스마트폰을 애플보다 10년 빠르게 출시하고도 스마트폰 시장을 피처폰 시장과 비교하는 우를 범했다. 스마트폰을 기준으로 혁신의 결과를 평가한 것이 아니라, 혁신 제품인 스마트폰을 피처폰과 비교·검증했기에 스마트폰 사업부를 피처폰 사업부에 통합한 것이다. 최고 정점에 있는 피처폰 시장과 이제 태동하는 스마트폰 시장을 비교하면 결과는 뻔하다. 현재의 게임을 그대로 유지하게 되는 것이다. 그 게임에서 1위를 하고 있다면 더더욱 혁신은 필요 없다.

코닥 역시 디지털카메라가 가지는 혁신성을 판단하지 않고, 그 제품을 필름 시장과 비교했기 때문에 실패한 것이다. 필름 시장에 비해 시장 규모도 작고 당시로는 기능도 떨어지는데, 비싼 제품에 누가 투자할 수 있겠는가. 해당 제품이 자사 필름시장을 위협할 수 있다면 더더욱 투자하기 쉽지 않다.

LG전자의 스마트폰도 마찬가지다. 당시 삼성의 스마트폰 기술력은 LG와 크게 다르지 않았다. LG가 피처폰과 스마트폰을 경쟁 관계로 인식하고, 자사의 강점인 피처폰을 기준으로 스마트폰을 판단한 것이 실패의 원인이다. 이것이 혁신 조직이 비전과 임무를 명확히 갖지 못하는 이유다. 하물며 경영진이 피처폰으로 성공한 사람들이라면, 아무리 좋은 스마트폰을 만들었다 해도 피처폰 시장을 잠식한다면 그 혁신을 받아들이겠는가.

둘째, 혁신 조직은 목적만 있지 예산과 인력, 자원 등 리소스에 대한 권한이 없다. 기존 조직이 스스로 변화할 수 없기에 혁신 조직을 만들어 임무를 부여한다고 설명했다. 관료화된 조직이 변화할 수 없는 까닭은 관이나 인에 해당하는 예산 부서, 기획 부서, 인사 부서 등이 지나친 완벽주의, 효율성 중시, 비용 절감, 단기적인 성과 등을 이유로 신규 시장이나 신기술에 대한 시도를 차단하기 때문이다. 혁신 조직이 예산과 자원을 할당받기 위해 혁신의 대상인 재무 부서와 기획 부서, 인사 부서의 통제를 받아야 한다면, 혁신에 실패하는 원인에게 혁신을 맡긴다면 결과는 뻔하다. 수족관의 산소 공급 장치에 문제가 있어 물고기가 폐사했는데, 새 수족관에 기존 산소 공급 장치를 연결한다면 결과가 다를까. 결국 새 물고기도 폐사하는 것처럼 혁신도 실패하는 것이다.

코닥과 노키아의 사례는 이것 역시 잘 설명한다. 노키아 재무 부서에서 투입 자원 대비 생산성이 월등한 피처폰 시장을 두고 스마트폰에 투자할 수 있겠는가. 코닥이 자사의 필름 시장을 대체할 디지털카메라 개발에 예산을 편성할 수 있겠는가. 같은 관, 인이 기존 조직과 혁신 조직을 모두 제어할 때 발생할 수밖에 없는 현상이다. 경영진과 관리 부서가 같은 기준으로 기존 조직과 혁신 조직을 판단하고 자원을 배분한다는 시도 자체가 혁신을 막는다. 나아가 기존 질서, 제품에서 성공 신화를 쓴 사람과 조직이 혁신을 판단하는 것은 금물이다.

혁신 조직이 실패할 가능성이 큰 것은 위의 두 가지 원인에 기인한다. 혁신 조직 자체의 역량 부족으로 발생한 실패는 당연한 실패니 논외로 하자. 명리 경영에서 이야기하는 경영 원칙의 목적은 혁신 조직이 구조적인 원인으로 실패하는 것을 막는 것이다. 실패 원인에서 도출된 해결책은 명확하다.

첫째, 경영진은 명확한 의지를 갖고 혁신 조직에 비전과 임무를 구체적으로 제시해야 한다. 혁신 활동의 결과물이 기존 제품이나 서비스와 충돌하는 것은 어쩌면 당연하다. 혁신은 기본적으로 현재를 극복하는 것이기 때문이다. 경영자가 명확한 의지로 부여해야 하는 목표는 회사 내에 구축된 기존 질서를 깨는 것이다. 혁신 조직의 결과물은 그 목적에 부합하는지에 따라 평가받아야 한다. 이 명확한 원칙이 실제 현장에서는 많이 실패한다.

필자가 컨설팅 현장에서 보니, 오프라인 시장의 절대 강자는 세상의 질서가 온라인으로 재편되는 것을 알면서도 적극적인 혁신이 쉽지 않다. 자사의 이익과 충돌하기 때문이다. 오프라인 시장의 강자인 회사는 절묘한 시점에 가장 작은 충격으로 온라인 전환을 바라지만, 온라인 시장의 새로운 강자는 온라인에만 집중하면 된다. 혁신의 속도와 강도가 다를 수밖에 없다. 그래서 새로운 룰에서 살아남기가 쉽지 않다. 지속적인 성장을 원한다면 혁신 조직에 부여하는 비전 자체에 한계가 있어선 안 된다.

둘째, 새 술은 새 부대에 담아야 한다. 부여한 비전이 기존 질서를 깨는 것이라면, 기존 질서에 속한 사람은 이를 평가하는 위치에서 철저히 배제해야 한다. 그들이 사물을 바라보는 시각은 기존 질서라는 패러다임이다. 그들에게 혁신 조직은 달갑지 않고, 일면 경쟁 관계에 있다. 혁신 조직이 기존 질서를 비판할수록 그들에게는 부정적인 시각이 생길 수밖에 없다. 기존 질서에 속한 모든 사람을 배제하면 남는 사람이 없을 수도 있다. 적어도 기존 질서를 대표하는 사람은 배제해야 한다.

기존 제품이나 서비스와 조화, 기존 질서와의 비교 우위, 보완의 개념이 아니다. 혁신 조직의 비전은 기존 조직의 비전과 별개로 인식해야 한다. 혁신 조직이 성공하려면 기존 질서와 별개의 경영 체제를 마련해야 한다. 그래서 혁신 조직의 기능 완결성을 보장하라는 경영 원칙에는 '새 술은 새 부대에'라는 문장이 붙는다. 혁신 조직이 공유해야 할 점은 회사의 성장과 발전이지, 기존 질서 보호가 아니다. 한 회사에 존재하지만 두 회사여야 한다. 혁신 조직이 비전을 달성하기 위해서는 자신을 보호할 경영 체제가 필요하다.

셋째, 혁신 조직은 예산과 사람, 기술 등 모든 자원을 자체 조달할 수 있는 기능을 보유해야 한다. 이는 의외로 혁신 조직이 실패하는 가장 큰 원인이다. 경영진의 의지로 호기롭게 탄생한 혁신 조직이 자원을 배정받지 못해 중도 이탈하는 경우가 아주 많다. 기존 질서와 예산, 사람, 기술을 공유하고 배정받는 게 아니라, 자체적으로 편성·조달할 권한이 부여돼야 한다. 룰 브레이커에게는 자사가 보유한 모든 자원을 집중한다. 기존 질서의 강자가 자원의 절대 우위를 확보하고도 지는 까닭은 자원의 양이 부족한 게 아니라, 우선순위에서 밀리기 때문이다.

노키아의 스마트폰 사업팀이 그대로 유지되고 자원을 자체 조달할 권한과 기능이 있었다면, 스마트폰 시장의 경쟁 구도가 지금 같은 모습이 아닐 것이다. 코닥의 디지털카메라 발명자가 상품화할 자원을 스스로 편성할 수 있었다면, 그들은 디지털카메라 시장에서도 절대 강자가 됐을 것이다. 업계 1위인 그들에게 필요한 자원을 확보하기는 애플이나 후지필름보다 훨씬 쉬웠을 것이다.

넷째, 혁신 조직에 할당할 비전이나 목표는 룰 브레이커의 역할이 가능한 수준이나 크기여야 한다. 단순히 특정 기능이나 제품을 혁신하는 것은 보완이나 개선의 의미다. 그런 활동을 혁신 조직으로 포장한다고 기업의 영속성이 보장되지 않는다. 일반 자동차를 경주용 자동차로 만들려면 엔진, 차체 강성, 브레이크, 연료 계통, 타이어 등 전반적 개조가 필요하다. 엔진만 개조하거나 타이어만 경주용으로 바꾼다고 그 성능을 발휘하는 게 아니다. 많은 기업이 혁신 조직을 이런 방식으로 운영한다. 본질을 외면하고 작은 부분의 혁신을 목표로 해도 충분하다고 생각한다. 근본적인 위기감 부족, 기존 조직의 저항, 룰에 대한 인식 부족 등 그 원인은 다양하지만, 이런 시도로는 원하는 바를 얻을 수 없다.

지금까지 기업의 혁신 조직이 실패하는 원인과 그 해결 방법을 살펴봤다. 자원이 부족하거나, 기술 혹은 인적 역량이 떨어져서 실패하는 게 아니다. 근본적인 한계가 있기 때문에 실패한다. 그 근본적인 한계를 극복하기 위해서는 '새 술은 새 부대에', 완전히 새로운 회사를 설립한다는 의지로 혁신 조직을 운영해야 한다.

필자가 컨설팅을 위해 만난 많은 사람이 이렇게 이야기한다. "해봤는데, 우리와는 맞지 않습니다." 참 답답한 말이다. '해봤다'가 아니라 '제대로 했는지'가 중요한 접근법이다. 2399. 전구를 발명하기까지 에디슨이 실패한 횟수다. "나는 한번도 실패한 적이 없다. 전구에 불이 안 들어오는 2399가지 원인을 알았을 뿐이다." 혁신 조직이 실패하는 원인을 알았으니, 이제 제대로 혁신하는 일만 남았다.

16장

발현하는 자를
전면에 배치하라

사주팔자에는 타고난 가치관과 성향, 역량뿐만 아니라 그가 성취하는 세속적인 부귀 정도가 정해져 있다. 이때 부는 재산을, 귀는 남에게 받는 존경을 뜻한다. 사주가 좋다는 의미는 타고난 부와 귀가 있다는 말이다. 이런 세속적인 성취는 만나는 대운과 세운에 따라 발현되는 시점이 정해지고, 환경에 따라 구체적인 실현 규모가 결정된다. 그뿐만이 아니다. 사주팔자를 알면 재물, 권력, 명예 등 그가 추구하는 가치와 윤리적 수준까지 알 수 있다.

우리는 1부 4~5장에서 좋은 사주의 조건을 살펴봤다. 좋은 사주를 가졌는지는 정신기 삼자를 갖췄는지, 격국에서 용신과 상신, 일간이 균형을 이뤘는지를 보고 알 수 있다. 이 두 가지는 검토 기준은 다르지만 결국 같은 것을 의미한다. 힘의 균형이다. 정신기 삼자에서 정은 나를 도와주는 인수, 신은 사회적 성취(식, 재, 관), 기는 나의 세력인 비를 의미한다. 곧 성취할 것과 그것을 쟁취하는 힘의 균형이다. 격국에서 말하는 일간과 용신, 상신의 균형 역시 마찬가지다. 내가 쓰는 무기인 용신과 그것을 일간에게 이롭게 하는 상신, 이 모든 것을 취할 수 있는 일간의 힘이 균형을 이루고 있는지 살피는 것이다. 정신기 삼자와 마찬가지로 용신, 상신, 일간은 튼튼한 뿌리를 가지고 힘이 있으면 발현 정도가 더 강해진다. 그렇게 되면 세속적인 성취도 좋고 비교적 안정적인 삶을 누리게 된다.

이렇게 타고난 팔자가 좋으면 인생이 항상 좋을까. 반대로 사주가 나쁘면 항상 나쁠까. 그렇지 않다. 아무리 좋은 사주라도 만나는 운에 따라 그 균형이 깨지는 시기가 있기 마련이다. 어떤 사람의 격(용신)이 칠살인 경우, 이를 성격시키는 상신인 식상이 균형을 이루면 타고난 사주가 아주 좋은 것이다. 선출직 공무원이 될 만큼 리더십도 좋고, 관운도 따른다. 강력한 권력을 쥘 수도 있다. 문제는 운의 흐름, 삶의 방향이다. 칠살은 식상으로 역용해서 사용해야 하는데, 운에서 재성을 만나면 식상은 재성을 생하고 재성은 억제해야 하는 칠살을 생해서 그 대운 기간에는 고전을 면치 못한다. 일간을 극하기 때문이다.

반대로 사주의 균형이 깨진 전형적인 사례로 꼽히는 관살혼잡, 탐재괴인, 제살태과, 군겁쟁재 역시 운에서 그 균형이 도모되는 시기가 있다. 관살이 혼잡한데 운에서 관과 살 중 하나를 합해 제거하면 그 시기는 인생의 황금기가 된다. 탐재괴인은 재가 인을 지나치게 극해서 명예를 잃는 것인데, 운에서 관이 오면 재-관-인 선순환이 이뤄져 좋은 시기가 된다. 제살태과, 군겁쟁재 역시 마찬가지다. 극하는 관계를 매개하는 선순환의 시기가 반드시 있다. 이처럼 사주가 아무리 나빠도 운이 균형잡힌 시기는 발복한다. 명과 삶의 방향인 운의 작용이 이렇기 때문에 아무리 좋은 사주라도 교만하거나 자신하면 안 되고, 아무리 나쁜 사주라도 절망할 필요가 없다. 고난의 시기를 인내하면 반드시 꽃피는 시기가 있다. 이처럼 평생 좋은 사주도, 평생 나쁜 사주도 없다. 자신이 꽃피는 시기와 인내해야 하는 시기를 알면 부족한 가운데 행복할 수 있는 것이다.

아울러 부귀는 격의 고저에 따라 결정되기도 하지만, 구체적인 실현 규모는 자신이 처한 환경과의 상호작용으로 결정된다. 사주가 좋아 국회의원이 된다 해도 소속한 정당의 영향을 받고, 사업으로 성공하는 사주라도 지역이나 국가, 산업의 영향을 받는다. 같은 교통사고가 나도 탄 차에 따라 받는 충격이 다른 이치다. 잃는 것도 마찬가지다. 환경에 따라 그 규모가 정해지는 것이다. 같은 사주팔자라도 처한 환경에 따라 부귀의 정도가 달라지고, 같은 환경에서는 발현 시기와 사주팔자의 격의 고저에 따라 얻는 성취가 달라지는 것이다.

사람의 명과 운의 작용 원리가 이렇다면 명리 경영에서 취할 바가 분명히 있다. 바로 발현 시기를 알고, 격의 고저를 안다면 인사 운용에 중요한 기준으로 활용할 수 있다는 것이다. 사람도 환경의 영향을 받지만, 같은 환경에서는 환경을 운용하고 조직을 이끄는 사람에 따라 성취가 달라진다. 같은 상황이라면 발복하는 사람을 앞세우는 것이 내리막 운을 겪고 있는 사람보다 성취가 높다. 즉 같은 국가와 기업, 사회, 조직, 부서라도 누가 책임을 맡고 있는지에 따라 성취의 정도가 달라진다는 사실이다. 보험회사의 똑같은 영업팀이라도 누가 수장인가에 따라 실적이 달라질 수밖에 없고, 똑같은 영업팀 내에서도 시기마다 발현하는 사람이 조금씩 달라진다. 항상 같은 순위를 기록하는 것이 아니다.

특정 산업, 특정 지역의 흥망성쇠도 이와 같다. 부와 귀가 엄청 강한 사람은 자신의 삶뿐만 아니라 주변에도 영향을 미치기 마련이다. 이 같은 사실은 주변에서 쉽게 확인할 수 있다. 김연경 선수처럼 발현 정도가 아주 높은 사람이 환경을 선도하면 전체를 상향 평준화시킨다. 선수 각자의 명과 운은 정해져 있겠지만, 김연경 같은 선수는 여자 배구 산업 전체에 긍정적인 영향을 미쳤다. 배구가 흥행함에 따라 다른 선수까지 연봉이 올라가고, 처우도 개선된다.

박세리 선수 역시 마찬가지다. 우리나라는 지난 수년간 세계 여자 골프 대회 우승자를 많이 배출했다. 그런데 사실 한국 골프의 인프라는 이 현상을 설명할 수 없다. 골프 인구 자체가 적고, 비용도 많이 들어 선수를 육성하는 데 쉬운 환경은 아니다. 그런데 외환 위기로 온 국민이 침울하던 1998년, 박세리 선수가 신발을 벗고 물로 들어가 트러블 샷을 성공하며 LPGA 투어 US 여자오픈에서 우승했다. 지금 한국 여자 골프 산업을 성장시킨 결정적인 계기는 바로 박세리다. 한 사람이 한 산업을 성장시킨 셈이다.

특화 상권에서 스타 상점이 하는 역할이 이것이고, 개발도상국에서 산업을 선도하는 스타 기업을 육성하는 이유도 이와 같다. 특정 지역에서 한 가게가 성공하면 다른 가게도 영향을 받아 전체적으로 분위기가 살아난다. 막창 거리, 갈비 거리, 대구탕 거리 등이 형성되는 원리다. 이처럼 특정 상권을 살리기 위해서는 전면에 내세울 스타 상점이 있어야 한다. 이 원리를 가장 잘 활용하는 분야가 광고 시장일 것이다. 떠오르는 스타에게 천문학적인 비용을 주고 유행에 민감하게 대응하면 그에 상응하는 성과를 얻기 때문이다.

다시 명리 경영으로 돌아와서 성과 극대화를 통한 비전 달성이 기업의 목표임을 고려하면 어떤 사람을 활용하고, 어떤 사람에게 조직을 맡기느냐는 매우 중요하다. 성취 가능성과 성취 규모가 사람에 따라 달라지기 때문이다. 그 사람이 가진 부와 귀, 그릇의 크기, 발현하는 시기를 알면 이 효과를 극대화할 수 있다. '발현하는 자를 전면에 배치하라'는 경영 원칙이 생긴 까닭이다. 인사의 기본은 적재적소지만, 성과 극대화의 핵심은 발현하는 사람에게 책임과 권한을 부여하는 것이다.

명리학이 제공하는 사람에 대한 유용한 정보를 인사에 활용하면 독자 여러분이 생각하시는 것보다 실익이 아주 많다. 그렇다고 기업을 운영하는 데 구성원의 사주를 활용하는 것은 쉬운 일도 바람직한 일도 아니다. 개인 정보 보호 때문에 본인이 동의하지 않으면 활용이 곤란하다. 특정인의 동의가 있다 해도 구성원 전체의 동의 없이 명리학을 토대로 인사를 운용하면 기업의 신뢰성에 큰 타격을 줄 수 있다. 뿐만 아니라 사주를 정확히 분석할 수 있는 사람을 확보하기 쉽지 않고, 제대로 분석하는 사람을 구한다 해도 기업 활동이나 경영에 대한 이해를 두루 갖춘 경우는 드물다. 경영에 대한 체계적인 지식과 연계되지 않은 명리학 활용은 적용 가치가 낮을 수밖에 없다.

그렇다고 이 경영 원칙이 쓸모없는 것은 아니다. 다행히 방법이 있다. 일반적인 경영 활동으로도 이 원칙을 실현할 수 있다. 먼저 경영자나 인사 부서에서 명리 경영 원칙 자체에 관심을 쏟아야 한다. 사람마다 발현하는 시기와 정도가 다르므로 어떤 사람을, 어떻게 활용하는가에 따라 성과가 차이가 날 수 있다는 사실을 인지해야 한다. 즉 발현하는 시기에 있는 사람에게 더 많은 권한과 책임을 부여해 적극 활용하는 게 핵심이다.

'발현하는 자를 전면에 배치하라'는 경영 원칙은 특정 시점에 두각을 나타내는 인재에게 책임과 권한을 부여해 성과를 극대화하는 것이다. 이를 위해서 먼저 발현하는 자를 찾아야 한다. 발현하는 자를 찾는 행위에 명리학을 적용하라는 말이 아니다. 발현하

2부 | 명리 경영 : 기업의 명과 운을 바꿔라

는 자를 찾는 것은 철저하게 인사 활동을 통해서 가능하다. 우리가 찾아서 책임과 권한을 부여해야 하는 인재는 기본적으로 역량이 높고, 부와 귀가 발현하는 시기에 있는 직원이다. 첫 조건인 역량이 높은 인재는 채용을 통해 찾을 수 있다. 앞서 언급한 채용의 중요성을 강조하고 싶다.

두 번째 조건인 발현 시기를 알기 위해서는 인재를 활용하는 방식이 달라져야 한다. 기존 방식처럼 직급이나 직책을 기준으로 책임과 권한을 부여하고, 지시와 통제 중심의 일하는 문화라면 기본적으로 발현하는 자를 찾기 쉽지 않다. 이런 조직은 끊임없이 인재가 부족하다고 한탄하면서 특정 임원이 종신 근무하는 회사일 것이다. 성별, 나이, 과거 성과 등 편견을 기준으로 책임과 권한을 부여하면 회사 내 인재 활용도가 떨어지고, 발현하는 자를 찾지 못한다.

발현 시기를 알려면 실무자의 책임과 권한을 강화하고, 절대평가를 통해 책임과 권한이 제대로 수행되는지 확인해야 한다. 평가의 기본 조건은 책임과 권한 부여다. 지시와 통제를 받아 수행하는 게 아니라, 개인의 책임과 권한이 일정 수준 이상이어야 평가 대상으로 가치가 생긴다. 이런 경영 활동에서는 당연히 상향식 조직 문화가 필수적이다. 앞서 언급한 경영 원칙들은 선택의 문제가 아니다. 경영자와 인사 부서는 지속 경영을 위해 절대평가, 상향식 조직 문화, 계층의 축소, 현장의 책임과 권한 강화, 생태계 파괴자를 솎아내는 작업을 중요하게 생각해야 한다.

발현하는 자를 찾았다면 전면에 배치하고, 자원을 집중적으로 배분해야 한다. 최근의 경영 환경은 승자 독식, 글로벌 경쟁 등으로 표현할 수 있다. 국가와 지역에 따라 다수 경쟁자가 일정 수준의 시장점유율을 나눠 가지는 방식이 아니다. 국가, 지역, 시장의 한계가 모호해졌다. 특정 문화와 지역에 기반한 상품조차 전 세계를 대상으로 팔리는 상황이다. 강력한 선두가 전 세계 시장을 독식하는 경우가 많다. 이는 과거보다 성과의 편차가 극심함을 뜻한다. 다 가질 수도, 전혀 갖지 못할 수도 있는 경영 환경이다.

이는 모든 산업에서 발생하는 문제다. 우리나라에서 만든 드라마가 전 세계에 동시 방영되고, 우리가 만든 만두가 세계인을 고객으로 한다. 반대로 글로벌 OTT가 국내 콘텐츠 시장을 장악하고 있다. 이런 환경에서 나이, 직급, 승진에 대한 내부 규정 등을 빌미로 주저하면 안 된다. 발현하는 자를 찾았다면 전면에 배치하고, 책임과 권한, 자원을 집중 배분해야 한다. 파격적인 것을 두려워할 까닭이 없다. 우리가 상향식 조직 문화를 구축한다면 그들을 지원하는 경험이 풍부한 경영진이 있기 때문이다. 이렇게 모든 경영 원칙은 톱니바퀴처럼 맞물려 돌아가야 한다.

발현하는 사람을 전면에 배치하는 것만큼 중요한 인사 원칙이 있다. 지금 발현하지 못한다고 배제하거나, 기회를 박탈해선 안 된다. 그 사람은 성과 부진자가 아니라 발현하는 시기가 다른 것뿐이다. 틀린 게 아니라 다름을 인정하는 것과 같다. 각 방송국에는 대표적인 스타 PD가 있다. 그러나 그들만 성과를 책임지지 않는다. 스타 PD는 조직을 이탈할 가능성이 크다. 스타 PD를 활용해 성과를 극대화하는 것도 중요하지만, 다른 PD에게 끊임없이 동기를 부여하고 기회를 제공하는 것 역시 미래를 위해 중요한 일이다.

방송가에는 영웅담 같은 사례가 있다. 오랫동안 저성과자로 낙인찍혔으나, 타 방송국으로 이동한 뒤 혹은 마지막으로 받은 기회에서 평생의 성과를 도출하는 경우다. 지금 준비하는, 발현을 기다리는 꽃봉오리를 잘라버리는 실수를 범해선 안 된다. 이것이 가능하려면 경영자와 인사 부서, 조직의 리더 역할이 중요하다. 소속 구성원을 잘 살펴 그에 맞는 기회를 부여해야 한다. 기회가 없으면 발현하는 것을 알 수 없고, 발현할 시점을 맞이할 수도 없기 때문이다.

이 지점에서 명리 경영의 중요한 원칙인 채용의 중요성이 다시 부각된다. 기업이 조직원을 끊임없이 모니터링하고 기회를 부여하는 것은 아주 큰 투자다. 제한된 자원을 배당하고 특정 시점에 발현하기를 기다리는 것은 제대로 된 사람을 뽑았다는 확신이 있어야 가능하다. 목숨 걸고 뽑았다면, 그가 생태계 파괴자가 아니라면, 기회를 주고 발현할 때를 기다릴 수 있다.

17장

자신의 격을 알고
리더십을 보완하라

명리 경영의 마지막 경영 원칙 '자신의 격을 알고 리더십을 보완하라'는 기업의 조직이나 인사제도로서의 경영 원칙이 아니다. 유일하게 경영진, 중간 관리자 등 개개인을 대상으로하는 경영 원칙이다. 지금까지 설명한 경영 원칙은 기업에서 실제 운영하고 있는 제도와 필자가 제시한 경영 원칙을 비교해서 문제점을 파악하고, 동의할 경우 명리 경영에서 제안하는 바에 따라 제도를 개선하면 된다. 그러나 아무리 훌륭한 제도라도 그것을 운용하는 사람이 잘못 운용한다면 성공할 수 없다. 특히 명리 경영에서 다루고 있는 인사제도, 조직 문화, 일하는 방식 등은 사람을 대상으로 하고, 이것을 운용하는 사람에 따라 성공 여부가 결정되는 특징이 있다.

제도나 시스템의 성공은 사람이라는 변수에 굴복할 수밖에 없다. 동일한 이념과 제도라도 어떤 리더가 운용하는지에 따라 성공 여부는 달라진다는 사실을 우리는 역사를 통해 충분히 배웠다. 아이러니한 것은 제도나 시스템은 사람이라는 변수의 영향력을 최소화하도록 설계되지만, 성공의 열쇠를 잡고 있는 것은 결국 사람이라는 점이다. 제도나 시스템의 운명은 다이너마이트와 같다. 알프레드 노벨Alfred Bernhard Nobel이 1866년에 당시로는 혁명적인 다이너마이트를 발명했으나 인간의 행복에 기여할지, 살상에 사용될지는 전적으로 사용자에 달린 것과 마찬가지다.

명리 경영이 제시하는 경영 원칙도 마찬가지의 속성이 있다. 기업의 경영진이 명리 경영을 받아들이고 필자가 제시한 경영 원칙을 적용할 수 있으나, 성공 여부는 중간 관리자 이상의 리더십에 달렸다. 생태계 파괴자를 솎아내기, 절대평가, 상향식 조직 문화 모두 성공 여부는 중간 관리자가 제 역할을 하느냐에 따라 결정된다. 평가자 역할을 담당하고 팀 조직을 이끄는 책임자가 과거 방식을 답습한다면 제도 개선의 효과는 없다. 그래서 명리 경영이 제시하는 경영 원칙이 성공하려면 평가와 일하는 방식에서 가장 중요한 역할을 맡고 있는 중간 관리자 이상 리더의 역할이 중요한 것이다. 그들이 경영 원칙을 제대로 이해하고 실현하기 위해 노력하지 않으면 지속적인 경영은 요원하다. 모든 조직이 마찬가지다. 개인의 행복과 기업의 성공은 사람으로 결정되지만, 특히 기업의 성공은 관리자의 리더십에 따라 결정된다.

이 장에서 설명하는 리더십과 관련된 경영 원칙을 조직의 책임하에 두는 것이 아니라 개인의 책임하에 두는 것은 명리 경영이 가지는 개인 정보 보호와 사회적 편견 때문이다. 당초 컨설턴트 출신인 필자는 명리학을 활용한 리더십에 관심이 많았다. 명리학이 제공하는 사람에 대한 정보를 활용하면 채용과 배치, 성과 향상에 절대적인 영향을 미칠 수 있기 때문이다. 고위 직급 헤드헌팅의 성공 가능성을 높이고, 조직의 R&R에 부합하는 사람을 적재적소에 배치하고, 발현하는 사람을 전면에 배치해 성과를 극대화하고, 생태계 파괴자를 제거해 우수 인재 이탈을 방지하고, 서로 보완할 사람들로 조직을 구성하고, 횡령 같은 불법적인 문제가 발생할 개연성을 줄이고, 파트너십의 성공 가능성을 높이는 등 많은 영역에서 효과를 얻을 수 있기 때문이다. 즉 조직과 인사 운영상에 발생하는 많은 실패 요인을 제거할 수 있다. 실제로 몇몇 기업에 적용해 성공한 경험도 있다.

그러나 얼마 지나지 않아 명리 경영을 경영자 외 다른 구성원에게 적용하는 데 한계가 있다는 것을 깨달았다. 단순히 명리학에 대한 선입견이나 불신이 아니라 개인 정보 보호와 정확한 데이터 확보가 곤란하다는 현실적인 장벽이 있다. 명리학이 제공하는 정보를 기업에 활용하기 위해서 알아야 하는 가장 중요한 정보는 개인의 생년월일시다. 생년월일만 알아도 유용한데, 이를 제대로 알기가 쉽지 않다. 기업이 구성원의 주민번호를 알지만 그것이 정확한지 알 수 없고, 안다고 해도 개인의 동의 없이 활용하면 더 큰 문제가 될 수 있다. 회사에서 이를 활용한다고 할 때 개인은 불이익을 우려해 동의하기 쉽지 않고, 명리학에 대한 선입견이나 편견으로 경영자에 대한 불신을 초래할 수 있다.

필자가 명리학을 기반으로 리더십에 집중하지 않고 지속 경영을 위한 경영 원칙을 개발한 이유도 여기에 있다. 리더십은 개인 정보 보호로 경영자가 그 적용 여부를 담보할 수 없기 때문이다. 결국 무용지물이 된다. 반면 앞서 설명한 경영 원칙은 경영진이 동의한다면 확고한 의지를 가지고 제도나 시스템으로 정착할 수 있다.

리더십 관련 경영 원칙을 개인의 책임하에 둔 또 다른 이유는 리더십을 보완하기 위해서는 결국 자신의 리더십이 가진 장단점을 객관적으로 인식하고, 스스로 변화해야 하기 때문이다. 만약 스스로 인식한 리더십과 다른 사람이 느끼는 리더십에 괴리가 있다면, 기업에서 아무리 교육과 코칭으로 지원해도 개선될 수 없다. 자신이 잘하고 있다고 생각한다면 무엇을 고칠 수 있겠는가. 그런 이유로 기업이 구성원의 리더십을 보완하기 위해 교육과 코칭, 배치 등을 통해 많은 자원을 투자하고 노력하지만, 실제 효과로 이어지는 경우는 적다.

오랫동안 컨설팅한 경험을 토대로 보면, 문제 해결의 핵심 혹은 출발점은 그 문제의 본질을 정확히 이해하는 것이다. 문제를 모르면 절대 해결할 수 없다. 마찬가지로 자신에게 문제가 있음을 모르면 백약이 무효다. 답을 아무리 잘 이해해도 개선할 여지가 없다. 알고도 못 고치는 게 아니라, 몰라서 못 고친다. 조직의 리더가 절대평가의 중요성, 생태계 파괴자의 문제점, 하향식 조직 문화의 문제점을 잘 이해해도 본인에게 문제가 없다고 생각하면 제도가 바뀌어도 행동은 같다. 앞서 제시한 경영 원칙이 현장에서 효과를 발휘하려면 구성원의 실행, 특히 리더가 자신의 문제점을 정확히 인식하고 개선하는 실천이 절대적으로 필요한 이유가 여기에 있다.

기업 현장을 보면 자신이 역량이 낮다거나, 생태계 파괴자라고 생각하는 사람은 극히 드물다. 대다수 임직원은 자부심이 있고, 제도가 없어도 자신은 바람직한 방향으로 행동하고 사고한다고 생각한다. 대다수 팀원이 리더로 인정하지 않는 팀장도 스스로 탁월한 리더십을 보유하고 있다고 생각하고, 대다수 팀원이 같은 팀원이기를 거부하는 직원도 자신의 팀워크는 평균 이상이라고 여긴다. 자신에게 문제가 있음을 인식하지 못하니 개선되지 않는 것이다.

평가와 승진으로 인한 갈등 역시 이 사실을 기반으로 한다. 평가나 승진 자체에 문제가 있는 경우도 많지만, 승진 대상자가 결정되면 항상 조직 내 갈등이 발생하는 까닭이 여기에 있다. 스스로와 상대방이 느끼는 인식 차가 크니 갈등이 발생할 수밖에 없다. 필자가 의미 없이 갈등만 유발하는 승진제도를 최소화하자고 주장하는 근거도 이것이다. 계층이 많을 필요도 없고, 승진이 동기 부여보다 갈등을 유발할 가능성이 크기 때문이다(직무 승진은 별개다). 반대로 본인이 역량이 부족하다고 생각하거나 말하는 사람은 극히 일부고, 대체로 자존감이 낮은 경우가 많다.

이런 이유로 기업은 중간 관리자 이상이 자신을 정확히 이해하도록 지원해야 한다. 중간 관리자를 대상으로 한 절대평가와 이를 토대로 한 코칭이 가장 제도적인 접근 방법이다. 평가자는 피평가자의 행위와 성과를 근거로 명확하게 코칭하고, 피평가자는 자신을 정확히 인식하도록 노력해야 한다. 평가제도와 코칭 개념이 조직에 도입된 지 수십 년이 지났지만, 아직 그 효과가 크게 발휘되지 않고 있다. 상대평가와 결과 활용 중심 제도의 한계도 있고, 면전에서 장단점을 이야기하고 수용하는 데 익숙지 않은 문화 탓도 있다.

더 큰 원인은, 우선순위에서 밀렸기 때문이다. 경영자가 강한 의지로 절대평가와 코칭을 통한 육성을 주문하면 달라질 것이다. 한국 문화나 평가자의 수준을 핑계로 도입에 미온적이고, 승진과 보상 등 결과 활용을 고려한 서열만 있으면 그만이기에 바뀌지 않는다. 상대평가와 보상 차별화를 가장 강조하던 미국조차 절대평가를 기반으로 한 코칭 중심으로 변화했다는 사실을 알아야 한다.

회사에서 관리자를 대상으로 개인에 특화된 리더십 향상 프로그램을 지원하는 방법도 있다. 몇몇 기업에서 MBTI를 바탕으로 개인의 성향을 분석하고, 리더십을 개선하기 위한 제안이나 활동을 시도하는 것은 아주 바람직하다. 반면에 집체 교육으로 리더십 유형과 유형별 개선 방향을 소개하는 것은 변화를 유도할 가능성이 극히 떨어질 것이다. 실제적인 변화를 유도하기 위해서는 개별 접근이 필요하며, 시간이 걸려도 스스로 문제점을 인식하도록 하는 게 유일한 방법이기 때문이다.

마지막으로 명리학에서 제공하는 개인의 격과 리더십의 유형을 활용하는 방법이 있다. 앞에서《자평진전》의 격국을 기반으로 격에 관해 설명했다. 격은 그 사람의 성향이나 역량과 함께 리더십 유형도 잘 보여준다. 쉽게 말해 개인이 월지를 바탕으로 어떤 격을 용하고(쓰고) 어떤 상신을 용하는지 알면, 그의 특성과 리더십의 장단점을 알 수 있다. 장단점을 알면 보완하는 방법도 쉽게 구할 수 있다. 이 방법은 회사가 직원의 명리 정보를 활용하는 게 아니라, 개인이 스스로의 명리 정보를 활용하는 방식이기 때문에 개인 정보 보호와 무관하다. 개인의 동의 확보도 용이하다.

필자는 명리 경영이 제공하는 격국별 특징과 장점을 소개하는 방법론을 고민하다 드라마 속 캐릭터를 활용하는 방안을 찾았다. 친숙하지 않은 명리 용어가 많이 사용되는 것을 고려해, 사람들에게 친숙한 캐릭터라면 이해가 용이할 것이기 때문이다. 드라마는 현실에 존재할 만한 인물의 극단적인 면을 부각한 경우가 많아, 사람과 리더십의 유형을 연구하기 적합한 도구다.

드라마 속 캐릭터를 활용한
리더십의 이해

필자가 드라마 캐릭터를 활용해 리더십 유형별 특징과 보완 방법을 설명하는 이유는 명리학 이론 체계보다 독자 여러분이 받아들이고 이해하기 쉽기 때문이다. 드라마 〈비밀의 숲〉은 인기가 높아 많은 독자가 알고, 극본을 쓴 이수연 작가가 명리학을 잘 이해하고 있다는 생각이 들 정도로 인물이 보여주는 격별 리더십 유형이나 특징이 명확한 작품이다. 필자 역시 좋아하는 드라마다.

지금부터 소개하는 리더십의 특징은 해당 리더십 유형의 극단적인 형태가 잘 표현된 캐릭터를 가지고 설명한 것이지, 해당 유형에 그런 특징만 있는 건 아니다. 반대로 해당 캐릭터의 여러 특성 가운데 특정 리더십 유형이 잘 표현된 부분을 가져다 설명했기 때문에, 제시된 리더십 유형이 해당 캐릭터의 모든 특성을 설명하는 것도 아니다. 따라서 뒤에 설명하는 유형별 리더십의 보완 방법은 캐릭터의 다양한 모습 중 특정 유형이 가장 잘 표현된 부분으로 이해하면 좋을 듯하다. 주요 캐릭터를 중심으로 격과 리더십의 특징, 보완 방법을 살펴보자.

황시목 검사

조승우가 열연한 황시목 검사는 일반적인 사람이 가지고 있는 희로애락의 감정이 없다. 감정뿐만 아니라 출세나 현실적인 성취에도 무감각하다. 출세하기 위해 노력하거나, 동료나 상사와의 원만한 관계를 위해 행동하지 않는다. 법률에 근거해 죄가 되는지, 선의의 피해자가 없는지에만 관심을 쏟을 뿐이다. 조직이나 자신의 목적을 달성하기 위해 애쓰지도 않는다. 친구, 취미, 감정의 낭비, 사랑, 후회 등 모든 감정과 욕심이 없는 인물이다. 황시목 검사는 법과 원칙을 위반하는 검찰 조직의 이익을 배반하고, 상사의 범죄와 비리에 눈감지 않는다. 그에게는 단지 옳고 그름과 법을 지키고 있는지가 중요하다.

황시목 캐릭터는 정관격의 전형적인 모습이다. 정관은 규범, 법률, 규칙, 제도, 가치, 윤리, 국가 등을 뜻한다. 정관을 용하고 형충파해가 없으면 이런 특성을 보인다. 정관이 잘 발현되는 사람은 공직에 종사하는 경우가 많고, 규칙과 제도에 순응하며 융통성이 떨어진다. 정관격의 상신은 재성과 인성이다. 정관이 아무리 잘 자리 잡고 있어도 상신인 재성과 인성이 없으면 고관무보라고 해서 외롭고, 한직에 있기 마련이다. 정관은 너무 바르고 융통성이 떨어지기 때문에 재력이나 인성(즉 학문)의 도움이 꼭 필요하다. 황시목은 정관이 잘 자리 잡았고, 현실성이나 융통성이 극단적으로 떨어지는 것으로 보아 재성은 없다. 그렇지만 검사가 된 것을 보면 인성을 쓰고 있는 것이다. 정관용인격이다. 인성이 있는 경우 인성이 역할을 다하도록 식상이 있으면 더 좋다. 인성은 관을 극하는 식상을 제어하는 것이 그 고유의 역할이기 때문이다. 드라마를 잘 살펴보면 황시목 검사는 조직의 칼로 쓰이나, 쓰임이 끝나면 한직으로 간다. 결국 인성이 정관을 보호하나, 인성이 하는 역할은 없다.

정관격이 인성을 상신으로 하나 그 역할이 없는 격의 리더십은 어떨까. 오로지 규칙과 질서로 조직을 이끈다. 개인적인 관계는 관심도 없고, 용납하지도 않는다. 정관이 지나치게 발달한 리더십은 명확한 장단점이 있다. 장점은 규칙과 규율을 중시하는 팀원은 쉽게 적응하고, 신상필벌이 명확하니 형평성이 높다. 공사 구분이 엄격하고, 조직과 사생활의 경계가 명확해 직원의 사생활에 개입할 여지가 없다. 군대나 경찰, 검찰, 관공서 등의 조직에 부합하는 리더십이다. 단점은 새로운 시도나 혁신을 용납하지 않는다. 정관을 용신이나 상신으로 쓰는 리더십은 기존 질서를 지키고 순응하는 리더십이지, 이를 개선하고 혁신하는 데는 약하다는 것이다. 황시목 역시 법과 규칙을 준수하기 위해 상사와 조직을 배신한 것이지, 혁신을 위한 것이 아니다. 조직이나 가정에서 권위적이고 꼰대로 치부되는 사람은 융통성이 떨어지는 경우가 많다. 이런 리더는 조직원의 개인적인 특성이나 상황을 고려하지 않기 때문에 동기 부여가 어렵다.

정관격의 리더십을 보완하는 방법은 명확하다. 정관격에 걸맞은 업무를 맡기는 게 최선이다. 직업은 군인이나 검찰, 공무원 등이 맞고, 업무는 감사나 회계, 총무 등이 잘 맞는다. 지금 이야기하는 정관격은 고관무보거나 인수의 보호를 받아도 인수의 역할이 없는 경우다. 정관격이 재성의 생을 받거나 인수가 역할이 있는 경우, 완전히 다른 모습으로 발현된다.

정관격의 리더십을 보유한 개인은 팀원 개개인의 특성과 환경을 고려하는 훈련이 필요하다. 조직이나 규칙은 사람을 위해 존재하기 때문이다. 제도와 규칙이 허용하는 범위에서 팀원의 환경과 역량을 고려해 그에 부합하는 리더십을 발휘하는 게 핵심적인 보완 방법이다. 의도적으로 팀원들과 스킨십을 늘리고, 듣는 훈련이 필요하다. 그러나 그 과정이 쉽지 않다. 권위적이고 가부장적인 아버지가 원한다고 하루아침에 자녀와 친해질 순 없다. 자신이 융통성이 없다는 점을 명심하고, 팀원이나 가족이 원하는 방식을 전제로 변화를 시도해야 한다.

한여진 경감

배두나가 맡은 한여진 경감은 모든 가치 기준이 사람과 인권에 있다. 잘못된 것은 묵과할 수 없고, 이를 개선하기 위해 노력하는 캐릭터다. 상사나 조직이라도 잘못된 점은 반드시 지적하고 바꿔야 하는 의지와 사명감이 있다. 황시목 검사가 법률이나 제도를 준수하는 것과 다른 차원으로, 한여진 경감은 법률과 규칙, 관습이라도 사람에 반하거나 잘못된 것이면 개선하기 위해 노력한다. 법률과 규칙을 지키기 위해 노력하는 사람과 그조차 개선하려는 사람의 차이다. 한여진은 끊임없이 약자 편에 서고, 나약한 사람의 비빌 언덕이 되기 위해 애쓴다. 존경하고 신뢰하는 상사를 위해 노력하고, 자신이 속한 조직에 충성심이 있다. 그러나 신뢰가 깨지고 조직이 잘못됐다는 걸 알면 모든 신뢰를 거둬들인다. 그리고 개선하기 위해 온몸을 불사른다.

한여진은 눈물이 많은 캐릭터일 수밖에 없다. 황시목은 조직이나 개인에 대한 애착이 없으니 실망하지 않지만, 한여진은 신뢰와 사랑, 충성심이 있으니 실망하거나 절망하며 상처를 받는다. 결국 신뢰하고 충성하던 상사와 조직에 대한 배신감으로 힘들어하고, 상사와 조직을 고발하나 조직의 비겁한 반발에 상처를 받는다. 드라마 작가가 절묘하다. 황시목과 한여진은 같은 방향을 향하는 것 같지만 완전히 다른 도구를 쓴다. 정관과 상관이다.

한여진 캐릭터는 상관격의 전형적인 모습이다. 상관격은 열정과 혁신, 진보 성향을 띠고, 뛰어난 기획력에 창의적인 아이디어, 총명함, 언어 능력 등이 있다. 상관격은 기존 제도를 철폐하고 개선하기 위해 앞장선다. 무엇보다 관습이나 악습을 철폐하고 혁신하려는 의지가 강하다. 불의와 잘못된 것을 보면 받아들이거나 참지 못하고 개선해야 한다.

상관격을 쓰는 사람은 기본적으로 본인이 인정하고 신뢰하는 사람에게 충성심이 있다. 문제는 신뢰가 깨질 때다. 본인이 열정과 충성심이 강하기 때문에 배신감이 크고, 누구보다 강한 혁신자가 된다. 그만큼 감정적인 소모도 크다. 은인이 원수가 되고 원수가 은인이 되는 것처럼, 충성심이 있었기에 실망감과 배신감이 크다. 황시목 같은 정관격은 신뢰와 열정이 없기에 감정의 소모가 적다.

상관격 리더십의 장점은 열정과 강한 봉사심이다. 예술적 감각과 해결책을 찾아내는 역량이 뛰어나, 솔선수범하고 팀원을 이끌며 새로운 시도를 즐긴다. 이런 점을 바탕으로 성취를 이룬다. 눈치가 빠르고 상황 판단력이 뛰어나며, 의사 소통에 강하다. 이런 역량을 바탕으로 상대방을 설득하고 해결책을 찾는다.

단점은 지나친 간섭과 속박이다. 누구보다 열정이 강한 만큼 상대방을 개선하기 위해 조언하고 제어하려는 특성이 있다. 아무리 맞는 말이라도 지나치게 설득하고 반복해서 상대방을 지치게 할 수 있다. 잘하고 욕먹는 캐릭터가 상관격이다. 태도나 방법에 문제가 있는 것이다. 사실 상관격은 기존 질서나 상사에 도전하고 혁신하려는 마음이 크기 때문에 살아남기 쉽지 않다. 입사 동기 중 가장 뛰어나고 활발한 사람이 제일 먼저 퇴사한다. 상관격은 제도나 규칙, 관습에 얽매이지 않는 것이 단점이자 장점이다. 이는 혁신으로 표현되기도 하고, 상사의 권위나 제도에 도전하는 모습으로 나타나는 경우도 많다.

상관격의 역량을 극대화하는 업무는 신규 시장 개척, 영업, 문제 해결, 협상, 홍보, 제안, 수주, 기획 등이다. 한여진이 다른 경찰보다 탁월한 업무 역량을 발휘하고 상황 판단력이 뛰어난 것도 이런 특징 때문이다. 반복적이고 일상적인 업무의 대척점에 있는 새로운 접근 방법, 새로운 시장이나 제품, 협상 등에 적합하다.

상관격의 리더십을 보완하기 위해서는 인수와 재성을 쓴다. 인수를 쓰면 상관격의 장점이자 단점인 지나친 혁신성과 공격성이 제어된다. 상관패인격이다. 인수는 합리성, 학문, 완벽주의, 온화한 덕 등을 의미한다. 인수를 쓰면 부정적으로 활동하는 상관을 막을 수 있다. 즉 상관격을 쓰는 리더가 인수를 장착하면 한 박자 쉬는 것이 가능하다. 지나친 혁신이나 충돌, 상대방을 자극하는 언행 등을 방지할 수 있다. '한 박자 쉬기'가 상관격의 리더십을 보완하는 가장 중요한 방법이다. 상관격의 혁신성에는 장단점이 공존하니, 장점이 퇴색되지 않게 해야 한다. 한 박자 쉬어야지 두 박자를 쉬면 장점이 퇴색되기 마련이다.

또 다른 방법은 재성을 쓰는 것이다. 재성은 성취를 뜻한다. 상관격의 장점을 극대화하기 위해 명확한 성취 목표를 부여하는 것이다. 상관생재격이다. 새로운 시장과 고객, 방법 등 어렵고 명확한 성취 목표가 존재하면 이를 달성하기 위해 직원에게 동기를 부여하고, 새로운 해결책을 찾고, 커뮤니케이션하는 선순환이 가능하다. 상관격의 리더십이 안정된 상황에서는 기존 질서나 상사를 혁신하려는 성향이 강하다. 반대로 이야기하면 상관격 리더십의 장점을 극대화하는 방법은 항상 새롭고 진취적이고 난도가 높은 일을 맡는 것이다.

이창준 서부지검장

유재명이 열연한 이창준 서부지검장은 성공한 공직자로 지검장, 청와대 수석 등 승승장구한다. 재벌가 사위라는 든든한 배경이 있고, 강력한 리더십과 카리스마로 조직을 장악하고 능수능란하게 사람을 부리며, 원하는 바를 위해 고개를 숙이는 처세에도 능하다. 장인이 부를 축적하기 위해 저지른 범죄가 법망에 걸리지 않게 하고, 정권이 요구하는 바를 충실히 수행해서 자신의 성공을 이끄는 인물이다.

오행의 생극제화 작용에 따라 재는 관으로 보호한다. 재벌은 관을 끌어모아 자신의 부와 부정을 지키고, 반대로 관은 재의 생을 받아야 제대로 꽃을 피운다. 재벌가는 관의 상징인 검사나 판사를 사위로 들이고, 검사와 판사는 재의 도움을 받아 위치를 공고히 하는 게 사회 지도층의 익숙한 패턴이다. 고故 정주영 회장이 대통령이 되고자 한 것도 재를 지키는 관을 스스로 만들기 위한 것으로 해석할 수 있다. 이창준은 가난한 자에게 엄격한 법을 적용하고 말 몇 마디에 수천억을 움직이는 재벌을 지켜준 자신의 모습에 한탄한다. 나아가 부정부패의 천국이 된 세상을 바로잡기 위해 애쓴다. 사람을 죽이고, 치밀한 시나리오로 상황을 통제하는 일도 서슴지 않는다. 급기야 부정부패를 뿌리 뽑기 위해 자기 목숨을 제물로 바친다.

이창준은 드라마 속에서나 가능한 캐릭터다. 그가 승승장구한 배경을 보면 공공의 이익을 위해 목숨을 바치는 모습과 거리가 멀기 때문이다. 사람이 대운과 세운의 흐름에 따라 부를 얻거나 잃기도 하고, 명예를 얻거나 잃기도 하지만, 한 사람의 가치관이나 의사 결정 기준이 이렇게 극단적으로 바뀌지는 않는다. 세속적인 성취인 재물이나 관, 명예는 바뀔 수 있지만, 사람의 본질인 가치관이나 의사 결정 기준은 쉽게 바뀌지 않기 때문이다.

격국을 기반으로 분석하면 이창준은 명리학에서 개인의 성취와 관련한 재·관·인을 두루 갖춘 복받은 인물이다. 재벌가의 사위로 처복이 많은 재의 특성, 장인의 도움과 본인의 능력으로 서부지검장과 청와대 수석이 되는 등 관의 특성, 명예와 윤리를 중시하는 인의 특성도 잘 구성돼 있다. 보통 사회 지도층이 가지는 재·관·인을 갖췄으나, 특이하게 사회정의를 위해 권력을 활용하고 스스로 생을 마감하는 모습을 볼 때 칠살격의 특징도 많다. 칠살격은 막강한 권력으로 재성의 생조를 받으면, 다시 말해 권력이 돈과 결탁하면 흉포해져서 자신을 망친다. 이 점이 필자가 드라마에서나 가능한 캐릭터라고 하는 이유다. 모든 사람은 사주팔자를 가졌지, 더 많은 글자를 가진 사람은 없다. 현실적이지 않은 인물이다.

캐릭터상으로 보면 이창준은 칠살격의 리더십으로 정의할 수 있다. 같은 관이지만 정관과 칠살은 큰 차이가 있다. 정관은 규범과 가치, 윤리 등 올바른 것의 대명사라면, 칠살은 역량은 뛰어나지만 통제되지 않는 야생마 같은 성향이 있다. 정관이 바른 모범생 같은 리더십이라면, 칠살은 호방하고 영웅적인 면모가 있는 리더십이다. 칠살격의 리더십은 정관격에 비해 강한 카리스마와 지시, 통제가 특징이다. 이런 유형은 모든 상황을 원하는 대로 통제해야 한다. 큰 칼을 스스럼없이 휘두르는 모습으로 자칫 흉포해 자신을 망칠 수 있지만, 잘 다스려 쓰면 훌륭한 지도자나 난세의 영웅이 될 수 있다.

칠살격이 역량을 발휘할 분야는 군경검 같은 조직이다. 선출직 공무원들이 많이 가진 격국이다. 칠살은 일반적으로 큰 칼에 비유하는데, 사회적 활동에 그 칼을 쓰지 않으면 본인이 다치기 쉽다. 칠살격의 리더십은 난세나 큰 변화가 필요한 시기에 조직을 재정비하는 데 적합하다. 기업에서 감사 부서, 턴어라운드를 위한 구조 조정, 워크아웃, 변화와 혁신 등에 필요한 리더십이다. 반대로 태평성대나 원활하게 돌아가고 있는 부서에는 곤란하다. 강력한 지시와 통제는 조직 문화를 저해하고, 변화와 혁신을 위한 시도를 원천적으로 막을 수 있기 때문이다. 고객 접점이나 현장에도 맞지 않다. 그만한 융통성이나 고객 만족도 제고에 적합하지 않다. 최근 경영 환경과 현장 중심 조직 운영에 부합하지 않는 리더십으로 이해될 수 있다.

그러나 조직은 유기체처럼 항상 변한다. 상황에 따라 칠살격의 리더십이 필요한 때가 발생할 수 있다. 칠살격의 리더십을 보완하는 가장 좋은 방법은 인화다. 상황에 따라 융통성을 발휘하고, 의식적으로 부하 직원을 이해하고 동기를 부여하는 노력이 필요하다. 지시와 통제에 능하니 명확한 권한 위임 규정을 만들어 적용하는 것도 유용한 보완책이 될 수 있다. 칠살격의 리더십이 악화될 수 있는 상황은 막강한 권한과 자원이 집중된 경우다. 가뜩이나 날카로운 칼이 더 날카로워져서 오히려 리더가 다칠 수 있다.

우태하 부장검사

최무성이 연기한 우태하 부장검사는 현실에서 익숙하게 만나는 전형적인 엘리트다. 어려서부터 공부도 잘하고, 일찍 고시에 합격하고, 좋은 배우자를 골라 충분한 부를 축적하고, 조직에서 요직을 거치는 인물이다. 이런 사람은 객관적인 판단력, 현실적인 감각, 친화력 등을 바탕으로 조직에서 강한 성취를 이끈다. 일 처리에 막힘이 없고, 간혹 남들이 선뜻 나서지 못하는 난감한 일도 곧잘 해낸다. 나쁘게 말하면 낯이 두껍고 부끄러움이 없어서 남들이 어려운 일도 아주 쉽게 처리하는 특성이 있다. 검경이 첨예하게 대립하는 수사권 조정의 중책을 맡으면서도 여유로운 모습이다. 어떤 일이 발생하든 능수능란하게 위기를 모면하고, 상황을 자신에게 유리한 방향으로 이끈다. 모략, 거짓말도 어렵지 않다.

이런 캐릭터는 자신의 이익을 위해 악마와도 협상할 수 있다. 드라마에서 우태하는 동료 검사의 납치 사건을 본인의 검경 수사권 조정에 활용하기 위해 가짜 목격자, 제보자를 만들어 경찰을 곤경에 빠뜨린다. 황시목의 활약으로 그의 거짓이 만천하에 드러나지만, 재벌과 협상해 정치 입문을 시도하고 한여진을 매개로 황시목을 협박하다 모든 것을 잃는다. 그 후에도 본인의 행동을 반성하기는커녕 황시목의 별난 정의감이 문제라고 본다. 자신은 조직의 이익을 위해 희생했다고 생각하는 것이다. 이는 엘리트의 전형적인 선민의식이다. 세상이 자신을 중심으로 돌아가고, 자신의 목적을 달성하는 게 선이라고 생각한다. 우태하 같은 사람은 매일

뉴스에 나온다. 이 사회의 지배층이라고 불리는 많은 사람이 이 캐릭터에 속한다.

황시목을 만나기 전 우태하는 전형적인 재격 혹은 정관이 재성의 도움을 받는 모습이다. 아주 귀격이다. 고위 공무원에 요직만 거치는 엘리트는 보통 재성이나 관성이 극을 받지 않고 건전하게 자리 잡은 경우가 많다. 필자는 우대하가 재격이라고 생각한다. 그렇게 판단하는 이유는 그의 몰락 과정 때문이다. 재격이 강하게 자리 잡아 사회적 성취가 높으면 이를 감당하기 위해 일간을 돕는 인수를 쓰는 경우가 많다. 재격이 건전하기 위해서는 일간의 힘이 강해야 하는데, 재성이 강하게 자리 잡으면 일간의 돕는 인수가 필요하다. 서로 떨어져 재성이 인수를 극하지 않으면 학문이 깊고, 사회적 성취가 높은 격을 이룬다. 우태하가 사회적 성취가 높은 것은 재성과 인수가 떨어져 있고, 일정 수준의 균형이 가능했기 때문이다.

문제는 운에서 재성을 다시 만나면 사주의 균형이 깨져 탐재괴인이 된다. 대운과 세운에서 재성을 만나면 재성이 지나치게 강해, 인수를 극하여 탐재괴인이 되는 것이다. 이익을 위해 영혼도 팔고 악마와 손잡아 패륜을 저지르며, 모든 걸 허망하게 잃는 게 탐재괴인의 모습이다. 즉 목적을 위해 수단과 방법을 가리지 않다가 한순간에 모든 것을 잃는 것이 탐재괴인이 극단적으로 표출된 현상이다. 보통 고위 공직자가 돈과 여자를 탐하다 망하는 것이 이 사례다.

재격의 리더십은 임기응변, 현실성, 친화력, 문제 해결력, 융통성이 강하다. 쉽게 말해 보스 기질이 있고, 친화력을 바탕으로 조직 내 상하, 조직 외 인맥이 강하다. 상황 판단력이 뛰어나고 융통성이 지나쳐 문제를 해결하기 위해서는 어떤 장애도 두려워하지 않는다. 사회적으로나 조직 내 성취에 뛰어난 모습을 보인다. 단점은 정보 공유가 적고, 말로 모든 것을 해결하고, 자신의 이익이 중요하고, 목적을 달성하기 위해 수단과 방법을 가리지 않는다는 것이다. 지극히 현실적이기 때문에 성취가 수반되지 않는 일에 집중력이 떨어진다.

가장 큰 단점은 인수와 관련이 있다. 인수는 완벽주의나 계획, 합리성, 윤리, 인성 등을 뜻하는데, 자칫 잘못하면 재격이 인수를 극한다. 이는 재격이 지나치게 강할 때 발생하는데, 비윤리적이고, 즉흥적이고, 목적을 위해 수단과 방법을 가리지 않고, 자신의 이익에 충실한 모습으로 나타난다. 회사의 기밀 정보를 경쟁사에 팔고, 부하 직원의 아이디어를 훔치고, 이기기 위해 유언비어를 퍼뜨리고, 회사의 자금을 횡령한다. 그럼에도 불구하고 재격은 아주 뛰어난 격이다. 현실적이고, 친화력이 있고, 사회적 성취가 뛰어나고, 리더십도 훌륭하다. 기업이나 공직에서 성공하는 사람 가운데 재격이 많다. 위에서 언급한 단점은 재격이 지나치게 작용해 탐재괴인의 모습으로 도출된 경우다.

재격의 리더십을 활용하기에 적당한 업무는 많다. 문제 해결력, 친화력, 팀워크, 리더십을 갖춰 성취가 뛰어나기 때문이다. 인사나 기획 부서에는 적합하지 않을 수 있다. 사회적 성취를 극대화할 수 있는 업무에 배치하는 게 좋다. 재격의 리더십은 탐재괴인의 형태가 발현되지 않으면 보완할 점이 적다. 지나친 실용주의와 친화력을 싫어하는 팀원과 괴리가 발생할 수 있으나, 성취를 위해 필요한 부분이다.

재격 리더십을 보완하는 방법은 덕장의 면모를 갖추기 위해 노력하는 것이다. 성취와 무관해도 팀원을 기다려주고, 인화로 팀워크를 조성하면 재격의 성취를 극대화할 수 있다. 재격이 있는 리더는 단기적인 성과에 집중하기 때문에 팀원에게 단기적인 성과와 즉각적인 행동을 요구할 수 있으나, 팀원이 성장하고 변화할 시간을 주고, 각자의 개성을 존중하면 장기적인 성장이 가능하다.

〈나의 아저씨〉 박동훈 팀장

〈비밀의 숲〉은 아니지만 인수격의 리더십을 설명하기에 아주 좋은 캐릭터가 있다. 이선균이 열연한 〈나의 아저씨〉 박동훈 팀장은 인수격 리더십이 보이는 면모가 잘 드러난다. 박동훈은 홀어머니가 어렵게 키운 삼형제의 둘째로, 집안에서 유일하게 정상적이고 안정된 삶을 살고 있다. 그는 실패한 형제와 어머니의 유일한 희망인데, 그런 부담감이 자신의 행복을 갉아먹는다는 걸 알면서도 묵묵히 그 역할을 다한다. 아니, 애착이 있다. 어릴 때부터 살아온 동네, 가족, 과거의 인연에서 벗어나지 않는다.

박동훈의 아내는 과거에서 벗어나지 못하고 새로운 시도와 사회에 대한 욕망이 없는 남편에게 연민과 염증을 느낀다. 아이를 낳은 뒤 사법고시에 합격하고, 자식마저 유학 보낸 지금은 남편의 대학 후배이자 회사 대표이사와 불륜 관계다. 박동훈은 아내의 불륜을 알고도 아무것도 하지 못한다. 오히려 문제를 덮고 아무 일 없는 듯 모든 것을 그대로 유지하려고 한다. 회사와 사회에서 그는 온화하고, 모든 사람을 챙기고, 남과 경쟁하기보다 관계를 중시하고, 사회의 어두운 그늘이나 약자에게 관심과 사랑을 보인다.

박동훈은 팀장으로서 모든 구성원의 신뢰를 받는다. 온화하고 따뜻한 리더십, 지시와 통제가 아니라 솔선수범하고 이해하고 동기를 부여하는 리더십이다. 그러나 경쟁을 회피하고, 자기 밥그릇조차 챙기지 않는 모습은 상사나 부하 직원을 힘들게 하는 면이 있다. 상사와 부하 직원이 박동훈의 앞날을 걱정하는 것이다.

박동훈은 전형적인 인수격의 리더십이다. 인수는 덕장, 인화, 관계, 합리를 뜻하고, 인수격의 리더십은 인화로 조직을 다스린다. 조직 구성원을 살피고, 그들의 장점을 부각하고, 지시와 통제보다 상의와 권한을 위임하는 모습이다. 어쩌면 현대사회에서 가장 필요한 리더십일 수 있다. 개성이 강한 MZ 세대를 아우르기 유용한 리더십이다.

인수격 리더십에는 경쟁, 시도, 신속한 의사 결정, 도전에 취약하다는 단점이 있다. 박동훈은 그 단점이 극명하게 드러난 캐릭터다. 사회적 성취를 뜻하는 식과 재가 적어 출세하려는 욕심조차 적다. 인수격 리더십이 모두 그런 건 아니고, 극단적으로 표현될 때가 문제다. 상사가 보기에는 물러 터진 리더로, 직원에게 휘둘리고 강하게 몰아치지 못하는 리더십이다. 부하 직원이 보기에는 사람은 너무 좋은데, 아랫사람이 걱정해야 하는 리더다. 역량이 우수하고 조직을 잘 이끌지만, 항상 경쟁에서 밀린다. 권력욕이 없는 듯 보이는 것이다.

사실 그들도 권력욕이 있다. 인은 명예를 뜻하기 때문이다. 아주 강하다. 그러나 본인이 표출하지 못하니, 남들 눈에는 권력욕이 없는 사람으로 보이는 것이다. 이런 유형은 본인이 권력의지를 가지고 도전해서 획득하는 것이 아니라 남들이 알아주고 자리를 만들어 옹립하기를 원한다. 따르는 자들은 힘들다.

반면 조직에서 인수격의 리더가 있으면 조직 문화에 대한 직원 만족도가 높다. 직원들이 좋아하는 리더인 데 반해, 혁신을 위한 의사 결정 속도가 아주 느리다. 신속한 의사 결정이나 더 큰 목표를 위한 현재의 고난을 선택하기 쉽지 않다.

《삼국지》에 나오는 리더 가운데 누구를 좋아하는지 물어보면 국가나 사람 유형에 따라 답이 달라진다고 한다. 가장 많이 비교되는 리더가 조조와 유비다. 유비는 박동훈과 같이 인수격 리더십의 대표적인 캐릭터다. 《삼국지》에서 그는 권력욕을 보이지 않는 울보다. 유비가 우유부단하게 울고 있으면 부하 장수 혹은 제후가 그를 위해 충성하고 솔루션을 찾는다. 그는 찾아오는 인재의 장단점을 가리지 않고 인정하고, 각자의 재능을 발휘할 수 있도록 기회를 준다. 좋게 표현하면 권한 위임이고, 나쁘게 표현하면 부하 뒤에 있는 것이다. 사람은 누구나 자기를 인정하고 기회를 부여하는 리더에 목마르다. 그래서 모든 것을 걸고 그런 리더를 지킨다. 인화의 리더십은 영향력이 상당해서 인재들이 찾아와 재능 기부를 하고, 전쟁에서 싸우지 않고도 이긴다.

조조는 재와 관을 쓰는 리더다. 현실적이고 지시와 통제, 방향 제시, 강한 권력욕, 의지, 승부, 경쟁의 리더십이 있다. 유비 주변에 알아서 사람이 모인다면, 조조는 찾아가고 방향을 제시하고 동기를 부여해서 자기 사람을 만든다. 세상을 얻는 건 조조다. 그는 강한 리더의 모습을 하고, 강한 권력욕으로 쟁취한다. 유비는 태평성대에 어울리는 리더십이고, 조조는 춘추전국시대라는 불안정과 경쟁 상황에서 유효한 리더십이다. 어느 것이 맞고 틀리다는 얘기가 아니라, 사람에 따라 리더십이 다르다.

아울러 모든 것을 갖춘 리더는 없다. 덕장이면서 강한 추진력과 경쟁의식, 권력욕을 가진 리더는 현실 세계에서 극히 드물다. 조조와 같은 리더십에 덕장의 면모를 갖춘 경우도 드물다. 조조가 관우에게 보인 무한 애정은 그의 능력이 뛰어나기 때문이었다. 용인술이다. 관우를 얻기 위해 그의 특징을 알고 그에 걸맞은 방법을 적용한 거라고 본다. 조조는 결국 관우 때문에 살아남아 세상을 얻지 않는가.

인수격 리더십을 잘 활용하기 위해서는 엄격한 규율과 규칙, 강한 리더십이 조화를 이뤄야 한다. 엄격한 룰과 규칙, 강한 리더십이 존재하는 곳에서는 인수격 리더십이 빛을 발한다. 그 속에서 인화의 리더십은 우수 인재를 유지하고, 새로운 기회를 제공하며, 사람들의 역량을 최대한 활용할 수 있게 한다. 반대로 모든 리더십이 인화로 구성되면 강한 추진력이나 동력 상실로 귀결될 수 있다. 인수격 리더십은 그 자체로 엄청난 장점이 있다. 위에서 언급한 바와 같이 고객 접점, 현장 중심, MZ 세대의 동기 부여에도 유용하다.

인수격 리더십의 단점을 보완하는 방법은 명확하다. 자신의 의사 결정 속도가 느리다는 점을 알고 대처하는 것이다. 추진력이 강하고 스스로 동기를 부여하는 핵심 인재는 일이 추진되지 않거나 명확하지 않은 상황에 오래 노출되면 회사를 떠난다. 따라서 인수격 리더는 자신의 의사 결정이 병목처럼 작용하지 않는지 살펴야 한다. 그런 징후가 포착되면 의사 결정이나 권한 위임을 시도하는 게 좋다. 새로운 시도를 즐기는 직원에게 권한을 위임해 그런 시도가 중도에 사장되지 않도록 하는 것이다. 직원의 그런 시도에 자신이 명확하게 의사 결정을 하려고 하면 모두 잃을 수 있다.

지금까지 익숙한 드라마 캐릭터를 활용해 식상을 쓰는 리더십, 재성을 쓰는 리더십, 정관을 쓰는 리더십, 칠살을 쓰는 리더십, 인수를 쓰는 리더십의 특징과 단점을 보완하는 방법을 살펴봤다. 이해를 돕기 위해 해당 리더십이 극단적으로 표현된 드라마 캐릭터들을 소개했다. 사람이 천차만별인 것처럼, 리더십 유형도 세부적으로 보면 특징이나 단점을 보완하는 방법이 다를 것이다.

2부 | 명리 경영 : 기업의 명과 운을 바꿔라

현실 세계의 조직이나 가정에서 리더십을 보완하기 위해서는 자신을 정확히 이해해야 한다. 모든 문제 해결은 현실을 정확하게 파악하는 데서 시작하기 때문이다. 문제의 본질을 이해해야 효과적인 솔루션이 도출될 수 있다. 남들이 현실을 아무리 정확하게 파악한다고 해도 변화하지 않는다. 자신이 알아야 한다. 필자가 '자신의 격을 알고 리더십을 보완하라'고 경영 원칙을 정한 이유가 여기에 있다. 현재 조직에서 리더의 역할을 한다면 자신을 정확히 파악하고 제대로 된 리더십을 발휘하도록 노력해야 한다. 조직의 모든 경영 원칙은 리더에 의해 완성되기 때문이다. 그만큼 당신이 중요한 위치에 있고, 그 역할이 막중하다는 사실을 잊지 말자.

독자에게 드리는 말씀

보통 책의 시작은 서문과 목차부터지만 끝나는 지점은 사람마다 다르다. 어디서든 포기가 가능하기 때문이다. 이 글을 읽고 있는 독자 여러분에게 책을 쓴 당사자로서 감사한 마음이 크다. 조악하고 부족한 글이지만 그 끝을 확인해주신 고마운 분이기 때문이다. 그래서 삶이 보다 행복해질 수 있는 열쇠를 선물하고 싶다. 물론 이 열쇠는 어떤 상황에서나 항상 작동하는 열쇠가 아니라, 주인의 마음에 따라 결정되는 것이다.

내가 가진 것이 적고, 원하던 사랑을 잃고, 일이 잘 풀리지 않아 힘든 사람이라면 내 삶이 설계된 목적이 무엇인지를 생각하는 자세가 매우 중요하다. '내가 무엇을 얻고자 이렇게 삶을 설계한 거지?'라는 질문을 통해 설계자의 의도를 파악해야 한다. 당연히 설계자는 본인이다. 그것을 기억하지 못할 뿐이다. 모든 삶의 목적이 돈과 명예, 사랑이라면 누구나 불행할 수밖에 없다. 생각해 보라. 죽을 때 사랑, 명예, 건강, 재산을 가지고 갈 수 없기 때문에 많이 가질수록 그 불행의 골은 깊어질 것이다. 누구는 가짐으로써 삶의 목적을 채우고, 누구는 없거나 잃음으로써 삶의 목적을 채우는 것이다. 애지욕기생. 주어진 삶을 제대로 살아야만 태어난 목적을 달성할 수 있다. 당장 힘든 순간에 이 말이 위로가 될 수 있을까 싶지만, 누구든 자신에게 계획된 삶을 완성하는 것이 중요하다. 이것을 이해하게 되면 마음의 위안을 얻을 수 있다. 삶의 행복은 가진 것에 있지 않다. 그런데 불행은 갖고자 하는 마음에 있다는 것을 명심해야 한다. 그 마음도 타고나지만 말이다.

가족, 친구, 동료, 상사 등 사람과의 갈등으로 힘든 분은 그들을 제대로 이해하기 위해 노력해야 한다. '왜 나에게 이렇게 하지?', '왜 자기만 생각할까?' 같은 생각은 불행에 가까워지는 지름길이다. '저 사람은 저렇게 설계돼 있나 보네'라는 생각이 바른 접근 방법이다. 사람에게 기대하지 않고, 다른 사람이 내 삶의 행복을 결정하지 못하도록 하는 것은 아주 중요하다. 그들은 단지 각인된 목적 달성을 위해 각자 주어진 역할을 수행하고 있을 뿐이다. 사람을 미워하는 마음은 그만큼 내 인생을 갉아먹게 된다. 삶의 주연만을 사랑하면 된다. 바로 자기 자신이다.

단순히 기업 경영을 위해 이 책을 본 분들에게는 명리 경영을 한 줄로 요약해 드리고 싶다. 명리 경영은 제대로 된 사람을 찾아서 마음껏 역할을 다할 수 있는 문화와 일하는 방식을 마련하는 것을 의미한다. 지금 당장 할 수 있는 최선은 현장과 실무자에게 책임과 권한을 부여하고, 관리자와 경영진은 그들을 지원하는 것이다. 조직 내 어떤 위치에 있든 부하 직원을 지원하는 문화를 만들 수 있다면 회사는 영속할 수 있다. 방향을 제시하고, 장애물을 제거하고, 동기를 부여해 지원해야 한다.

마지막으로 필자가 당부하고 싶은 말이 있다. 환경이 불안정할수록 극단적인 삶의 모습이 표출된다고 여러 번 강조했다. 청소년 자살률에 있어 우리나라는 부동의 세계 1위이다. 이 상황을 언제까지 방치할 것인가. 우리 모두 아이들을 제대로 이해하기 위해 지금부터라도 노력해야 한다. 상담을 해보면 너무 많은 아이들이 고통받고 있다. 당장 우리 부모들부터 바뀌어야 한다. 그리고 정치인과 언론인들은 제발 이 문제에 대해 책임감을 느끼길 빈다.

명리학을 통해 필자가 삶의 위안과 사람에 대한 이해를 얻은 것처럼 독자 여러분도 자신을 제대로 이해함으로써 안심과 행복을 얻기를 간절히 바라는 마음으로 이 책을 마친다.

손철호